张居正改革时期民族政策研究

展 龙 ◎ 著

人民出版社

责任编辑:杨美艳

图书在版编目(CIP)数据

张居正改革时期民族政策研究/展龙 著. —北京:人民出版社,2013.6
ISBN 978 - 7 - 01 - 012172 - 7

Ⅰ.①张… Ⅱ.①展… Ⅲ.①民族政策-研究-中国-明代 Ⅳ.①D691.72

中国版本图书馆 CIP 数据核字(2013)第 113144 号

张居正改革时期民族政策研究
ZHANGJUZHENG GAIGE SHIQI MINZU ZHENGCE YANJIU

展 龙著

人 A 出 A 社 出版发行
(100706 北京市东城区隆福寺街 99 号)

北京龙之冉印务有限公司印刷 新华书店经销

2013 年 6 月第 1 版 2013 年 6 月北京第 1 次印刷
开本:710 毫米×1000 毫米 1/16 印张:16.75
字数:249 千字 印数:0,001-2,000 册

ISBN 978 - 7 - 01 - 012172 - 7 定价:39.80 元

邮购地址 100706 北京市东城区隆福寺街 99 号
人民东方图书销售中心 电话 (010)65250042 65289539

目　录

引　论

　　嘉、万时期，是明代社会发生急剧变动的历史时期，纲纪颓坠，法度凌夷，社会问题日渐暴露，趋于复杂。缘此，自嘉靖中期始，桂萼、欧阳铎、潘季驯、庞尚鹏、海瑞、高拱等有识之士前赴后继，推行了一系列重要的改革活动。至万历初，张居正承前人改革之余绪，以"救时"为使命，"起衰振隳"①，力行改革，在整肃吏治、整顿财政、整饬边防等方面付出了巨大的努力，成就斐然。对此，学界关注已多，相关论著异彩纷呈，不绝如缕。举其要者如：梁启超《中国六大政治家》②、杨铎《张江陵年谱》③、陈翊林《张居正评传》④、朱东润《张居正大传》⑤、钱穆《中国历代政治得失》⑥、唐新《张江陵新传》⑦、张海瀛《张居正改革与山西万历清丈研究》⑧、韦庆远《张居正和明代后期政局》⑨、熊召政《张居正》⑩以及南炳文、汤纲《明史》⑪、樊树志《晚明史》⑫等著作的部分章节。

　①　张廷玉：《明史》卷213《张居正传》，中华书局1974年版，第5653页。
　②　梁启超：《中国六大政治家》，(台北)正中书局1963年版。
　③　杨铎：《张江陵年谱》，《中国史学丛刊》本，(长沙)商务印书馆1938年版。
　④　陈翊林：《张居正评传》，中华书局1934年版。
　⑤　朱东润：《张居正大传》，(上海)开明书店1945年版。
　⑥　钱穆：《中国历代政治得失》，三联书店2005年版。
　⑦　唐新：《张江陵新传》，(台北)中华书局1968年版。
　⑧　张海瀛：《张居正改革与山西万历清丈研究》，山西人民出版社1993年版。
　⑨　韦庆远：《张居正和明代后期政局》，广东高等教育出版社1999年版。
　⑩　熊召政：《张居正》，长江出版社2000年版。
　⑪　南炳文、汤纲：《明史》，上海人民出版社2003年版。
　⑫　樊树志：《晚明史》，复旦大学出版社2003年版。

然而,具体到张居正改革时期(1573—1582年)的民族政策,以往研究多在论及加强边政时略有涉及,而尚未作为一个专门的课题加以深入研究。①

实际上,张居正改革时期所推行的民族政策,是关乎明王朝生死存亡的大事,深入研究这一问题,意义重大。张居正改革以后的历史证明,最终直接取代朱明王朝的不是轰轰烈烈的农民起义军,也不是一直被视为"心腹大患"的北陲蒙古人,而是明朝统治者长期用以"制虏"的辽东女真人,而女真人发展最为迅速,且逐渐脱离明朝并走向对抗道路恰好就发生在张居正改革前后。从这个意义上讲,张居正改革时期对民族问题的解决实际上是极其有限的。虽然在改革的过程中,张居正在治边措施和民族政策上的调整伴随改革始终,并一度出现了"边圉宁谧"②、"四夷宾服"③的局面。但总体来看,改革时期的民族政策仍然承袭"祖宗旧制",以"守备为本",将主要精力用在当时已很难危及明朝统治的"北虏"问题上,而没有适应民族关系发展的新格局和新趋势,采取积极有效的治边理念和民族政策,去关注和解决与女真族的关系,这一政策上的失误最终成为明朝灭亡的最直接因素,而对张居正个人而言,这恐怕也是他最大的历史悲剧之所在。

因此,为了进一步明晰明代及张居正改革时期民族政策的基本内涵和精神实质,全面、客观地评估张居正改革的成就,进而分析民族政策在国家治乱盛衰中的重大意义。本稿拟在回顾、总结明代民族政策发展演变的基础上,钩稽史料,纵横联系,着重对张居正改革时期的民族政策及其失误予以较为详细、深入的探讨,尚祈方家教正。

---

① 较为集中的研究成果有:张国光的《促进汉蒙民族团结的政治家张居正》(《湖北大学学报》1985年第1期)、任冠文的《俺答、张居正与蒙汉关系》(《晋阳学刊》1993年第6期)、其其格的《张居正与"俺答封贡"》(《内蒙古师大学报》1996年第2期)等。

② 张居正:《张太岳集》卷17《祭张龙湖阁老文》,上海古籍出版社1984年版,第201页。

③ 《明神宗实录》卷55"万历四年十月丙子",(台北)"中研院"历史语言研究所,1962年校印本,第1274页。

第 一 章

张居正改革以前民族政策的演变

　　明朝是中国君主专制社会晚期的一个王朝,重新恢复了汉族地主阶级的统治地位。① 在多民族统一国家的日益发展中,明代的民族政策具有鲜明的时代特征和深刻的历史烙印。一方面,明朝的民族政策继承和延续了历代王朝的民族政策,强调"内中国而外夷狄"②的传统观念;另一方面,适应时势,采取了不独恃武力,"恩威兼施","怀之以德"的做法,因俗、因地、因发展程度实行了不同的民族政策和管理方式,甚至将学校教化、改善民俗、民族移等民纳入民族政策的内容之中,表现出一定的灵活性,反映了明朝民族政策较以前更为发展的一面。而就明朝民族政策自身的发展历程而言,适应社会经济的发展和民族关系的变化,民族政策表现出了鲜明的阶段性特征。对此,明人叶向高(1559—1627 年,字进卿,福建福清人)概括道:

---

　　① 明朝之建立,被统治者视为"复中华帝王之统","奠万年夷夏之防"(陈子龙:《明经世文编》卷 316 王崇古《为北虏纳款执叛求降疏》,中华书局 1962 年版,第 3353 页),表现出强烈的民族正统观念,影响了有明一代民族政策的基本内容和时代特征。

　　② 《明太祖实录》卷 109"洪武元年闰九月丙午"条载:淮安府海州儒学正曾秉正言:"臣闻《易》之为书也,贵阳贱阴,春秋之法,内中国而外夷狄,盖中国者阳也,夷狄者阴也。"(第 1815 页)又《明太祖实录》卷 125"洪武十二年六月乙酉"条载:"编《春秋本末》成。先是,上以《春秋》本诸《鲁史》而列国之事错见间出,欲究其终始,则艰于考索,乃命东宫文学傅藻等纂录,分列国而类聚之,附以《左氏传》,首周王之世以尊正统,次鲁公之年,以仍旧文,列国则先晋、齐,而后楚、吴,所以内中国而外夷狄也。事之始终秩然有叙,至是而成。赐名曰《春秋本末》。"(第 2002 页)

北狄之盛,至胜国极矣。不有大圣人兴,孰为驱除?观我太祖之命将徂征,神谟独运,元侯树屏,九塞周防,洵御戎之上策也。永乐之世,大钺亲麾,王庭屡躏,至使内币竭于军兴,遗弓堕于朔野。夫宁好战,盖惩胪胸之衄,深谋燕翼,故勤万乘劳士马不悔耳。威灵震被,再世宴如。爰及正统,凶险复张,加以行人失词,戎心无厌,渝盟犯顺,辂马震惊。苟非社稷有灵,夷庚旋复祸患之兴,曷云其极迹所由来?固款贡为之阶也。以景皇深惩往事,杜塞衅萌,行李罕入其疆,聘觐不报,其使绸缪补苴,上下同心,虏亦叛乱相寻。鸣弓内竞,彼纷我睦,边鄙虽或小虞,而国威几再振矣。①

叶向高所言,虽集中在景泰前后明蒙关系的变化上,但由于长期以来,蒙古是明朝民族政策的重点所在,因此借叶氏之言,亦大体可以窥见张居正改革以前明朝民族政策与民族关系之大略。细言之,在张居正改革之前,随着民族关系的发展变化,明朝的民族政策大体经历了以下三个发展阶段。

一、洪武至宣德:民族政策积极有效

洪武至宣德时期,是明朝民族政策发展的第一阶段。这一时期统治者精明强干,制度完备,国力强盛,民族政策积极有效,民族关系相对稳定。

明建国伊始,整个北方以及西北、西南边疆少数民族地区,仍然控制在蒙元宗室的手中。明朝采取灵活的政策,威德并用,有效瓦解了残元势力,顺利地统一了漠南、云南等广大边疆地区,并确立了相应的民族管理政策。

（一）在政治上,稳定政局,安抚四方。对蒙古人,采取"威德兼施","怀之以恩,待之以礼"②的政策。元亡后,故元势力虽遁居塞北,但对中原地区"犹有觊觎之志"③,朱元璋根据形势,屡遣大军征讨大漠南北,对故元势力进行了

①　谈迁:《国榷》卷67"隆庆六年五月戊申"条,中华书局1958年版,第4185页。
②　《明太宗实录》卷68"永乐五年六月癸卯"条,第962页。
③　徐祯卿:《翦胜野闻》,《四库全书存目丛书》本,子部第240册,第129页。

有力打击。同时,明朝统治者认为"治蛮夷之道,必威德兼施"①,"顺者抚之,逆者摧之"②。所以宣布:"元主父子,果能识天命,衔璧来归,当待以殊礼,作宾吾家";"残元领兵头目,有能率众来归,一体量材擢用";"故官及军民人等,能自拔来归,并无罪责,仍令完聚"③,将单一的武力征服,调整为结合招抚、恩威兼施的政策,对于消除蒙古人的敌对情绪,加强双方的继续和平交往颇具意义。

在西北地区,明初甘肃、青海是蒙古族、藏族、撒里畏吾儿等少数民族的主要聚居地,仍在元宗室之手。洪武三年(1370 年)和五年(1372 年)西征胜利后,明朝控制了甘、青地区,先后在西北河西走廊等处设立了卫所,实行羁縻统治,优遇、团结少数民族上层人物,以达到"以夷治夷"的目的。因之,在明初很长一段时间,出现了"西番吐鲁番、沙坛满速及沙速王"④等连年进贡的和睦景象。

在西南地区,土家、苗、彝、藏等少数民族杂相聚居,明廷因俗以治,沿用元朝土司制度和政教合一制度,对土官、宗教领袖重新封授,平稳地建立了对西南地区的统治和管辖,尤其是西藏地区,终明一代服从明廷,"西垂宴然"⑤。另外,为加强对少数民族的政治控制和民族交流,还设立了专门翻译语言文字的机构"四夷馆"⑥和管理宗教事务僧纲司等。

(二)在军事上,以"守备为主",采取剿抚并用,抚谕在先的策略。对北方蒙古人,缘边驻重兵防御,修葺城池,扼守险要,建立了"九边"⑦军镇。从洪武

---

①　《明太祖实录》卷 149"洪武十五年十月丙申"条,第 2352 页。

②　《明太宗实录》卷 264"永乐二十一年十月庚午"条,第 2408 页。

③　《明太祖实录》卷 35"洪武元年十月戊寅"条,第 663 页;孔贞运辑:《皇明诏令》卷 1《克燕京诏》,《续修四库全书》本,第 457 册,第 38 页。

④　陈子龙:《明经世文编》卷 316 王崇古《为北虏纳款执叛求降疏》,第 3353 页。

⑤　张廷玉:《明史》卷 331《朵甘乌斯藏行都指挥使司传》,第 8589 页。

⑥　据《明史》卷 74《职官志》:在,永乐五年(1407 年)初设四夷馆,选国子监生习译事,隶翰林院。内分为鞑靼(蒙古)、女直(女真)、西番(西藏)、西天(印度)、回回、百夷(傣族)、高昌(维吾尔)、缅甸等八馆;后正德六年(1511 年)增设八百(掸族)馆;万历七年(1579 年)增设暹罗馆,计为十馆。

⑦　明廷沿长城险要地带,先后设立辽东、宣府、大同、山西(又称三关镇或太原镇)、延绥(又称榆林镇)、蓟镇、甘肃、宁夏、固原九个重镇,合称"九边"。各镇管辖范围大致是:辽东镇,镇守范围相当于今辽宁大部,镇守总兵官驻广宁(今辽宁北镇),隆庆元年(1567 年)后,冬季则驻辽

至永乐,明廷还在辽东、陕西、甘肃、山西、河北北部及漠南,皆废州县,编民为兵,设立军事卫所,企图以这些卫所为"屏藩",从东西两翼来防御和控驭蒙古势力。又在防御区内,配合守备方针,采取军政合一的管理办法,开垦屯田,守防操练,声势相连,犄角相倚。成祖时,又迁都北京,使北方边防更为巩固。对南方地区,在建立土司制度的同时,强化军事控制,设立羁縻卫所,采取"以蛮制蛮"的手段。经过多年的经营,明朝沿边,尤其在北方最终形成了严密的军事防御体系。这一"守备为主"的治边思想和民族政策影响了有明一代。张居正改革时期的民族防御政策即深深打上了"祖宗旧制"的深刻烙印。

(三)在经济上,以贡市为主,实行多元经济政策。贡市是明廷与少数民族地区的主要交往方式。其中通贡,既是边疆少数民族与明廷政治隶属关系的表现,也是经济联系的一种特殊形式。自明初始,少数民族首领经常派遣使臣入明朝贡,明廷则以赏赐的名义予以更多回酬,这在与蒙古之间表现得尤为突出。而互市,明初在北部边疆"东有马市,西有茶市"①。永乐以降,开市范围逐渐扩大,不仅有官市,民市亦一度出现"悉听其便"②的局面。这两种经济交往方式,明廷对交往的时间、方式、规模及互市的场所、产品等,皆有严格规定,历朝虽伴随朝廷与蒙古关系的变化而有所调整,但政策方向和基本原则大体未改,从而成为蒙古封建主获取经济利益和生活、生产用品的重要途径,也成为明廷"控驭北虏"③的重要手段,实可谓"华夷兼利"④,"中外两安"⑤。此

阳(今辽宁辽阳市);宣府镇,镇守地区相当于今河北省西北部内外长城一带,总兵官驻宣府(今河北宣化);大同镇,镇守范围相当于今山西外长城以南,东自山西、河北省界,西至大同市西北,总兵官驻大同;山西镇,防区相当于今山西内长城以南,西起黄河、东抵太行山,境内偏头、宁武、雁门三关并列,总兵官初驻偏头(今山西偏关东北),后移至宁武(今山西宁武县);延绥镇,防地东至黄河,西至定边营,总兵官初驻绥德州(今陕西绥德),成化七年(1471年)移驻榆林卫(今陕西榆林);蓟州镇,镇守范围相当于今河北长城内东起山海关、西至居庸关及天津市以北一带,为近畿防卫重镇,总兵官驻三屯营(今河北迁西西北);甘肃镇,镇守地区相当于今甘肃嘉峪关以东、黄河以西及青海西宁市附近一带,总兵官驻甘州卫(今甘肃张掖);宁夏镇,镇守地区相当于今宁夏北部黄河沿岸一带,总兵官驻今宁夏银川市;固原镇,防区相当于今宁夏南部及甘肃东南部一带,总兵官驻今宁夏固原。

① 张廷玉:《明史》卷81《食货志五》,第1980页。
② 《明太宗实录》卷64"永乐五年二月己丑"条,第910页。
③ 陈子龙:《明经世文编》卷316王崇古《再奉明旨条议北虏封贡》,第3357页。
④ 陈子龙:《明经世文编》卷316王崇古《为北虏纳款执叛求降疏》,第3354页。
⑤ 陈子龙:《明经世文编》卷316王崇古《再奉明旨条议北虏封贡》,第3358页。

外,明廷还通过屯田、赈济灾民、兴修水利、修筑道路、政府移民等方式,开发边疆,加强民族交往,巩固国家统一。这些又在南方少数民族地区表现得较为突出①。

(四)在文化上,重视在少数民族地区兴办学校,传播儒学。朱元璋摒弃了"夷狄同夫禽兽"、"不可以仁义教"等陈腐观念,认为少数民族同样可以教化,"能遵声教"②。所以自明初始,即重视发展民族教育事业。一方面,兴办学校,委派学官,讲习经史。洪武二年(1369年),首先在湖广少数民族地区开办儒学,此后又在云南、四川、贵州等诸处,"俱设儒学"③;并和内地一样,可以参加科举考试。另一方面,令各地土司选派子弟到京师入监读书,"敕国子监官善训导之"④。

至仁、宣时期,明朝统治步入正轨,社会局面趋于稳定,民族政策以守成为主,民族关系也较为平和。从宣德至正统"土木之变"以前,明蒙之间基本未发生大的军事冲突,双方大体维持着和平相安的关系。鞑靼的阿鲁台遣使入贡,瓦剌的脱欢等更是入贡不绝。同时,对南方各少数民族,实行招抚之策,相处较为融洽。然而,也正是在这一时期,北方的瓦剌有效地利用了明廷的息事休兵的态势,积极发展势力,南下之势初露端倪。

总之,在洪武、永乐统一疆土的过程中,明朝民族政策基本方向已经确立。表面来看,这一时期的民族政策是历代民族政策的延续,但实际上注入了许多新的历史内容,尤其是对传统政策的规范、发展和灵活运用,以及将教育、移民、兴修水利等纳入到处理民族关系的做法,不仅促进了周边民族地区与中原地区的友好往来,更有利于边疆地区的开发和民族社会经济的发展。

---

① 如:屯田方面,明代在南方的屯田有军屯、民屯和商屯三种,发展较快,至永乐时达到高峰(马大正主编《明代边疆经略史》,中州古籍出版社2000年版,第232页)。赋税方面,据《明史》卷76《职官五》载:"西南诸蛮夷朝贡,多因元官授之,稍与约束,定征徭差发之法。"兴修水利方面,据《明史》卷88《河渠六》,洪武七四年(1371年),在广西兴修了安灵渠;九年(1376年),修都江堰;在云南开通了汤池渠,并疏通河道、水渠多处。赈济灾民方面,《明史》卷316《贵州土司传》载:"蛮方僻远,来纳租赋,是能遵声教矣。逋负之故,必由水旱之灾,宜行蠲免。自今定其数以为常,从宽减焉。"凡此等等。
② 《明太祖实录》卷188"洪武二十一年二月庚申"条,第2822页。
③ 张廷玉:《明史》卷75《职官四》,第185页。
④ 张廷玉:《明史》卷312《四川土司二》,第8040页。

二、正统至嘉靖：民族政策趋于松弛

正统至正德时期，是明朝民族政策发展的第二阶段。这一时期统治者多昏聩无能，国力削弱，边备废弛，民族关系趋于复杂，屡显危机。

正统年间，北方蒙古诸部暂归统一，瓦剌势力达到全盛，联合蒙古诸部，收服兀良哈三卫①，结好辽东女真，企图通过战争夺取更多的经济利益，扩大贡市规模和范围，因此不断南下侵掠，处于主动进攻的态势。而值此际，明朝政治却日渐腐败，阶级矛盾激化，统治者无暇北顾，对明初确立的"以守备为主"的政策也未能加以很好地贯彻，以致边防废弛，从攻势转入防御，甚至陷入了民族的旋涡之中，狼狈不堪，终于酿成正统十四年（1449 年）的"土木之变"。这一事件成为明代后人评论的焦点，同时也成为后世统治者改革民族政策的反面教材。从这个角度言之，在朱明王朝的统治尚未彻底垮台之前，在各种矛盾尚未总爆发之前，民族问题的提前暴露，有利于后世统治者反思和汲取经验教训，进而在民族政策上有所调整。可以说，万历初年，张居正在民族问题上的努力，也与他对前朝民族政策得失的总结和反思密切相关，这一点下文将有专门论述。

正统以后，历景泰、天顺、成化、弘治、正德数朝，这一时期蒙古诸部内斗激烈，无暇南下。所以表面上，北边长期处于和平时期，蒙古贵族与明廷的贡市关系仍在进行。如弘治初，"小王子尚有自大同三贡之例"②。而经过多年的曲折发展，蒙古诸部逐渐出现统一之势，成化十五年（1479 年）达延汗成为新的汗主，实力大增，加速了蒙古统一步伐。此后，达延汗在统一漠南蒙古的过程中，致力与明通好。据不完全统计，仅弘治前十一年间，蒙古达延汗入贡次数就达 13 次之多。③ 蒙汉关系的改善，促进了边疆地区的发展和蒙汉民族的交往，也加速了蒙古诸部的统一进程。

---

① 《明神宗实录》卷 46"万历四年正月丁未"条载：辽东一镇，"自宁前抵喜峰口曰朵颜，自锦义历广宁至辽河曰泰宁，由黄泥洼逾沈阳铁岭至开原迤西曰福余。开原迤北曰山寨，曰江夷，迤东曰海西，曰毛怜，曰建州。"（第 1031 页）

② 陈子龙：《明经世文编》卷 316 王崇古《为北虏纳款执叛求降疏》，第 3353 页。

③ 《中国北方民族关系史》编写组：《中国北方民族关系史》，中国社会科学出版社 1987 年版，第 351 页。

然而,就在此时,由于明廷政治腐败,权宦擅政,并没有将精力置于边政建设上,也没有采取积极主动的民族政策。所以,蒙古贵族时常兵临明边,使青海、甘肃、宁夏、陕西、山西、河北漫长的边境地区烽火连年,警报不息。如成化初,蒙古骑兵动辄深入明朝内地,直至北京城下。正德元年(1506年),武宗即位之初,蒙古鞑靼等部就深入明边,"自花马池毁垣入,掠隆德、静宁、会宁诸处,关中大扰"①。随着蒙古小王子部的崛起,明朝北部边境的祸患更趋严重,"北部亦卜剌与小王子仇杀。亦卜剌窜西海。阿尔秃斯(鄂尔多斯)与合,通胁挑西属番,屡入寇。巡抚张翼、总兵土勋不能制,渐深入,边人苦之。"②蒙古势力的南下,甚至使北京处于蒙古贵族的直接威胁之下。正德八年(1513年),小王子统兵数万,"连营数十,寇宣、大塞,而别遣万骑掠怀安,京师戒严"③。嘉靖初,蒙古鞑靼部的骚扰更加频繁,规模也越来越大,明朝边境已无宁日。另外,在西北地区,弘治间,吐鲁番发生了叛乱,攻陷哈密城④;正德十三年(1518年),又犯肃州(今甘肃酒泉)⑤。

这一阶段,在西南、两广少数民族地区,由于明朝与土司的双重压迫,相继发生了苗、瑶、壮、侗、黎等少数民族的反抗斗争,持续时间长,规模也不小。正统初,为了全力对付瓦剌,明朝对南方少数民族的反抗采取了"以抚为主"的政策;但正统五年(1460年)英宗亲政后,即转为先抚后剿,以剿为主的政策,先后多次用兵西南,不仅没有解决问题,反而更加激化了南各族的反抗斗争。此后,南方民族矛盾日渐尖锐,小规模的民族起义遍地星火,大有蔓延之势。对此,明廷基本采取"抚剿兼用"的政策,但效果并不明显。如广西大藤峡地区的瑶族起义,在成化间被镇压下去之后,正德年间再次兴起,直到嘉靖十八年(1539年)才得以平息。正德十一年(1516年),湘西、黔东一带发生苗族起义,"群苗啸聚,连寨相望"⑥,至嘉靖时,声势浩大,蔓延到周边各地。由此可见,武力并非解决民族问题之良策。

---

①　张廷玉:《明史》卷327《鞑靼传》,第8476页。
②　张廷玉:《明史》卷327《鞑靼传》,第8477页。
③　张廷玉:《明史》卷327《鞑靼传》,第8477页。
④　陈子龙:《明经世文编》卷319王崇古《陕西四镇军务事宜疏》,第3390页。
⑤　张廷玉:《明史》卷328《瓦剌传》,第8503页。
⑥　张廷玉:《明史》卷316《贵州土司传》,第8194页。

三、嘉靖至隆庆:民族政策适时调整

嘉靖至隆庆"俺答封贡",是明朝民族关系发展的第三阶段。这一时期社会矛盾与民族矛盾交激,蒙古"俺答独盛"①,成为北方边塞的最大威胁,南方少数民族反抗斗争也此起彼伏,渐成高潮。

嘉靖初,蒙古鞑靼部的侵扰更加频繁,规模也越来越大,"北寇屡犯边,密云四镇告急无虚日"②。至俺答汗时,拥兵数十万,活动于今呼和浩特一带,并与西部河套的吉能部和东部辽东的土蛮部(亦称"东虏")彼此呼应,不断侵扰三北边境。相反,明廷上下却人心不正,皇帝昏聩,奸臣当道,防务废弛,"城堡不修,粮饷不给"③。在此情形下,为了控制蒙古诸部,争取一个和平安定的社会环境,俺答汗主动求和,自嘉靖十三年(1534年)始,不断遣使入明求贡,但世宗认为"夷狄无信",一概予以拒绝,并斩杀来使。俺答甚怒,遂入掠明边。二十九年(1550年),俺答率兵长驱直逼北京城下,"大掠村落居民,焚烧庐舍,火日夜不绝"④,朝野为之震惊。虽然在各路明军的救援下,俺答被迫退走,但暴露了明朝边防的空虚。之后数年间,俺答数犯明边,北京几次戒严,给明朝统治者造成严重威胁。

至隆庆时,蒙汉战乱局面未改,如隆庆元年(1567年),"老把都、土蛮纠犯蓟东,则棒推岩千骑,一时落岩而死;俺酋父子深犯石州,则人马道死万数。"⑤连年战争,给双方造成巨大的损失⑥,也使蒙汉人民饱受了战乱之苦,"华夷交

---

① 张廷玉:《明史》卷327《鞑传》,第8479页。
② 夏燮:《明通鉴》卷56"嘉靖十二年二月戊寅"条,岳麓书社1999年版,第1506页。
③ 《明世宗实录》卷339"嘉靖二十七年八月庚戌"条,第6178页。
④ 谷应泰:《明史纪事本末》卷59《庚戌之变》,中华书局1977年版,第902页。
⑤ 陈子龙:《明经世文编》卷317王崇古《确议封贡事宜疏》,第3359页。
⑥ 就明朝而言,仅军费开支一项,就十分庞大。史载:嘉靖三十年(1551年),明朝"诸边费六百余万"。自嘉靖二十九年(1550年)十月至三十一年(1552年)正月,"自诸边年例二百八十万例,新增二百四十万有奇,修边、赈济诸役又八百余万",而当时户部每年收入只有二百万两,到隆庆初年,才增到二百五十一万两。军费逐年增加,开支浩大。所以,隆庆二年(1568年)光禄寺崟学颜说:"其尤耗天下财者,曰兵。"(《明通鉴》卷64"隆庆三年闰六月",第1812页)

困,兵连祸结"①,"三军暴骨,万姓流离,城郭丘墟,刍粮耗竭,边臣首领不保,朝廷为盰食"②。因此,结束战争,改善蒙汉关系,成为蒙汉广大人民的迫切要求和共同愿望。隆庆四年(1570年),俺答之孙、铁背台吉之子把汉那吉的投明为契机,在高拱(1512—1578年,字肃卿,河南新郑人)、张居正、王崇古(1515—1588年,字学甫,山西蒲州人)、方逢时(? —1596年,字行之,湖北嘉鱼人)等人的协同努力下,隆庆五年(1571年)三月,封俺答汗为顺义王,颁赐敕书,顺利实现封贡关系。在此过程中,张居正发挥了决定性作用③。然而,值得指出的是,尽管在蒙古人民要求与明贡市的压力之下,俺答放弃了武力犯边活动,与明修好,使明朝北部边境的军事压力有所缓解,但由于其他蒙古各部,如东部的土蛮部等对明朝的袭扰从未停止过。因此,明朝始终不敢放松对蒙古人的戒备,"北虏"仍然是明朝民族政策的重点。

这一阶段,南方少数民族的反抗斗争如火如荼,并达至高潮。其中广西田州(今广西田阳县)官岑猛反叛,割据地方,影响最大。明廷为了平息叛乱,出动大军进讨,但田州仍未彻底讨平,古田地区的壮族和大藤峡瑶族发动了更大规模的反明斗争,战争持续数十年之久。这些反抗斗虽然在隆庆年间相继被镇压,但着实给明朝统治带来了较大冲击。至于小股的民族起义,在明中后期从未间断过。湖广、四川、贵州、云南一带少数民族的反抗也很频繁,尤其是贵

---

① 　陈子龙:《明经世文编》卷317王崇古《确议封贡事宜疏》,第3359页。
② 　张廷玉:《明史》卷222《方逢时传》,第5847页。
③ 　针对俺答封贡一事,当时朝内多持反对意见,以为"讲和示弱,马市起衅"(《张太岳集》卷22《答王鉴川计贡市厉害》,第270页)。张居正批评这一看法说:"封贡事,乃制虏安边大机大略,时人以忌嫉之心,持庸众之议,计目前之害,忘久远之利,遂欲摇乱而阻坏之。国家以高爵厚禄畜养此辈,真犬马之不如也。"(《张太岳集》卷22《与王鉴川议坚封贡之事》,第270页)并以为时人的观点"惟不忠,盖亦不智甚矣"。认为:"乞封制和者,在中国而不在夷狄,比之汉宋之事,万万不侔,独可谓之通贡,而不可谓之讲和也。"在此基础上,张居正指出封贡有五利:"虏既通贡,逻骑自稀,边鄙不耸,稽人成功,一利也;防守有暇,可以修复屯田,蓄吾士马之力,岁无调援,可省行粮数十百万,二利也;土蛮、吉能每借俺答以为声势,俺答既服,则二虏不敢轻动,东可以制土蛮,西可以服吉能,三利也;赵全等既戮板升,众心已离,吾因与房约,有愿还者,必勿阻之,彼既无勾引之利,而又知虏之不足恃,则数万之众,皆可渐次招来,曹州之地,可虚矣,四利也;彼父子、祖孙情乖意阻,胡运将衰,其兆已见,老酋死,家族必分,不死,必有冒顿呼韩之变,我得因此机而行吾之计,五利也。凡此五利,皆古之谋臣策士所为祈祀而求者也。"(《张太岳集》卷22《答王鉴川计贡市厉害》,第270页)关于张居正在俺答封贡中的贡献,其其格在《张居正与"俺答封贡"》(《内蒙古师范大学学报》1996年第2期)一文有深入讨论。

州苗族的反抗尤为激烈。正德中,湘西、黔东一带的苗族起义至嘉靖时达到高潮,二十二年(1543年),"平头苗赋龙桑科作乱,流劫湖广桂阳间,甚撅"①。在云南,"芒部弗靖,百夷亦蠢动"②。值得一提的是,明廷在平定西南民族叛乱的同时,推行改土归流政策,但由于诸多因素,又出现反复现象,不断恢复土司制度。

综上,在张居正改革之前,明朝的民族关系日益复杂,民族矛盾逐渐激化,在此过程中,在民族关系与民族政策的互动关系中,民族政策的发展变化呈现出鲜明的阶段性,并表现出以下四个特点:

一是以蒙古人为民族政策的重心。明廷在综合分析其边防形势时,始终认为"今之四夷,北虏为急"③,"套贼不除,中国之祸未可量也"④。即使在明朝中后期,南方少数民族的频频反抗,但明廷仍然将注意力集中在蒙古诸部。

二是以军事防御为主。这种防御政策主要针对蒙古诸部。一方面,由于明朝乃取代蒙元而建立,政权更迭对于残元势力是很难接受的历史结局,故而,在明朝强大的军事压力之下,即使北元蒙古人暂且偃旗息鼓,没有与明朝直接对抗的意思和能力,但对于明前期统治者而言,欲谋求边疆安宁,就不得不采取"屯守备边"的长策,以防止北元卷土重来,用朱元璋的话说就是:"元运衰矣,行自毁灭,不烦穷兵。出塞之后,固守封疆,防其侵轶可也。"⑤另一方面,蒙古民族单一的游牧经济,使其在许多生活必需品上不得不依赖于中原地区,而在明朝禁绝贡市时,蒙古领主就不得不采取军事行动强行掠取。因此,从一开始,明朝对蒙古的民族政策就是"以守备为主"。

三是在民族关系上,采取区别对待的态度。例如对北方蒙古民族,在以军事防御为主,并以封王、互市、通贡等手段牵制蒙古诸部,民族政策较为灵活。在女真地区以及西北等地建立羁縻卫所。关于明朝在女真地区的民族政策,下文将作专门论述。在南方诸族,政治上推行土司制度,并在采取抚谕、剿杀

---

① 张廷玉:《明史》卷316《贵州土司》,第8182页。
② 严从简:《殊域周咨录》卷9《云南百夷》,《中外交通史籍丛刊》,中华书局1993年版,第338页。
③ 陈子龙:《明经世文编》卷250魏焕《经略总考》,第2630页。
④ 谷应泰:《明史纪事本末》卷58《议复河套》,第894页。
⑤ 张廷玉:《明史》卷125《徐达传》,第3727页。

手段时,鼓励移民和民族杂居,加强各民族之间互相了解,并通过屯田制度、减免税赋、赈济灾民、兴修水利、修筑道路等方式,开发南方地区,民族政策形式多样。

四是民族政策逐渐由积极主动转向消极被动,并暴露出其阶级和历史局限性。例如,明初为防止蒙古人入犯,曾将"塞外夷民,皆令迁入内地",①坚壁清野,割断内外蒙古的联系。嘉靖间,为维护"天朝之尊"②,屡次拒绝俺答贡市之请。不仅如此,明廷及边将的对蒙古诸部一度采取民族压迫政策,如明军冬春时节烧荒等做法。这些都给当地牧民带来灾难,伤害了民族之间的感情,加深了民族之间仇恨,妨碍了民族之间的交往。

总之,在张居正改革以前,明朝民族政策的内容是一脉相承的,历朝在民族政策上的每一次调整,不过是对明初"祖宗旧制"的修复、损益而已,并无多少建树。这种面对新的民族形势而缺乏新的治边观念和民族意识的局限,以及在民族政策上表现出的保守性和滞后性,是明代前中期民族民族政策的共性,也是造成民族关系逐渐复杂,矛盾日趋严重的主要原因。那么,这些问题和缺陷,在张居正改革的大好局面之下,能否得到扭转和解决? 能否适应民族格局的新变化,摆脱"祖制"的束缚,开拓出一片新的天地呢? 这是下文所要重点探讨的问题。

---

① 《明太祖实录》卷 88"洪武七年三月辛酉"条,第 1571 页。
② 杨继盛:《杨忠愍公全集·请罢马市疏》,民国七年(1918 年)刻本,第 3 页。

第 二 章

张居正改革时期面临的民族形势

终明一代,所谓"胡虏"一直被视为其最棘手的政治难题之一。隆庆和贡之后,明蒙关系趋于缓和,出现了"秋防无警"、"边防无警"①的大好局面。隆庆六年(1572 年),神宗即位之初,边疆仍宴然无扰,"北虏归诚而请贡,塞垣无烽燧之警,南奏假息以就歼,岭南有耕桑之乐"②;"华夷安靖,并无谊争,一时边镇亿万军民共享升平之福,皆繇皇上天威远播,庙箅素定"③。然即使如此,明廷上下仍然没有改变对蒙古诸部的军事防御政策。时为"群辅"之一的张居正分析当时的民族大势,认为:"承平日久,武备废弛,丑虏渐强,叛附者众,而当事者犹事虚谈,持文法,将帅之令不能行于偏裨,偏裨之令不能行于士卒,深可虑耳。"④由此他指示,作为边臣,不可对蒙古诸部掉以轻心,相反应更为重视。同时,朝廷上下对蒙古问题也有着清醒的认识。仅隆庆六年(1572 年)六月、七月,先后有数位边臣疏言边政。例如兵科给事中梁问孟因言:

> 登极之初,人心警忽,夷情放肆,悉分于此。故今岁秋防尤宜慎,俺答虽已纳欸,然犬羊之性,变诈叵测,且铜锅之给市,其议未已,亲属之求赏,

---

① 张居正:《张太岳集》卷 21《答蓟抚刘北川》,第 246 页;卷 21《答司马杨二山》,第 245 页;卷 21《答马总兵》,第 246 页。
② 《明神宗实录》卷 3"隆庆六年七月丙戌"条,第 70 页。
③ 《明神宗实录》卷 5"隆庆六年九月庚戌"条,第 199 页。
④ 张居正:《张太岳集》卷 18《杂著》,第 214 页。

其数难周，傥变生，仓促何以御之。此外，示羁縻内修战，守在宣大，不可一日宁者，吉能既故其长子，虽令未必回，然把都儿、黄台吉之禁令，未必能行于部落。银锭、台吉等移住镇番近境，盖外假通贡互市，内或欲掩我不虞。此明烽埃，联哨探，即遇零骑入寇，亦必整兵拒堵，防微杜渐，在延宁甘固，不可一日忘戒备者。蓟昌据京师肩背，实东南一大番篱，通者土蛮，住收近边，虽骚扰在辽东，然境界实与蓟镇连接，且老把都、永邵卜阳附俺答，实阴怀异谋，万一与土蛮勾结，聚众大举，则陵京震动，时月夜莫大亟，宜补练主兵以增扦御，诚退客兵以省縻费，与或固墩台塞要害，精器械积蓄食，务期以守为战，尤不可不预为讲求，辽东与蓟镇声势相倚若辅车，然土蛮侵扰虽屡遭蚵败，然我力既疲，彼愤方深，以疲士遇愤虏，目前未必可安，加天变异常，火灾迭见，阅辽东边报，其伤残伶仃之壮，甚可酸恻，则该镇抚恤之议，诚当及时行之者，兵虽度谋贵预。①

另如，巡抚贵州都御史蔡文条奏"补足军伍，以坚守保障"等三事②；保定抚臣宋纁奏"分布秋防兵马"事③；巡抚延绥右佥都御史郜光先陈"秋防"事④；兵部右侍郎刘应节（1517—1591 年，字子和，山东潍坊人）奏"秋防分布兵马"事⑤。此外，王崇古亦谓："外示羁縻，内修战守"⑥；南京湖广道御史陈堂奏甚至称"方今国家，所忌者北虏"⑦；甘肃抚臣廖逢节言"虏情"大率有二：其一则"虽无骚扰，不宜经繇内地；其一则"虽未侵轶，不当屯住近边。且诸酋络绎西来，虏势甚重，虏情难测，必须严内外之防，以寝彼窥伺之谋，预战守之略，以严我自治之策，宜行才等督率各官严加堤处，未过者谕令径繇边外，毋中假道之奸，已过者谕令远离边境，以免启衅之渐"⑧，凡此等等。不仅臣子如此，神宗

<hr>

① 《明神宗实录》卷 2"隆庆六年六月庚午"条，第 36—37 页。
② 《明神宗实录》卷 2"隆庆六年六月乙亥"条，第 47 页。
③ 《明神宗实录》卷 2"隆庆六年六月戊寅"条，第 54 页。
④ 《明神宗实录》卷 3"隆庆六年七月丁亥"条，第 75 页。
⑤ 《明神宗实录》卷 3"隆庆六年七月庚子"条，第 97 页。
⑥ 《明神宗实录》卷 3"隆庆六年七月壬子"条，第 127 页。
⑦ 《明神宗实录》卷 3"隆庆六年七月壬子"条，第 126 页。
⑧ 《明神宗实录》卷 3"隆庆六年七月戊戌"条，第 91 页。

即位不久,即"谕兵部申饬边防"①,并说:

> 朕荷皇天眷,嗣承大统,内治既定,外备宜严。目今边患虽宁,未可恃为无事,尔兵部便行文与各边总督、镇巡等官,秋防伊迩,今岁事体比之常年,倍宜谨备,选将练兵,积饷修守等项事务,都要着实举行。如有因循怠玩,沿袭旧套,以致偾事者,都拿来治以重罪,决不轻宥。尔部里亦要常差的当人员,侦探边事,虏情从实奏报,以俟朝廷处画。如或朦胧误事,一体重治不饶。钦哉故谕。②

可见,当时明廷上下对蒙古问题极其重视,表现出不减以前的忧虑。而之所以如此,大概这种危机感是来自对封贡之后边政懈怠的担心,亦表明这一时期蒙古问题仍然是明廷关注和争论的焦点,加强北边防务仍是主要任务。那么,张居正改革前周边民族形势到底如何呢? 兹条分缕述如下:

一、俺答诸部,贡市不绝

隆庆和议后,俺答"拘以礼义"③,向明称臣,"约束诸部无人犯"④。在通贡方面,俺答诸部"称臣内属,岁岁入贡"⑤,其中规模最大的一次入贡发生在隆庆六年(1572 年)九月,俺答差使贡马二百五十匹及若干鞍辔、弓矢等物,同来的吉能部贡马二百匹。年幼的神宗皇帝赞赏俺答"诚顺",特赏大红蟒白泽狮子纻丝衣各一袭,妻彩缎二十三表里,其他小头目部落也分别予以赏赐。⑥在互市方面,虽然明朝有严格限制,但"互市议起,套虏诸夷,望风效尤"⑦,官

---

① 谈迁:《国榷》卷 68"隆庆六年七月己丑"条,第 4195 页。
② 《明神宗实录》卷 3"隆庆六年七月己丑"条,第 76—77 页。
③ 《明神宗实录》卷 5"隆庆六年九月庚戌"条,第 199 页。
④ 张廷玉:《明史》卷 327《鞑靼传》,第 8488 页。
⑤ 《明穆宗实录》卷 55"隆庆五年三月己丑"条,第 1372 页。
⑥ 谷应泰:《明史纪事本末》卷 60《俺达封贡》,第 927 页。
⑦ 《明神宗实录》卷 3"隆庆六年七月壬子"条,第 126—127 页。

民互市在宣府、大同、山西等处纷纷开展。如，隆庆六年（1572 年）八月，三边总督戴才奏："本年延绥互市，虏贡留边马一百七十六匹，官市易马一千五百余匹，商余易马牛一千八百余匹；宁夏市易马牛一千五百余匹，商余易马六百余匹。"①对于诸部驯服入贡，明廷除了按例赏赐而外，还时常根据情况增加抚赏。如隆庆六年（1572 年）六月，"以套酉宾兔台吉诚款，颁赐赏赉"②。同年十月，按照总督宣大王崇古题奏，增俺答诸部岁赏，并规定增赏标准，其中永邵卜大成台吉按照吉能贵黄台吉例，索郎倘不浪等按照同贡副千户例，首领大威静按照小头目例，分别进行赐赏③。

蒙古诸部贡市的顺利进行，除了俺答诸部主动要求和积极维护而外，也与明朝采取的措施息息相关。俺答部在蒙古诸部中具有较强的影响力，"今四夷之中，北虏为强，而北虏诸酋之中，俺答父子为最"④，"惟俺答为尊"⑤。由此，俺答汗成为明朝管理蒙古诸部较为合适的工具。

一方面，明廷利用俺答在蒙古诸部中的影响力，通过封贡引导其他部落内附贡市。早在封贡之前，俺答就屡次纠合把都吉能、永邵卜（永谢布）等部"议论内附"⑥，鉴于此，明廷在解决与俺答汗关系的同时，也同时解决了与其所属诸部的关系。正如总督尚书王崇古所提出的，顺义王俺答纳款之初，即求印信，互市之后，又屡求经僧等物，明廷一般都一一满足，而俺答也以此为荣，"传示各部落，珍重守盟，永修职贡"⑦。如此，不仅稳固了俺答"称臣内属"之心，也通过俺答引导其他部落内附明朝。如俺答第二子宾兔⑧，"多桀骜"，明

①　《明神宗实录》卷 4"隆庆六年八月己未"条，第 141—142 页。
②　《明神宗实录》卷 1"隆庆六年五月辛亥"条，第 6 页。
③　《明神宗实录》卷 6"隆庆六年十月辛未"条，第 229 页。
④　陈子龙：《明经世文编》卷 316 王崇古《酌议北虏封贡事宜以尊国体疏》，第 3356 页。
⑤　陈子龙：《明经世文编》卷 317 王崇古《酌确议封贡事宜疏》，第 3361 页。
⑥　陈子龙：《明经世文编》卷 316 王崇古《酌议北虏封贡事宜以尊国体疏》，第 3355 页。
⑦　《明神宗实录》卷 6"隆庆六年十月庚申"条，第 216 页。
⑧　按：日本学者和田清认为宾兔非俺答之子，而是吉囊第二子狼台吉之子（《明代蒙古史论集》下册，潘世宪译，商务印书馆 1984 年版，第 587 页）。达力扎布在其《明代蒙古历史研究》中从此说（内蒙古文化出版社 1997 年版，第 67 页）。但实际上，据《明实录》、《明史》等所载，宾兔当为俺答之子无疑。如：《明神宗实录》卷 37"万历三年四月甲戌"条："俺答子宾兔，住牧西海。"《明神宗实录》卷 74"万历六年四月丁亥"条："先是俺答之子宾兔，率众拨掠熟番、甘藏等族头畜。"《明史》卷 327《鞑靼传》载："俺答常远处青山，二子，曰宾兔，居松山，直兰州之北，曰丙兔，

朝通过俺答进行招抚,亦渐驯服,并求互市。① 又如,隆庆五年(1571 年),在封俺答为顺义王的同时,也为其余蒙古诸部封官赐号。对此,《明经世文编》卷 317 王崇古《确议封贡事宜疏》有载:

> 惟俺答为尊,可赐以王号,颁给镀金印信,如忠义王及西番例。俾彼可号召其弟侄子孙,为国藩夷,其余大枝再东如老把都,再西如吉囊长子吉能,并俺答长子黄台吉,俱宜授以都督职衔如三卫故事,各子孙如兀慎打儿汉台吉、摆腰小把都儿台吉。俺答尚有三子,第四子宾秃台吉,第五子野儿邓台吉,第七子不他失礼;孙男四人,扯力哥、那木兔、跛儿哑都、小把都儿台吉,俱黄台吉子;老把都五子,长子把都黄台吉,二子青把都台吉,三子来三兀儿台吉,四子满兀四台吉,五子满兀带台吉。吉能弟三人,打儿汉台吉、银定把都儿台吉、笔写契黄台吉;子二人,长子把都黄台吉,次子绰库儿台吉;侄七人,宾兔台吉、扯力兔台吉、大家阿不害、合手计黄台吉、切侵黄台吉、秃□阿不害、朵儿见台吉。哆罗土蛮四枝,哆罗土蛮把都黄台吉、麦力艮台吉、着力兔台吉、克邓台吉。永邵卜三枝,歹成那言、把儿谷阿不害、阿落气把都台吉,俱把都侄男。歹成那言子二人,长子阿不害,次子挨四阿不害。委兀儿慎四枝,着里兔台吉、满克赛台吉、旭胡弄台吉、褚叱把都台吉,俱俺答族侄。共四十六枝,大者众至万人,次者数千人,小者或千人,或数百人。虽众寡强弱不齐,俱系俺答亲枝,酋长俱须授以指挥职衔。其俺答账下哈台吉打儿汉诸女婿他不浪十余枝,俱听老酋统调,各须授以千户,如把汉那吉阿力哥近例,各赐之冠服,俾知臣礼,庶大小酋首,均知感戴天恩,荣被衣冠,各统部落,不敢侵犯各边矣。

居西海,直河州之西,并求互市,多桀骜。俺答谕之,亦渐驯。"(第 8488 页)《明史》卷 330《西域二》:"时北部俺答猖獗,岁掠宣、大诸镇。又羡青海富饶,三十八年携子宾兔、丙兔等数万众,袭据其地。"(第 8546 页)凡此,可知宾兔当为俺答之子。和田清等之所以出现失误,主要是利用了《明史》卷 222《王崇古》所载:"吉囊子吉能据河套,为西陲诸部长,别部宾兔驻牧大、小松山,南扰河、湟番族,环四镇皆寇。"(第 5838 页)
  ① 张廷玉:《明史》卷 327《鞑靼传》,第 8488 页。

这一建议提出后,虽然朝中有人提出异议,但当权派高拱、张居正等坚决予以支持,最后得以通过。① 而从王崇古的建议来看,明廷对俺答诸部的封官授爵,不仅俺答本人被封为顺义王,其亲族也按照亲疏远近依次封为都督同知、指挥同知、千户、百户等职,且须"俱听老酋统调"。这种通过血缘关系寻求解决民族问题的民族政策更具有稳固性。对于封贡一事,俺答诸部都十分珍惜这一机会,在受封典礼上,"有俺答等随从令头目打儿汉首领等四名对天叫誓说:中国人马八十万,北虏夷人四十万,你们都听着,听我传说法度,我虏地新生孩子长成大汉,马驹长成大马,永不犯中国,若有哪家台吉进边作歹者,将他兵马革去,不着他管事,散夷作歹者,将他老婆孩子、牛羊马匹尽数给赏别夷"。② 所以,在俺答汗的统调下,各部与明修好,纷纷入贡。

另一方面,明廷利用俺答统调诸部,旨在达到"以夷制夷"的目的。封贡后,俺答"以《大明律》绳其下"③,即用明朝的法律来约束属部,使"各酋听受俺答统率,不犯各边"④,如果有"掠夺边氓者",俺答"必罚治之"⑤。例如,隆庆六年(1572年)夏,甘肃抚臣廖逢节(初姓"杨")奏:"套酋切尽黄台吉等欲从甘州往西海住牧。"⑥总督戴才亦言:"套内诸虏陆续俱到镇番、凉永境外住牧,及抢掠番夷。"在此情况下,明廷传谕俺答,令其"严令各酋遵守法度"⑦,不得随意西进西海(今天青海地区)住牧。同年,宾兔同男阿赤兔带领部落一千余骑,欲要"抢番索赏",明廷命令俺答"严谕宾兔,安分遵守,不许侵扰番汉,以绝觊觎之心"⑧。此外,在互市的时间、地点上,明廷一般仅与俺答"讲定",然后令其"钤束诸酋,不致违约"⑨。可见,明廷实际是利用了俺答汗的

① 张廷玉:《明史》卷222《王崇古传》,第5840页。

② 王士琦:《三云筹俎考》卷2《封贡考》,薄音湖、王雄编辑点校:《明代蒙古汉籍史料汇编》第二辑,内蒙古大学出版社2000年版,第411页。

③ 陈子龙:《明经世文编》卷434冯时可《俺答后志》,第4757页。

④ 陈子龙:《明经世文编》卷317王崇古《为遵奉明旨经画北虏封贡未妥事宜疏》,第3368页。

⑤ 张居正:《张居正集》卷47附录一张敬修等撰《张文忠公行实》,荆楚书社1987年版。

⑥ 《明神宗实录》卷3"隆庆六年七月戊戌"条,第90—91页。

⑦ 《明神宗实录》卷3"隆庆六年七月戊戌"条,第91页。

⑧ 陈子龙:《明经世文编》卷320方逢时《虏酋势劫熟番疏》,第3416页。

⑨ 《明神宗实录》卷5"隆庆六年九月庚戌"条,第199页。

影响力来解决民族关系的,这一策略在短期内是很见效果的;但长期来看,一旦俺答汗的权威性丧失,俺答诸部就失去了牵制力量,必然会引起内部的纷争,进而破坏蒙明之间的关系,这在俺答死后不久便表现了出来。对此,下文将有详细论述,兹不赘。

总之,"俺答封贡"后,北方蒙古诸部长期服从明朝政府的管制,基本上保持着和平贡市的关系。客观地说,这种局面基本达到了明朝"外示羁縻,内修战守"①的初衷,对于张居正改革时期处理民族关系提供了良好的民族环境。出乎此,清人魏源赞云:"高拱、张居正、王崇古张弛驾驭,因势推移,不独明塞息五十年之烽燧,且为本朝开二百年之太平。仁人利溥,民到今受其赐。"②实为确论。然而,值得指出的是,明廷准许俺答诸部贡市,是以其与朵颜、福余、泰宁三卫及海西、建州女真等一样都承认"同为藩臣"为前提的。而且即使如此,在贡市等方面,明廷对他们的礼遇亦并不相同。例如,在俺答封贡之初,继续准许朵颜、福余、泰宁、女真等贡使入京进贡,且规模较大③,但对于俺答诸部,"不与贡使入京,而差官宴赏"④。直到王崇古奏请之后,"为示大公之体",才规定"各枝止贡马五百匹,每授官有名,酋长一人,贡使二名。各都督大酋,量加二名,俺答十名,授官四十七人枝,共惟贡使六十名,上马三十匹进京",然而人数也"不及三卫贡使之什二"⑤。此表明:明廷对俺答诸部的民族政策是有所顾虑的,并没有彻底解除对"北虏"的担忧,认为俺答诸部入京会"窥我虚实",按照王崇古的说法就是:"不嘉其效顺之诚,惟虞其后时之叛。"⑥

---

① 《明神宗实录》卷3"隆庆六年七月壬子"条,第127页。
② 魏源:《圣武记》卷12《武事余记》,中华书局1984年版。
③ 据陈子龙:《明经世文编》卷318王崇古《酌许虏王请乞四事疏》载:"今朵颜三卫贡马三百匹,贡使三百名。海西、建州各夷每年贡马一千五百匹,贡使夷千五百名,各容进京。"(第3377页)
④ 《明神宗实录》卷3"隆庆六年七月壬子"条,第126页。
⑤ 陈子龙:《明经世文编》卷318王崇古《酌许虏王请乞四事疏》,第3377页。
⑥ 陈子龙:《明经世文编》卷318王崇古《酌许虏王请乞四事疏》,第3377页。

二、蒙古枝部，频年侵扰

俺答封贡后，西部蒙古诸部多"臣服"明廷，岁来贡市，"七镇（指甘肃、宁夏、固原、延绥、山西、大同、宣府）咸宁①。然东部蒙古察哈尔部却屡年入犯，成为明廷关注的焦点。

嘉靖三十六年（1557 年），察哈尔部首领打来孙去世，其子土蛮继位，自称札萨克图汗。土蛮加强汗权，恢复东部蒙古各部的统一，又向珠尔齐特（女真部族）、额里古特等东北民族部落征收赋税，增强察哈尔部的经济实力。同时，向明朝要求互市，被拒绝后，便联合内喀尔喀五部（主要活动在今辽宁省阜新蒙古自治县一带地区）和女真部落，不断向辽东地区入掠。嘉靖四十一年（1562 年）夏，土蛮入犯抚顺，被辽东副总兵黑春所败。② 这是其最早一次入犯明边。隆庆元年（1568 年），又纠合鞑靼老把都部入犯蓟东③。俺答封贡后，惟"土蛮不随调度"④。鉴于此，王崇古建议明廷准其贡市，他说：

> 俺答各酋既已来归，则土蛮之势自孤，而蓟镇之患即可免。即如今秋俺答诸酋一不东行，则土蛮聚兵止犯辽左，未敢复窥蓟、昌。该土蛮每资俺、黄诸酋之兵力为轻重，而河西吉能部落，尤依俺酋为声援，故必令回合诸酋，方可允其赐封，许其通贡，均弥九边之患，否则一枝未附，即可推诿为奸，虏情多狡，有难遽信。⑤

但明廷没有同意王崇古的建议。所以土蛮猖强犹昔，与建州诸部声势相倚，"屯驻辽蓟、东北，众十余万，其控弦带甲者不满数万"，数次拥众入犯辽塞。例如，隆庆五年（1571 年）十一月，土蛮大规模入犯，总兵李成梁（1526—1606

---

① 沈节甫：《纪录汇编》卷 54 高拱《挞虏纪事》，商务印书馆 1938 年版。

② 张廷玉：《明史》卷 327《鞑靼传》，第 8484 页。

③ 陈子龙：《明经世文编》卷 317 王崇古《酌确议封贡事宜疏》，第 3359 页。

④ 陈子龙：《明经世文编》卷 317 王崇古《酌确议封贡事宜疏》，第 3361 页。

⑤ 陈子龙：《明经世文编》卷 316 王崇古《酌议北虏封贡事宜以尊国体疏》，第 3355 页。

年,字汝契,一作汝器,辽宁铁岭人)败之于卓山,斩五百八十余级。① 另据史料所载:仅隆庆六年(1572 年)八月至十一月,土蛮就入犯多次,如下所示:

> 隆庆六年八月乙卯,兵部奏准蓟辽总督报称,土蛮等夷约分道侵犯,请行各镇比常备万分戒严。如犯辽左,蓟镇酌量调发出关应援,如有窥犯蓟镇消息,其各镇应援蓟镇,将领不待调遣,星驰入援。上是之。②
>
> 隆庆六年八月癸未,兵科右给事中蔡汝贤奏辽东报土蛮、王杲勾结卜吉兀儿诸酋,约日上为马,犯在旦夕,蓟镇又报房𫘤黑庄、窦仙岭寺等处入,声言犯宁前地方,十分危急,切思辽东之与蓟镇唇齿也。③
>
> 隆庆六年八月庚申,辽东抚臣张学颜奏报虏骑入犯,副总兵赵完等追堵斩首一百八级。④
>
> 隆庆六年九月乙酉,顺天巡抚杨兆报奏,东虏与土蛮合谋入犯。⑤
>
> 隆庆六年九月庚戌,土蛮兵万余犯中后所、沙河驿等处,被总兵官李成梁、参将杨燮、游击李惟一等所败。⑥
>
> 隆庆六年十一月戊申,辽东总兵官李成梁败土蛮于辽河。是役斩首二十余级,获马二百余匹。⑦

如此之类。土蛮骚扰虽多在辽东,但由于辽东境界与蓟镇连接,"相倚若辅车"⑧,临近北京,所以明廷对其颇为重视。在俺答封贡的情势下,明军积极集中兵力,"并力堵截",相互策应,所以土蛮单独进行纯粹的武力掠取,是很难达到目的的,所谓"东虏屡窥边境,久未得利"⑨。但"屡遭衄败"⑩的结局并未

① 张廷玉:《明史》卷 327《鞑靼传》,第 8488 页。
② 《明神宗实录》卷 4"隆庆六年八月乙卯"条,第 138 页。
③ 《明神宗实录》卷 4"隆庆六年八月癸未"条,第 182 页。
④ 《明神宗实录》卷 4"隆庆六年八月庚申"条,第 142 页。
⑤ 《明神宗实录》卷 5"隆庆六年九月乙酉"条,第 178 页。
⑥ 《明神宗实录》卷 5"隆庆六年九月庚戌"条,第 200 页。
⑦ 《明神宗实录》卷 7"隆庆六年十一月戊申"条,第 273 页。
⑧ 《明神宗实录》卷 2"隆庆六年六月庚午"条,第 15 页。
⑨ 《明神宗实录》卷 9"万历元年正月庚寅"条,第 320 页。
⑩ 《明神宗实录》卷 2"隆庆六年六月庚午"条,第 38 页。

阻止土蛮继续入犯的势头,至神宗即位,土蛮仍频年入犯。① 万历四年(1576年),土蛮汗也改宗藏传佛教格鲁派(俗称黄教)。土蛮汗在政治、经济、宗教上的变革,有效增强了察哈尔的力量,但未能改变蒙古分散、割据的局面,也未从根本上改变蒙明之间的关系。

此外,俺答属部宾兔也不时骚扰明廷。俺答封贡后,"各部颇遵约束,惟西海宾兔不服禁",明廷曾再三谕令俺答加以管制,以"绝其觊觎之心",②但并未产生多大效果。如隆庆六年(1572年)巡按陕西监察御史董石称:"虏酋宾兔同男阿赤兔带领部落一千余骑,欲要抢番索赏等。因本部议拟,移咨宣大总督,转行顺义王俺答,严谕宾兔,安分遵守,不许侵扰番汉。"③宾兔来侵主要是因为当时互市设在宁夏,往返路途过远,企图迫使明廷在甘肃开市。对此,史籍有载:"宾兔非敢故违,只因甘肃不准开市,宁夏又路远,往返艰难无利,彼见诸部头目都有定所,惟此一酋无定,故如此。"④与宾兔相仿,俺答属部老把都、永邵卜(永谢布部)表面依附俺答,实则阴怀异谋,曾一度企图与土蛮相互勾结,聚众大举。⑤

同时,辽东朵颜、福余、泰宁三卫与明朝的关系也开始发生变化。嘉靖间,察哈尔东迁,改变了漠南蒙古各部的分布,受影响最大的是朵颜三卫。察哈尔部占据了其牧地与部分属民,黄台吉、老把都等也进入了兀良哈地区,并分别与朵颜卫头目结成姻亲。从而与相邻的察哈尔、内喀尔喀、喀喇沁(老把都部)、土默特(黄台吉部)等构成了复杂的和战关系。受这一变化的影响,尤其是察哈尔部土蛮的入犯,朵颜三卫与明朝的关系亦随之发生了变化,他们屡屡带领土蛮南下,正如总督刘应节所言:"我朝定鼎燕山……自大宁内徙,实藉三卫以为羽翼,年来阳顺阴逆,羽翼之资,翻为肩背之患。"⑥这种局面至万历

---

① 张廷玉:《明史》卷 327《鞑靼传》,第 8488 页。
② 陈子龙:《明经世文编》卷 320 方逢时《虏酋势劫熟番疏》,第 3416 页。
③ 陈子龙:《明经世文编》卷 320 方逢时《虏酋势劫熟番疏》,第 3416 页。
④ 陈子龙:《明经世文编》卷 320 方逢时《虏酋势劫熟番疏》,第 3416 页;《明史》卷 330《西域二·西番诸卫》亦载:"俺答言,丙兔止因甘肃不许开市,宁夏又道远艰难,虽有禁令,不能尽制。"(第 8546 页)
⑤ 《明神宗实录》卷 2"隆庆六年六月庚午"条,第 38 页。
⑥ 《明神宗实录》卷 8"隆庆六年十二月庚辰"条,第 310 页。

初年趋于严重，"朵颜长昂益强，挟赏不遂，数纠众入掠，截诸蕃贡道"①。鉴于土蛮、三卫形势的变化，明朝对西部俺答也加强了防御。隆庆六年（1572 年）十一月，狭西三边总督戴才奏："套虏②并俺答部落住嘉峪关西及海上者，不下数万，情态莫测。"③可见，防患于未然，是明朝处理与蒙古关系的总路线，即使对与明修好的俺答诸部，也毫不放松戒备之心。

三、南方诸族，或贡或反

隆庆末年，明朝对南方少数民族的政策基本未变，民族关系也大体维系着传统格局。首先，在西南地区，各少数民族土司长官仍然定期进贡，这在四川地区表现得尤为突出，仅隆庆六年（1572 年）一年，就先后三次入贡：六月，四川乌思藏朵甘思宣慰使司等处，差来禅师剌麻温、番僧阿儿等入明，赏衣币及银四百五十二两④；九月，四川达思蛮长官司差都纲、头目及番僧等，共四百三十四人贡珊瑚等物⑤；至十月，又四川达思蛮长官司、陕西灵藏赞善等七寺，各差都纲、头目、番僧共五十四名赴京进贡方物⑥。另外，自隆庆四年（1570 年）以来，西北吐鲁番马黑麻一直遣使来贡，"迄万历朝，奉贡不绝"⑦。

其次，南方少数民族的叛乱与反抗斗争并未全息。明中期以来，由于明朝在南方少数民族地区统治政策不当和土司的残暴统治，激起了一系列民族反抗斗争，虽然这些起义在嘉靖后期相继被平定，但民族斗争浪潮在隆庆年间仍然余波激荡，尚未全息。这中间影响较大的是发生在广西地区的瑶民起义。隆庆六年（1572 年）十月，广西怀远（今广西三江侗族自治县）瑶民发动起义，围杀知县冯希武及经历、典史、巡检等官。对于此次起义的原因，抚臣郭应聘

---

① 张廷玉：《明史》卷 328《朵颜传》，第 8509 页。
② 即活动在黄河河套一带的鄂尔多斯部，明人称之为"套部"、"套房"、"河套房"。
③ 《明神宗实录》卷 7"隆庆六年十一月庚子"条，第 261 页。
④ 《明神宗实录》卷 2"隆庆六年六月丁卯"条，第 32 页。
⑤ 《明神宗实录》卷 5"隆庆六年九月壬辰"条，第 194 页。
⑥ 《明神宗实录》卷 6"隆庆六年十月丁卯"，第 224 页。
⑦ 张廷玉：《明史》卷 329《吐鲁番》，第 8536 页。

认为是"希武失信寡恩,刑罚过当,诸瑶不胜苦楚,加以兵匠等役,张扬恐吓,遂致成变"①,万历二年(1574 年)四月,此次起义被平定。② 同时,广西府江地区(今广西桂江下游)也发生了杨钱甫等为首的壮民起义,"恃险稔凶,肆行杀掠",声势较大。万历元年(1573 年)正月起义被平定,"擒斩杨钱甫等十首贼,徒从四千六百六十七,俘获贼属四百四十人,牛马二百三十三,器械二百一十九"③,史称"府江之捷"。此外,这一时期,在湖南有苗民起义,在广东琼州、惠州、潮州等处有黎民起义,在云南有苗民起义等,④这些起义规模较小,在万历初年先后被平定。

可见,明代后期,民族矛盾已经开始激化。而实际上,这些民族起义在张居正时期实际也未能得到很好的解决,所以至明末,在全国农民大起义的背景下,各地少数民族起义相继爆发,成为灭亡朱明王朝的巨大力量。

四、女真王杲,岁岁入掠

自明初以来,辽东女真人效忠明廷,朝贡不绝。然至嘉、隆间,王杲部的兴起和入犯,成为明朝民族关系中的新问题。

王杲(？—1575 年),本名阿突罕,喜塔拉氏⑤,建州右卫女真人,为建州右卫凡察的后裔,其女为塔克世(他失、塔失)之妻,生努尔哈赤。据《两世罕王传》载,王杲先世住在哈尔萨阿林⑥。后来被邻部驱逐,迁居距马尔墩不远

---

① 《明神宗实录》卷6"隆庆六年十月庚申"条,第 217 页。

② 《明神宗实录》卷24"万历二年四月丁巳"条,第 617 页。

③ 《明神宗实录》卷10"万历元年二月甲戌"条,第 357 页。

④ 详见《明神宗实录》卷22"万历二年二月己未"条,第 585 页;《明神宗实录》卷24"万历二年四月丙寅"条,第 622—623 页。

⑤ 据清朝钦定《八旗满洲氏族通谱》载:"喜塔拉氏,为满洲一姓,其氏族散处于尼雅满山、长白山、蜚悠、瓦尔喀、叶赫等地方。"(《文渊阁四库全书》本)

⑥ 哈尔萨阿林,满语汉译为"蜜狗山",即是今日新宾满族自治县永陵镇二道河旧老城所在的山脉。由此可见,建州右卫原设立之初是与左卫同居一地的。另外,在结合王杲后裔存藏的谱单世系中,按世系年代,排列如下:凡察——阿哈达——多勒(叁察)——王杲(阿突罕)——阿太(台)——直至今日谱单世系。而按同代年轮排列建州左卫的世系为:猛哥帖木儿——董山——

的果乐山（即古勒山，今新宾古楼附近），"掌管百里水渡"。王杲幼年，白面俊秀，聪明敏捷，笃志好学，凡学无不精熟。《清史稿》载："幼而黠慧，通番汉文字，尤精日者术"；《万历武功录》亦载："为人聪慧，有才辨，能解番汉语言字义，尤精日者术，舞智而剽悍，建州诸夷悉听杲调度"①。十六岁时，继承父业。其所居的古勒山，地近抚顺马市，是建州、野人女真与明交易的必经之路。王杲利用这一地理条件，收购皮货山货，夺取敕书，训练兵丁，迅速发展起来，成为建州一雄，无人敢制。为了笼络建州女真，明廷封王杲为建州右卫都指挥使，王杲亦自封为都督。但由于当时女真各部长期陷于分裂、混战不休的状态，加之明廷时常封闭抚顺互市，为了解决部族生计，自嘉靖后期始，王杲便率部"岁岁入掠"②。例如，嘉靖三十六年（1557年）十月，王杲窥抚顺，杀备御彭文洙，复掠东州、慧安诸堡。四十一年（1562年）五月，王杲再次入犯明边。据《明世宗实录》载：

> 辽东边外熟夷王杲等导虏分众入寇，一自东州堡入，一自抚顺核桃山入。副总兵黑春帅游击徐维忠等御之，春身自博战杀数十人，诸将从之，虏众大败，弃其锱重铠甲而遁。于是备御刘普亦败虏于核桃山，共斩首一百四十九级，夺马五十匹，所获夷器无算。③

可见，此次南掠，王杲与蒙古联军被明军所败。但部分文献所载与此相左。如《清史稿》云："（嘉靖）四十一年五月，副总兵黑春帅师深入，王杲诱致春，设伏媳妇山，生得春，磔之，遂犯辽阳，劫孤山，略抚顺、汤站，前后杀指挥王国柱、陈其孚、戴冕、王重爵、杨五美，把总温栾、于栾、王守廉、田耕、刘一鸣等，凡数十辈。"④明人茗上愚公《东夷考略》亦载："四十一年五月，副总兵黑春捣杲巢，

锡宝齐篇古——福满——觉昌安——塔克世（他失）。需要提出的是，凡察与猛哥帖木儿虽然为兄弟，但二人年龄差距较大，凡察与其侄董山乃继猛哥帖木儿之后的同代人。而王杲之子阿台与塔克世则为同代人。

① 瞿九思：《万历武功录》卷11《王杲列传》，第605—606页。
② 陈子龙：《明经世文编》卷434冯元成《大司徒张公抚辽奏疏序》，第4739页。
③ 《明世宗实录》卷509"嘉靖四十一年五月庚寅"条，第8381页。
④ 柯劭忞，等：《清史稿》卷222《王杲传》，中华书局1976年版，第9124页。

呆诱伏媳妇山,生得春,磔之。由是视杀汉官如莽。"这种记载的差异是由修史者所处立场和好恶不同所致,《明世宗实录》作为官修文献,本朝史官碍于忌讳,自然不愿记载明军失败的残局;《清史稿》虽为清人所撰,其中亦难免为本朝讳的痕迹,但以《东夷考略》所载为旁证,似乎可以断定此次战役,应该是明军失败。但无论战果如何,王呆的入犯无疑打破了长期以来明与女真的和睦关系,王呆部自是犯边益甚,"深入辽阳"①。

至隆庆中,王呆部势力大增。六年(1572年),抚顺守备贾汝翼召建州女真诸部首领到抚顺议事,贾汝翼怒斥"诸酋长立阶下"②,王呆当即离去,约诸部"椎牛盟誓"③,并与"王台、土蛮连和益密"④,入犯抚顺,劫掠人口、财物。此次入犯的原因,据时任辽东巡抚的张学颜所言:一是王呆所部八哈哈纳等三十人降明,王呆索之不得,遂怀忿聚兵入犯。二是抚顺备御贾汝翼"验放夷马,责其抗违十数人,各夷切齿愤恨,呆遂约诸部落屡入为寇"⑤。而王呆之所以可以得逞,则是明将防备不力所致,"王呆每肆窃犯辽阳,副总兵赵完统有重兵,先时既未设备,有警又复逗留,却诿罪备御官以图逭责,岂独有违节制,实系失误军机"⑥。由此,王呆与明对立益甚,不断出兵入犯抚顺、宁前、锦义等处,致使辽东形势十分危急,"十年之间,殷尚质、杨照、王治道三大将皆战死"⑦,"辽人大恐"⑧。

直到隆庆六年(1572年)十二月,王呆才遵奉宣谕,约海西女真首领王台送还所掳人口一百四十九名,并请求加赏免剿,准其入贡。明廷同意了王呆的请求,命边将加意抚处,但要求"勿得更变成规,致失夷心,滥增赏物,养成后患"⑨。这一举措,暂时缓和了明朝与王呆的矛盾,但由于明廷始终未重视王

①　苕上愚公(茅瑞徵):《东夷考略·建州》,《清入关前史料选辑》,中国人民大学出版社1984年版,第49页。
②　赵尔巽,等:《清史稿》卷223,第9124页。
③　瞿九思:《万历武功录》卷11《王呆列传》,第605页。
④　《明神宗实录》卷3"隆庆六年七月辛丑"条,第101页。
⑤　《明神宗实录》卷3"隆庆六年七月辛丑"条,第101页。
⑥　《明神宗实录》卷3"隆庆六年七月辛丑"条,第101页。
⑦　张廷玉:《明史》卷238《李成梁传》,第6184页。
⑧　张廷玉:《明史》卷222《张学颜传》,第5854页。
⑨　《明神宗实录》卷8"隆庆六年十二月丁丑"条,第305页。

呆的威胁,故对其的安抚较为有限:一方面,明廷不愿意改变陈规,针对王杲部的进攻态势采取积极有效的民族政策,甚至禁止边将主动争取和平的行为。如隆庆六年(1572年)十月,王杲及王台吉兵临抚顺关,分守东宁道李鹗、开原兵备王之弼差官与王杲等"歃血盟和",但明廷认为这一行为"失宣布之体,有损国威",遂夺李鹗、王之弼各俸二月。① 另一方面,明廷对王杲部多示以恩威,顺从则抚赏,"如执迷不顺,则闭关绝市,调集重兵相机剿杀"②。如,隆庆六年(1572年)九月,辽东巡抚张学颜奏:"建夷王杲屡肆窃掠,官军斩获二十八级,杲怀愤,必求大逞,我以久疲之军当之,恐未必胜。宜乘其沮丧,再行宣谕,令杲送还所掠人口,准其入市,如仍前执迷,则调集重兵相机剿杀。"③这种处理民族关系的态度和措施,很难取得良好的效果。故自万历初,王杲入犯之势更炽,成为张居正改革时期所面临的新的民族问题。

综上,俺答封贡之后,明朝的民族关系随着与蒙古关系改善而趋于缓和,但民族反抗斗争仍然存在,且出现了新的民族问题。鉴于这种形势,首辅高拱及张居正等配合默契,分别采取了相应的政策措施:对蒙古诸部,仍然坚持以贡市为权宜之计④,以达到"外示羁縻,内修战守"的效果,并下令边将只须加强边务,不可轻易"启衅"⑤;对南方少数民族,明廷的政策较为果断,一般是"顺则抚之,逆则拒之"⑥;对女真王杲等部,则准许边将若遇"有窃犯,亦许擒斩论功,不以启衅论罪"⑦。这是此时民族政策的重点和基本倾向。

---

① 《明神宗实录》卷6"隆庆六年十月己卯"条,第240页。
② 《明神宗实录》卷3"隆庆六年七月庚子"条,第101页。
③ 《明神宗实录》卷5"隆庆六年九月戊子"条,第192页。
④ 《明神宗实录》卷3"隆庆六年七月壬子"条,第127页。
⑤ 《明神宗实录》卷5"隆庆六年九月丙戌"条,第188页。
⑥ 《明穆宗实录》卷69"隆庆六年四月己丑"条,第1661页。
⑦ 《明神宗实录》卷3"隆庆六年七月庚子"条,第102页。

第 三 章

张居正改革时期对蒙古族的民族政策

隆庆五年(1571年)俺答封贡后,根据民族形势的变化,明廷采取了一些民族政策:对西北主贡市,对东北主攻占,对介于东西之间为京师屏障的蓟镇则主固守,对南方主剿杀。这些政策,在隆庆时期虽然未产生立竿见影的效果,但其基本方向却为张居正改革时期的民族政策奠定了基础。隆庆六年(1572年)六月,神宗以冲龄践祚,张居正代高拱为首辅。自此肇端,真正属于张居正改革时期的民族政策开始推行。

一、整顿军备,加强防御

隆庆元年(1567年)二月,张居正入阁。尽管当时蒙明关系趋于缓和,但张居正分析了当时的形势,认为"北虏"问题仍然是民族问题的重点,他说:"当今之事,其可虑者,莫重于边防;庙堂之上,所当日夜图画者,亦莫急于边防,迩年以来,虏患日深,边事久废。"①所以,他以"正本清源"为指导,以"富国强兵"为目的,提出要加强北边军事防御,并配合首辅高拱做了大量工作,"积钱谷,增险隘,强士马,整器械,及复屯田、盐法诸事,屡经申饬"②。万历

---

① 《明穆宗实录》卷23"隆庆二年八月丙午"条,第638页。
② 《明神宗实录》卷2"隆庆六年六月庚午"条,第38页。

初,张居正又进一步提出"修武备,谨边防,来则御之,去不穷追,则无夷狄之虞渊"①的见解,更加鲜明地表现出在北方建立军事防御体系的思想倾向。基于此,在张居正改革时期,为了处理与蒙古的关系,明朝推行了一系列整顿军备,加强防御的措施。

(一)整饬边屯

明初,为保证边镇卫所粮饷所需,曾大兴屯田制度②。而北方边镇因迫近京师,地理位置显要,屯田尤为显著③。至明代后期,由于"奸豪隐占"④,"北虏"屡犯,屯田渐次遭到破坏。隆庆间,"沿边屯地,或变为斥卤、沙碛,粮额不得减。屯田御史又于额外增本折,屯军益不堪命"⑤。至万历初,这种局面仍在继续,"国初额设屯田,所在无几"⑥。以大同一镇言之,万历二年(1574年)十一月户部言:"大同一镇,原额屯粮七十余万石,军粮全赖供给,今实征地粮,仅六分之一。虽先年抛弃塞外,及虏患频仍,渐至荒废,而所当开垦、清查者亦多。"⑦而宁夏屯田之弊更甚,隆庆时,宁夏镇肥沃的屯田一半被豪强占为己有。⑧ 万历后,情形更趋严重,时人甚至有"屯田之弊,莫甚宁夏"⑨的感叹。

---

① 张居正:《张太岳集》卷7《进〈帝鉴图说〉述语》,第87页。
② 明初的卫所制度和屯田制紧密结合,正如清人黄宗羲在《明夷待访录·兵制一》中所言:"卫所、屯田,盖相表里者也。"(黄宗羲:《明夷待访录·兵制一》,中华书局1981年版,第29页)
③ 就屯田面积总额而言,洪武年间为8 931 444 893亩,嘉靖年间为6 582 096 232亩,所收屯粮总额为500万石。总计边屯每年共征粮2 743 637石,折银49 273两,折草4 453 681束。但至明中叶以后,因政治变迁,屯田制也随之动摇。
④ 《明神宗实录》卷12"万历元年四月乙卯"条,第388页。《明史》卷77《食货一》载:"自正统后,屯政稍弛,而屯粮犹存三之二。其后,屯田多为内监、军官占夺,法尽坏。宪宗之世颇议厘复,而视旧所入,不能什一矣。弘治间,屯粮愈轻,有亩止三升者。沿及正德,辽东屯田较永乐间田赢万八千余顷,而粮乃缩四万六千余石。初,永乐时,屯田米常溢三之一,常操军十九万,以屯军四万供之。而受供者又得自耕。边外军无月粮,以是边饷恒足。及是,屯军多逃死,常操军止八万,皆仰给于仓。而边外数扰,弃不耕。"(第188页)
⑤ 张廷玉:《明史》卷77《食货一》,第1886页。
⑥ 《明神宗实录》卷45"万历三年十二月庚午"条,第1006页。
⑦ 《明神宗实录》卷31"万历二年十一月辛未"条,第735页。
⑧ 陈子龙:《明经世文编》卷360《清理宁夏屯田盐疏》,第3882页。
⑨ 《明神宗实录》卷12"万历元年四月乙卯"条,第386页。

据嘉靖、万历《宁夏志》记载,这里的屯田收入较嘉靖时少了几万石,再加上黄河迁徙靡常,良田屡遭冲没,或淤沙积压,水流不通,膏腴田地也日渐荒芜,多半成不毛之地。这些都使屯田事业每况愈下,粮饷也随继越来越紧缺。

鉴于此,为增加粮饷,加强守备,以张居正为首的改革集团大力整饬北方边境的屯田。张居正指出:"足食乃足兵之本,如欲足食,则舍屯种莫焉繇。诚使边政之地,万亩皆兴,三时不害,但令野无矿土,毋于小民争利,则远方失业之人,皆极负而至,家自为战,人自为守,不求兵而兵自足矣。"①基于这一认识,在改革期间,明朝积极推动屯田政策,效果显著。

1.完善丈地条例。嘉、隆时期,已始行"丈地均粮之法"②万历初,面对土地私有化恶性膨胀及财政枯竭的现状,张居正在推行赋税改革之时,又在全国清丈田亩,以"丈地均粮"③,其中屯田也是清丈的重要对象。北边屯田以军屯为主,对于它的清丈不同于清丈商屯、民屯。明廷按照"军数明则田数明"④的思路,一般是先清查军额,再清丈军屯。在清丈时,由屯田佥事专门负责,地方官员配合协助,"沿丘履亩,一一丈量,视旧额有无,分别肥瘠"⑤。为了保证屯田清丈工作的顺利有效进行,万历八年(1580年),户部还专门出台了清丈条例:一是明确清丈的负责部门,规定以"各右布政使总领之,分守兵备分领之,府州县官则专管本境";二是分别屯粮的等次,"谓田有官、民、屯数等,粮有上、中、下数则,宜逐一查勘,使不得诡混";三是规定屯粮的征纳,"如民种屯地者,即纳屯粮,军种民地者,即纳民粮";四是严查隐占屯田,规定"有自首历年诡占及开垦未报者免罪;首报不实者连坐,豪右隐占者发遣重处"。另外,还规定了清丈的时间、方法及花销供应的费用等。⑥ 所有这些,都使屯田清丈事宜有了制度保障,颇具意义。

总体来看,万历初年明朝对边屯田的清丈效果明显。以山西屯田为例,九

① 张居正:《张太岳集》卷23《答蓟镇总督王鉴川言边屯》,第280页。
② 《明世宗实录》卷167"嘉靖十三年九月壬午"条,第3664页;《明神宗实录》卷6"隆庆六年十月丙子"条,第234页。
③ 《明神宗实录》卷116"万历九年九月乙亥"条,第2190页。
④ 《明神宗实录》卷45"万历三年十二月庚午"条,第1006页。
⑤ 《明神宗实录》卷45"万历三年十二月庚午"条,第1006页。
⑥ 《明神宗实录》卷106"万历八年十一月丙子"条,第2050—2051页。

年(1581年)清丈前,山西境内的屯田总额为二万九千一百九十九顷五十九亩;清丈后,屯田总额为三万零三百四十六顷二亩。① 又如同年四月,户部题称顺天八府州县,丈出军屯等地共二千八百三十五顷有奇,每年额征银六千九百二十两,粮二十四石有奇。② 另外,在内陆地区,屯田清丈也取得了较好成绩,例如万历九年(1581年)九月,山东抚按何起鸣(字应岐,四川内江人)陈奏:清丈全省屯田,原额三万六千九百一十五顷,丈出二千二百六十八顷粮。③ 十年(1582年)二月,江西巡抚王宗载(字仲勉,湖北京山人)题奏,清丈过南昌等十卫所屯田,共增新额三百九顷④,如此等等。这些成绩对于恢复屯田事业,改善财政状况,加强军备皆提供了充分物质保证,产生了积极的推动作用。

2.加大垦田力度。在对旧有屯田进行清丈之时,为解决日益增长的粮饷问题,万历初年也注重在边防地区开垦新田。如大同、宣大等处,自俺答封贡以来,这里相对安宁,为明廷开垦屯田提供了很好的时机。其中大同一处,据万历二年(1574年)十一月户部所奏,就开括、除豁屯田计一千三百余顷,并征银九千余两。⑤ 宣府屯田,从隆庆五年(1571年)迄万历二年(1574年),开垦荒地三千四百六十二顷三十一亩,起征粮三千五百七十六石,银九千八百七十八两,这些粮饷主要是"收作主兵本折支用"⑥。

此外,为了鼓励开垦屯田,明廷采取了减免征纳的措施,尤其对于荒芜之地,"听民开垦,酌量起科"⑦。如在宁夏镇,这里屯田以军屯为主,"国初地饶赋轻,屯军乐垦",后来由于"加赠赋额,又以军兴加增税亩",屯田日渐废弛。针对这一点,万历初一方面减少征赋,一方面"多方招垦",其结果是三年屯田面积由元年的一万五千二百五十七顷三十九亩⑧,增加至一万八千七百二十

① 参见张海瀛:《明代山西的民佃屯田》,载《中国社会经济史》2002年第1期。
② 《明神宗实录》卷111"万历九年四月己未"条,第2133—2134页。
③ 《明神宗实录》卷116"万历九年九月乙亥"条,第2190页。
④ 《明神宗实录》卷121"万历十年二月壬辰"条,第2254页。
⑤ 《明神宗实录》卷31"万历二年十一月辛未"条,第735页。
⑥ 《明神宗实录》卷31"万历二年十一月丁亥"条,第740页。
⑦ 《明神宗实录》卷116"万历九年九月戊寅"条,第2193页。
⑧ 《明神宗实录》卷12"万历元年四月乙卯"条,第386页。

顷七十八亩。① 对于屯田的开垦,除了由农民(包括流民②)开垦外,也责令军队开垦,如万历三年(1575 年),依照甘肃巡抚杨锦(字尚絅,山东益都人)的建议,在甘肃垦屯,"如无人承种者,于城操军内拨给开垦,每军二十五亩。令其春夏耕种,秋冬差操,每年秋收,责令纳粟十二石,所垦田地给予执照,永为己业。"③

然而,值得指出的是,万历初年开垦屯田,虽然一定程度上解决了明朝粮饷的燃眉之急,但长期来看,也带来了许多负面影响,例如随意开垦屯田,不可避免地对当地生态环境造成一定的破坏。这样一来,不仅不能增加屯田,反而由于土地的沙漠化程度的骤增,还会使屯田面积逐渐缩小。例如在宁夏镇,"缘皆沙碛山冈,开垦徒费人工,收获全无花利"④。因此,万历初年,屯田额表面上增加了,但可耕、产量又稳定的屯田还是有限的,这一点在明末的粮饷危机中暴露得淋漓尽致。

3.加强屯田管理。伴随屯田的清丈和开垦,加强屯田管理随之提上日程。首先,任命专官负责屯田事务。明代旧制,屯田管理在中央工部设有屯田清吏司,典屯种等官,"凡军马守镇之处,其有转运不给,则设屯以益军储"⑤。在地方,除各道设御史、按察使、副使、佥事⑥等官分道巡察屯田外,同知、通判、卫指挥使等也分掌一些屯田事务。张居正认为:"事必专任,乃可以图成,工必立程,而后能责效。"⑦所以,万历初年,针对屯田招致破坏的人为因素,从中央至地方都重视以专门官员管理屯田事务的重要性,认为欲兴屯田,"必专官责成,方可垂久"⑧。例如,万历元年(1573 年)四月,甘肃巡按暴孟奇(字玉溪,

---

① 《明神宗实录》卷 37"万历三年四月戊寅"条,第 863 页。

② 例如,万历三年(1575 年)四月"巡抚山西右佥都御史郑雒奏,所属万历二年招抚流民二千三百余,开垦荒田五百四十顷八百九十余亩。(《明神宗实录》卷 37"万历三年四月己丑"条,第 874—875 页)

③ 《明神宗实录》卷 39"万历三年六月丁亥"条,第 911 页。

④ 《明神宗实录》卷 236"万历十九年五月庚寅"条,第 4384 页。

⑤ 张廷玉:《明史》卷 72《职官一》,第 1761 页。

⑥ 据《明史》卷 75《职官四》载:"(正统)八年增设佥事,专理屯田。"(第 1843 页)

⑦ 《明神宗实录》卷 5"隆庆六年九月辛亥"条,第 200 页。

⑧ 《明神宗实录》卷 8"隆庆六年十二月戊辰"条,第 288 页。

山西屯留人)条陈地方利弊凡十事,其中"专责成以兴屯田"一项列于首位①。这些都从侧面反映出边地屯田之弊的严重性,也说明万历初年十分重视责成专官管理屯田。

那么,如何实现专任官员管理屯田呢? 明廷因地制宜,采取了不同的措施。在宣大、山西的屯田管理,元年(1573 年)三月,按照王崇古、吴百朋(字维锡,浙江义乌人)的奏请,由兵备守巡各道管辖,并各给专敕行事。② 至三年(1575 年)四月,裁革山西屯田佥事,改属兵巡道。③ 同年十月,由于"缺总会之官",依照山西巡抚沈应时的题请,责成布政司总理一切屯田事宜,凡是"会计、完欠、查参、造册,悉以委之"④。七年(1579 年)十二月,又在山西设行太仆寺少卿职掌屯牧,以与各道牵制巡按,分理屯田牧马,并"著为例"⑤。在陕西三边,五年(1577 年)闰八月,陕西督抚奏言:"该省屯田四十二卫所,地方寥远,若责成一道,则势难遍历,法难必行。"并提出:"宜分属各道,就近兼理……不得彼此干预,得旨屯田重务,既分属明白,抚按督率各道核实责成,不许虚文塞责。"⑥同时,又由布政司参政、佥事、行太仆寺卿等官"整饬兵备,兼管屯田"⑦,部分地区还设"府同知一员,专理屯田乡兵"⑧。另外,由于陕西三边地区"河崩沙压荒芜等田"的情形较多,屯田境况相对复杂,所以明廷经常起用熟悉当地屯田情况的"本土之官"担任都司等官,协助管理屯田。⑨ 在辽东地区,一般由佥事兼管屯田,有时也临时委任副使、行太仆寺少卿等官分巡屯田。⑩ 对于屯牧钱粮的征收,以前"以管屯官征收",但往往"私贮干没,难

---

① 《明神宗实录》卷 12"万历元年四月丙辰"条,第 392 页。
② 《明神宗实录》卷 11"万历元年三月己亥"条,第 375 页。
③ 《明神宗实录》卷 37"万历三年四月癸巳"条,第 878 页。
④ 《明神宗实录》卷 43"万历三年十月壬申"条,第 968 页。
⑤ 《明神宗实录》卷 94"万历七年十二月丁亥"条,第 1905 页。
⑥ 《明神宗实录》卷 66"万历五年闰八月丙戌"条,第 1442 页。
⑦ 《明神宗实录》卷 72"万历六年二月乙未"条,第 1552 页;卷 78"万历六年八月甲午"条,第 1682 页。
⑧ 《明神宗实录》卷 8"隆庆六年十二月戊辰"条,第 288 页。
⑨ 《明神宗实录》卷 7"隆庆六年十一月庚子"条,第 261 页。
⑩ 《明神宗实录》卷 82"万历六年十二月丁亥"条,第 1736 页;卷 85"万历七年三月癸丑"条,第 1783 页。

于查考"，所以在张居正改革期间，多令各卫经历官兼之。①

其次，"专设宪臣"，加强对屯田事务的监督。在责成专官管理屯田的同时，张居正改革时期也经常委任监察官员监督屯田事宜。监察官员有临时巡视的，也有长期驻设的。前者如万历元年（1573 年）九月，"差南京御史何玉德巡视屯田"②；后者则一般由佥事、按察使等官担任。如万历元年（1573 年）十二月，升湖广郧阳府知府杨愈茂为辽东行太仆寺少卿兼山东按察司佥事，驻扎在西平堡（在今辽宁省北宁市），管理马政，兼整饬屯田③；又如万历元年（1573 年）二月，升陕西左参议晋应槐为副使，整饬固原等处兵备，兼理屯田④。有时也特加行太仆寺卿等官宪司职衔来兼总屯田之事，例如万历三年（1575 年）正月，添设山西行太仆寺少卿兼按察司佥事，专管宣大二镇屯田事务⑤。

屯田监察的内容一般包括屯田的清丈开垦、屯粮的征收、屯田的侵占、屯田官的政绩等。例如，万历元年（1573 年）三月，阅视侍郎吴百朋陈奏宣大屯田五事："一严侵占之禁；一核荒田之粮；一除处增之数；一专监司之权；一慎分理之任。"⑥五年（1577 年）二月，直隶巡按御史孙成名条陈屯田五议："一均地粮；一定征例，一严批限，一时监收，一广开垦。"⑦万历九年（1581 年）九月，巡按直隶监察御史王国上屯田六议："一议军卫额粮；一议达官地土；一议查参期限；一议丈后余地；一议经收；一议冗员。"⑧这些建议都被朝廷一一接受，并付诸实践，从中也可见屯田监察官员的职责范围及其关注的焦点问题。例如万历三年（1575 年）六月，责令太仆寺卿及屯田同知，将甘肃"各卫所堡塞屯田逐一备查除。"⑨又对于奸豪隐占之弊，宜令督抚委官逐一丈勘。总体来看，通过加强屯田管理，使屯政基本控制在政府手中，政府可以根据需要推行屯田

① 《明神宗实录》卷 116"万历九年九月戊寅"条，第 2193 页。
② 《明神宗实录》卷 17"万历元年九月癸卯"条，第 511 页。
③ 《明神宗实录》卷 20"万历元年十二月戊申"条，第 543 页。
④ 《明神宗实录》卷 10"万历元年二月戊辰"条，第 352 页。
⑤ 《明神宗实录》卷 34"万历三年正月甲子"条，第 798—799 页。
⑥ 《明神宗实录》卷 11"万历元年三月壬午"条，第 363 页。
⑦ 《明神宗实录》卷 59"万历五年二月辛酉"条，第 1347 页。
⑧ 《明神宗实录》卷 116"万历九年九月戊寅"条，第 2192—2193 页。
⑨ 《明神宗实录》卷 39"万历三年六月丁亥"条，第 910 页。

事业。所以在张居正改革时期虽然没有从根本上清除屯田之弊,但也产生了一定的效果,不仅暂时遏止了侵占屯田之风,还大体明晰了屯田及屯粮的数量,推动了屯田开垦的发展。

总之,"国家养兵,半藉屯田"①,在张居正改革时期,屯田政策同样是围绕增加财政收入和充实边备展开的。事实证明,张居正改革集团的努力产生了较好效果,用总督宣大侍郎方逢时的话说:"屯政修复,大有成效"②,既扩大了耕地面积,增加了国家的财政收入,又解决边军衣食之苦,巩固了边防,可谓一举数得。

(二)命置将领

在"内修守备"方面,知人善任,大胆任用堪当一面的将领处理边防事务是张居正改革时期的一项重要工作。张居正一再强调,"世必有非常之人,然后有非常之事,有非常之事,然后有非常之功"③,尤其对于边防事务,更须依仗"雄才"不可。他说:"今边政久弛,诚欲及时整理,非常人所能也"④;"制御之法,惟当选任谋勇将士"⑤。所以在改革时期,张居正极为重视边将的选任。诚如清人储大文所言:

> 明季诸相,皆龊龊无远略,时引用一二亲党,卒不可以为天子之大臣。惟江陵当国,于戚继光、李成梁诸将,知之而用,用之而尽,盖犹有忠愍文正遗略焉。⑥

早在隆庆初,在张居正的支持和建议下,明廷就曾任命谭纶为兵部左侍郎兼右金都御史,总督蓟辽、保定军务;又调抗倭名将戚继光总理蓟州、昌平、辽东、保

---

① 《明神宗实录》卷12"万历元年四月乙卯"条,第386页。
② 《明神宗实录》卷31"万历二年十一月丁亥"条,第741页。
③ 张居正《张太岳集》卷22《答蓟镇抚院王鉴川论蓟边五患》,第263页;卷27《答河道徐凤竹》,第329页。
④ 张居正《张太岳集》卷23《答总督方金湖》,第278页。
⑤ 张居正《张太岳集》卷27《答三边总督论番情》,第327页。
⑥ 储大文:《存研楼文集》卷10《大人容物爱物论》,上海古籍出版社1986年版。

定军务,以总理练兵事务兼镇守蓟州、永平、山海等处。万历初,明廷在北方"九边"任命了一大批著名武将,诸如宣大、山西总督王崇古,昌平总兵杨四畏(1530—1603年,字敬甫,辽东辽阳人),辽东总兵李成梁,保定总兵傅津(陕西绥德人),蓟辽总督杨兆(陕西肤施人),刘应节和梁梦龙(? —1592年,字乾吉,河北正定人),延绥总兵贾国忠(陕西宣化人),山西总兵白允中(陕西绥德人),王国勋和郭琥(字宗器,云南保山县人),陕西总兵李贞,陕西三边总督郜光先(字子孝,山西长治人),甘肃总兵陈锐(陕西绥德人),宣大山西总督何雒等,这些人之所以能够得到朝廷的重用,多数与张居正的力荐和保举密切相关。同时,根据边防需要,张居正审时度势,屡次更命边将,加强防御。笔者据《明神宗实录》等文献初步统计,自隆庆六年(1572年)六月神宗即位至万历十年(1582年)六月张居正去世,在北边地区命置将领多达285次。具体如下表所示:

表1.张居正改革时期命置将领系年表

时　间	内　　容	资料来源
隆庆六年六月辛亥	改分守通州参将署都指挥金事聂大经分守山海关地方。	《神宗实录》卷1
隆庆六年六月辛亥	分守西宁参将何其昌因事启番衅,调河州参将署都指挥金事张翼分守西宁,何其昌充为事官,调守河州。	《神宗实录》卷1
隆庆六年六月	调神机三营练勇参将金璋分守通州;以巩华城游击将军李时充神机三营练勇参将。	《神宗实录》卷2
隆庆六年七月乙未	升大同蔚州卫署指挥金事苏言守备宣府新开口堡地方,山西振武卫百户李先春守备水泉营地方。	《神宗实录》卷3
隆庆六年七月癸卯	以大同左卫城守备张奇充大同入卫游击。	《神宗实录》卷3
隆庆六年八月甲寅	以京城巡捕把总李学诗为陕西都司金书,升谰沧卫指挥同知李腾霄守备云南金沧地方,黄花镇守备李世为昌平等处游击。	《神宗实录》卷4
隆庆六年八月庚申	分守庄浪参将李世威以病回卫,调平房参将裴尚质分守其地,升兴州右屯卫副千户刘确论守备黄花镇。	《神宗实录》卷4
隆庆六年八月丁卯	以凉庄游击都指挥金事祁东充分守平房城参将。	《神宗实录》卷4

时　间	内　　容	资料来源
隆庆六年八月己卯	升宣府保安旧城守备李彦勋为真定游击,统领井大二道民兵,河间卫正千户唐继武守备茨沟村。	《神宗实录》卷4
隆庆六年八月癸未	神枢营左副将傅津充总兵官,镇守保定。	《国権》卷68《神宗实录》卷4
隆庆六年九月甲申	升黄花参将程九思为神枢营右副将,以延绥东路右参将孙国臣充左副总兵官,分守本路地方。	《神宗实录》卷5
隆庆六年九月丙戌	升张家湾备御李逢时补密云标下右营游击,山东领班都司任良相补曹家寨游击,原任龙固关参将张斌补奇营游击,原任永平守备葛绍忠管冷口,提调事务。	《神宗实录》卷5
隆庆六年九月丁亥	以延绥领军游击李煦补本镇东路右参将,宣府入卫游击靳付补分守黄花镇参将。	《神宗实录》卷5
隆庆六年九月己丑	升葛峪堡守备赵邦宪为宣府入卫游击,宣府顺圣川守备孙世武充延绥游击,横岭口守备胡忠为河南都司金书,井坪城守备朱永祚为万全都司金书。	《神宗实录》卷5
隆庆六年九月癸巳	以太原前卫署指挥金事王学礼守备顺圣地方,原任宣府西阳和堡守备李世隆守备横口岭,以四川行都司金书韩似甫掌湖广行都司印,升大同左卫所镇抚柴如兰守备,井坪城宣府前卫指挥使江昌国守备葛峪堡三屯营练兵,把总陈忠提调义院口。	《神宗实录》卷5
隆庆六年九月辛亥	升大同应州城守备李承恩为大宁都司金书。	《神宗实录》卷5
隆庆六年九月辛亥	宣府左卫镇抚孙珍守备西阳和堡,金吾右卫指挥金事秦岐守备蔚州城地方。以分守狭西靖虏参将刘济充副总兵,协守宁夏地方。	《神宗实录》卷5
隆庆六年十月乙卯	升兵部职方司员外郎徐汝翼为河南金事,河南河南府知府刘永宁为狭西副使,管理榆林中路兵巡事务。	《神宗实录》卷6
隆庆六年十月己未	升大水谷游击张泾为狭西靖虏参将,四川叠茂游击吴子忠为湖广镇筸参将。升宣府左卫所镇抚沉志贤守备大同永嘉老营堡,所署指挥金事夏芳守备大同应州城,以原任安庆守备胡大忠守备湖广郴桂地方。	《神宗实录》卷6
隆庆六年十月壬戌	以蓟州守备王汲充蓟镇大水谷游击。	《神宗实录》卷6

续表

时　间	内　容	资料来源
隆庆六年十月乙丑	升四川宁越守备赵世勋充叠茂南路游击。	《神宗实录》卷6
隆庆六年十月辛未	升分守马水口参将宋兰为神枢营右副将。	《神宗实录》卷6
隆庆六年十月甲戌	以昌平总兵标下游击满朝相充分守马水口参将,升广东廉州右卫所,镇抚陈崇谦把总琼州白沙寨。	《神宗实录》卷6
隆庆六年十月戊寅	升辽东叆阳城守备王有臣充昌平标兵营游击,广宁左卫副千户郭民备御铁岭城所,镇抚刘允恭备御辽东懿路城。	《神宗实录》卷6
隆庆六年十月辛巳	升绥德卫指挥佥事孟一阳守备宁塞营,辽东广宁左屯卫镇抚冯文翰守备叆阳城。	《神宗实录》卷6
隆庆六年十一月丁亥	以分守甘肃西宁参将张翼充右副总兵,分守延绥边镇等处。	《神宗实录》卷7
隆庆六年十一月乙巳	改驻永昌甘肃游击胡灿量加参将职衔,仍兼游击事务,照旧驻永昌,专图修守及应援警急。	《神宗实录》卷7
隆庆六年十一月丁未	升河南汝宁守备指挥使袁漳为署都指挥佥事,充神枢五营佐击;以山西行都司军政佥书署都指挥佥事梁文铨注陕西都司军政掌印管事;以南京镇南卫指挥同知佥书及升宣府右卫镇抚王懋赏,甘州前卫百户赵良臣、右卫百户刘汝玉俱为署指挥佥事,守备泗州、膳房、甘州、洪水各地方;升青村所副千户陈嘉谟为署指挥佥事,把总吴淞江地方。	《神宗实录》卷7
隆庆六年十二月甲寅	以宣大游击署都指挥佥事李光祖充参将,分守延绥中路;升四川坝底守备陈世忠为松潘东路游击,陕西泰州卫百户范延武为署指挥佥事,守备阶州。	《神宗实录》卷8
隆庆六年十二月戊午	升原任老营堡副总兵正千户田世威为署都指挥佥事,充宣大游击;升沅州卫千户宗绥,守备坝底等处。	《神宗实录》卷8
隆庆六年十二月辛酉	以延绥游击为事官陈堂充参将,分守河州等处;宣府入卫游击为事官杨振充参将,分守太原等处;江西都司掌印署都指挥佥事陈大鹏充左参将,协守松潘东路。	《神宗实录》卷8
隆庆六年十二月乙丑	升宣府长安岭守备刘一奎充宣府入卫游击,山西偏头关守备董大众充延绥游击,南京虎贲左卫署指挥佥事刘乔守备邳州。	《神宗实录》卷8

续表

时　间	内　　容	资料来源
隆庆六年十二月戊辰	以万全都司掌印赵崇璧充右参将,分守大同西路;升中都留守司协同金书许靖国为署都指挥金事,铨注江西都司掌印。升平阳卫千户何山阳和卫指挥金事吴昆天城卫署所,镇抚冯时平阳卫指挥金事杨世勋,蔚州卫署指挥金事张邦奇俱以都指挥体统行事,守备各处地方。	《神宗实录》卷8
隆庆六年十二月甲戌	以甘肃行太仆寺卿祁天叙兼狭西金事,总督屯田乡兵事务。	《神宗实录》卷8
隆庆六年十二月甲戌	以原任副总兵管参将事薛邦奇充神机营练勇参将。以神机二营佐击林栋充五军八营参将,改兴都留守司掌印刘葵充五军五营参将,升宁夏镇城中军坐营指挥使刘柏充庄浪游击。	《神宗实录》卷8
隆庆六年十二月乙亥	以管领黄花镇班军署指挥金事严勋充神枢三营佐击,统领官军操练行事。	《神宗实录》卷8
隆庆六年十二月己卯	升真定卫左所千户张玠守备密云。升江西鄱阳湖守备冯锐、直隶京口图山把总潘清、山西宁武关守备周一凤,俱为都司金书。	《神宗实录》卷8
隆庆六年十二月庚辰	升五军营练勇参将邹沂以副总兵管理朔州城,参将事务署都指挥金事赵伯勋为署都督金事,充神机营副将。升分守肃州右参将李震充副总兵协守甘州,改蓟镇统领南兵副总兵李超充提督狼山副总兵。	《神宗实录》卷8
万历元年正月丁未	升龙门卫署所镇抚孟尚义守备宣府靖胡堡地方,大同前卫指挥金事王弼守备宣府罢门所地方。	《神宗实录》卷9
万历元年二月庚申	以怀来城守备童堂充神机十营佐击,云南都司金书□九思铨注山西都司掌印延绥领兵,游击张继祖充右参将,分守山西中路地方。	《神宗实录》卷10
万历元年二月壬戌	以南京守备兼掌中军都督府事怀宁侯孙世忠充总兵官,镇守湖广地方。分守辽东宁远左参将杨腾充副总兵,协守辽阳地方。	《神宗实录》卷10
万历元年二月戊寅	大同破虏堡守备李栋为延绥游击,统领官军轮番入卫;以原任分守辽东广宁前屯参将胡尧勋充左参将,分守宁远地方。	《神宗实录》卷10

续表

时 间	内 容	资料来源
万历元年三月壬午	调镇守山西总兵官都督佥事郭琥挂印镇守大同等处地方。	《神宗实录》卷11
万历元年三月乙酉	协守宣大府副总兵刘国充总兵官,镇守山西。	《国榷》卷68《神宗实录》卷11
万历元年三月辛卯	以管分守宣府北路左参将事麻贵充副总兵,协守宣府地方。	《神宗实录》卷11
万历元年三月甲午	升大同新平堡守备赵鹏、延绥保宁堡守备徐仁威,俱诠注四川都司佥书。	《神宗实录》卷11
万历元年三月戊戌	改分守蓟镇墙子岭参将孙朝、梁克,提调宣府南山地方参将。	《神宗实录》卷11
万历元年三月癸卯	以原任古北口参将罗瑞补墙子岭参将。	《神宗实录》卷11
万历元年四月癸丑	升定州游击王禄为太平寨参将大安口提调以都指挥体统行事王之宇为喜峰口守备。	
万历元年四月乙卯	升羽林前卫指挥使李锦以都指挥体统行事守备涿州地方。	《神宗实录》卷12
万历元年四月丁丑	以镇守延绥总兵官都督同知雷龙挂印镇守宣府地方。	《神宗实录》卷12
万历元年五月庚辰	以神枢营右副将程九思挂印充总兵官,镇守延绥。	《神宗实录》卷13
万历元年五月丁酉	以分守山西东路代州左参将王化熙充副总兵仍协守山西。	《神宗实录》卷13
万历元年六月壬戌	改分守山海关参将聂大经为蓟州燕河参将。	《神宗实录》卷14
万历元年六月丙寅	改神机七营参将林岐充山海关参将。	《神宗实录》卷14
万历元年六月己巳	以墙子岭参将罗端管理三屯右营标兵,原任密云副总兵董一元改充墙子岭参将。	《神宗实录》卷14
万历元年六月庚午	升总督蓟辽保定等处军务兼理粮储兵部右侍郎兼都察院右佥都御史刘应节为都察院右都御史,仍兼兵部右侍郎,照旧总督。	《神宗实录》卷14
万历元年七月乙酉	起原任宣府南山副总兵胡镇管理宣大,总督军门中军事务。	《神宗实录》卷15
万历元年七月庚寅	以原任分守山西东路代州参将充军复职指挥佥事林爵充分守太原等处参将。	《神宗实录》卷15
万历元年八月丁卯	加辽东右屯卫备御徐国辅游击职衔,管锦州守备事调锦州,守备吕儒为右屯卫备御。	《神宗实录》卷16

续表

时　间	内　容	资料来源
万历元年九月庚辰	升分守延绥东路左副总兵孙国臣镇守狭西，协守宁夏副总兵刘济镇守宁夏。	《神宗实录》卷 17
万历元年九月乙酉	以原任分守延绥东路左副总兵高天吉分守延绥东路，分守宁夏灵州参将陈力协守宁夏。	《神宗实录》卷 17
万历元年九月丙申	命总督宣大山西军务太子太保兵部尚书兼都察院右副都御史王崇古，以原职协理京营戎政。	《神宗实录》卷 17
万历元年九月庚寅	兵部左侍郎石茂华为右都御史，仍兵部左侍郎，总督陕西三边军务。	《国榷》卷 68
万历元年十二月辛酉	以分守狭西兰州地方参将李节充右副总兵，分守延绥定边等处。	《神宗实录》卷 20
万历二年正月庚寅	升蓟镇协守西路副总兵张臣署都督佥事，照旧协守。 升山西老营堡指挥王昱，充山西老营堡游击。	《神宗实录》卷 21
万历二年正月辛卯	升蓟镇总兵官戚继光实职一级，为左都督。 昌镇总兵官杨四畏署职一级，为署都督同知。	《神宗实录》卷 21
万历二年二月癸亥	升提参将管蓟镇总兵标下左营游击史宸协守蓟州东路。	《神宗实录》卷 22
万历二年四月乙卯	升协守甘州左副总兵署都指挥佥事李震为署都督佥事，充甘肃总兵官。	《神宗实录》卷 24
万历二年四月辛酉	命分守宁夏东路右参将陈锐充协守甘州左副总兵。	《神宗实录》卷 24
万历二年四月乙丑	命以副总兵职衔管理宣大山西总督军门中军事；胡镇仍以原官分守宁夏东路右参将。	《神宗实录》卷 24
万历二年六月戊午	命宁夏游击将军署都指挥佥事赵九思，充分守宁夏东路参将。	《神宗实录》卷 26
万历二年七月癸巳	升巡抚顺天右副都御史杨兆为兵部右侍郎兼佥都御史总督蓟辽。	《神宗实录》卷 27
万历二年十月乙丑	补山海营参将陶世臣为密云左营参将。	《神宗实录》卷 30
万历二年十月庚午	以五军营车兵参将沉思学为山海关参将。	《神宗实录》卷 30
万历二年十一月壬午	升九营佐击张应时为五军三营参将。	《神宗实录》卷 31
万历三年正月戊辰	升副总兵分守宣府东路右参将白允中为署都督佥事，充神机左营副将。	《神宗实录》卷 34

续表

时　间	内　容	资料来源
万历三年五月癸丑	升辽东前屯游击刘溽为分守辽东宁远参将，狭西行都司军政金书吴廷用为狭西行都司军政掌印，四川行都司金书徐仁为延绥游击。	《神宗实录》卷38
万历三年五月丁巳	升辽东前屯城备御葛景岳为本处游击。	《神宗实录》卷38
万历三年五月己未	以狭西岷州守备朱宪为狭西行都司军政金书，辽东军政金书苏承勋为辽东都司军政掌印。	《神宗实录》卷38
万历三年七月辛亥	以神机营左副将白允中充总兵官镇守山西等处地方。	《神宗实录》卷40
万历三年七月辛酉	以标下中军参将徐枝补石塘岭副总兵，以黄花路参将蔡勋补标下中军许。	《神宗实录》卷40
万历三年七月庚戌	神机营左副将白允中充总兵官，镇守山西。	《国榷》卷69
万历三年八月壬申	升宣府入卫游击苑宗儒为古北口参将，原任参将刘楫管理曹家寨游击事，山东都司姚天与以游击管理台头营，参将事五军营游击李三极，以游击管黄花镇参将事。	《神宗实录》卷41
万历三年八月乙酉	以神枢营兵备坐营指挥金事田承爵为五军九营游击。	《神宗实录》卷41
万历三年八月庚寅	以安乡伯张纮掌前军都督府事。	《神宗实录》卷41
万历三年八月甲午	以辽东车营游击赵应昌为宁远左参将。	《神宗实录》卷41
万历三年九月丁酉	以辽东都司金书李汝谦充辽东广宁正安堡车营游击。 以宣府龙门所守备王弼充山西老营堡游击。	《神宗实录》卷42
万历三年九月庚申	以南京后军都督府金事史纲充神机营左副将。	《神宗实录》卷42
万历二年九月庚中	以大同入卫游击朱瀚加衔参将，管宣大总督标下左翼兵马。 以京营游击尤继先调补大同入卫游击。	《神宗实录》卷42
万历三年十月壬申	山东布政司右参政永平兵备道宋可约为右副都御史，巡抚延绥赞理军务。	《国榷》卷69 《神宗实录》卷43
万历三年十月甲午	调正安堡游击赵应期为宁远参将，金州守备李汝谦为正堡游击。	《神宗实录》卷43
万历三年十一月戊戌	以固原游击陈守义为狭西洮岷参将。 以狭西都司掌印梁文为河州参将。	《神宗实录》卷44
万历三年十一月己酉	以原任兵部左侍郎吴桂芳以原官总督漕运兼提督军务，巡抚凤阳等处地方。	《神宗实录》卷44

续表

时　间	内　容	资料来源
万历三年十一月庚申	以保和游击王通为分守山海关参将。	《神宗实录》卷44
万历四年正月庚戌	升蓟镇总兵营中军崔经为游击。	《神宗实录》卷46
万历四年正月甲寅	升总督宣大山西右都御史兼兵部右侍郎方逢时为兵部尚书兼右副都御史。 以狭西都司金书臧士劝充延绥游击。	《神宗实录》卷46
万历四年二月癸未	命神机三营游击沃允谦以原官改统蓟镇宁山班军。	《神宗实录》卷47
万历四年二月甲申	以原任分守金山参将詹廷杰充湖广靖州参将。	《神宗实录》卷47
万历四年二月丁亥	升昌镇总兵营中军毛策充神机三营游击。	《神宗实录》卷47
万历四年四月壬午	升辽东镇武堡游击姚大节为海盖参将,调车营游击苏国赋补镇武,以开原马市官徐永昌升车营游击。	《神宗实录》卷49
万历四年六月癸酉	以昌平标兵营游击王有臣充参将分守山海关。	《神宗实录》卷51
万历四年六月丁丑	调太平寨参将谷承功于古北口,以昌平车营游击卢述管太平参将事,石匣营中军甯潮提调古北口。	《神宗实录》卷51
万历四年六月壬午	大同入卫游击将军尤继先守新平三堡,延绥入卫游击将军李栋守宣府西路柴沟堡,固原游击将军李东旸守山西西路偏头关,延绥镇入卫游击孙世武守大同北西路,各管参将事。	《神宗实录》卷51
万历四年六月壬午	以山西掌印都司刘大中充宣府顺圣川,蔚州参将调密云辎重营游击陈伯恽于昌平标兵营,福建都司金书史臣充昌平永安车营游击。	《神宗实录》卷51
万历四年六月甲申	升宁远堡守备范子忠、清水营守备陈保量、靖远营守备张懋勋,并充游击领固原延绥军入卫。	《神宗实录》卷51
万历四年六月丙戌	改神机三营游击毛策于大同密云奇兵营,指挥金事许茂杞充辎重营游击。	《神宗实录》卷51
万历四年七月丙申	以山东都司金书任大同充神机三营游击。	《神宗实录》卷52
万历四年七月辛亥	以宁夏游击李孝充榆林保宁等堡参将。	《神宗实录》卷52
万历四年七月己未	以万全都司金书昌豸充宁夏游击。	《神宗实录》卷52

时　　间	内　　容	资料来源
万历四年八月庚辰	以湖广行都司掌印李瀚充参将。分守兰州、真定，车营游击李沛充参将，分守倒马关，辽东西平堡备御裴永勋充辽东领兵游击，大同入卫游击毛策充昌平标兵营营游击。	《神宗实录》卷53
万历四年八月甲申	以永平守备刘应时充遵化辎重营游击。	《神宗实录》卷53
万历四年八月乙酉	以统领南兵参将杨文充副总兵协守蓟州东路。	《神宗实录》卷53
万历四年八月丁亥	以蓟镇守备金福充蓟镇南兵，大同镇中军坐营王保充大同入卫神机五营，游击王治充真定车营各游击将军。	《神宗实录》卷53
万历四年九月癸巳	以宣府独石城守备叶秉充神机五营佐击将军，以广西永宁守备韩文启充广西昭平等处参将，开原参将唐朴调正安堡，管束营游击事，保河民兵游击姚天与充参将分守开原地方。	《神宗实录》卷54
万历四年九月丙申	升蓟镇青山口提调刘松充统领保河民兵游击。	《神宗实录》卷54
万历四年十月乙亥	升江西掌印都司胡忠为宁夏右参将，东路都司金书张榜为刘河游击。	《神宗实录》卷55
万历四年十一月壬辰	改原任蓟镇游击王惟藩于保定总兵标下。	《神宗实录》卷56
万历四年十二月辛巳	升前屯城备御杨绍勋前屯游击。调捕营左参将栗卿于宣府南路。	《神宗实录》卷57
万历四年十二月癸未	以神机九营佐击将军马应奎充神机七营参将，山西利民堡守备陈正充神枢十营，宣府西城守备黄元忠充五军十营，山西宁武关守备文济武充神枢四营各游击。调神机七营练勇参将罗四聪于河曲，以五军五营佐击将军董汝梅充巡捕左参将，升辽东险山参将傅廷勋协守辽阳副总兵。	《神宗实录》卷57
万历五年正月壬子	以昌镇参将贾斌改充分守蓟镇墙子岭等处参将。以分守石塘路副总兵徐枝管总督蓟辽军门下中军事。升大同天城守备刘东为神机营佐击将军。	《神宗实录》卷58
万历五年正月甲寅	升蓟镇潮河川提调李添爵为白羊口游击。改居庸参将沉思学充分守石塘岭参将。	《神宗实录》卷58

续表

时　间	内　容	资料来源
万历五年正月丙辰	升山西北楼口参将葛臣为副总兵管分守居庸参将事。	《神宗实录》卷58
万历五年二月癸亥	以山西行都司金书张邦奇充定州游击。 以大同游击时尔直充山西北楼口参将。	《神宗实录》卷59
万历五年二月甲子	以神枢营参将刘葵改充大同中路参将。	《神宗实录》卷59
万历五年二月乙丑	升大同杀胡堡守备何山充大同入卫游击。	《神宗实录》卷59
万历五年二月庚午	升五军营游击王廷充神枢营参将。	《神宗实录》卷59
万历五年二月丁丑	以山东都司金书解一清充五军营游击。	《神宗实录》卷59
万历五年三月壬寅	蓟镇副总兵张臣为征西将军总兵官镇守宁夏。	《国榷》卷70 《神宗实录》卷60
万历五年三月癸卯	升宣府守备杨栗为大同入卫游击。 命大同东路参将王国勋管分守本镇新平三堡参将事。	《神宗实录》卷60
万历五年三月甲寅	以浙江都司金书韩沛充本省军门标下游击。 改宣大参将李决充分守大同东路参将。	《神宗实录》卷60
万历五年四月丙寅	改刑部尚书王崇古为兵部尚书。	《神宗实录》卷61
万历五年四月庚午	命总督宣大兵部尚书兼都察院右副都御史方逢时以原官协理京营戎政。	《神宗实录》卷61
万历五年四月丁亥	改宣府副总兵麻贵充协守大同。 以宁夏参将祁栋充副总兵协守宁夏地方。 升宣府守备刘宝充宣大总督标下游击。	《神宗实录》卷61
万历五年五月壬辰	以宁夏西路协守署都指挥金事刘济充本镇北路参将。 改副总兵管分守宣府参将贾国忠充协守本镇副总兵。 以辽东守备王盛宗为镇武堡游击。 以定边左卫都指挥金事刘宗政备御辽东西平堡。 以原任大宁都司掌印张守成金书山东都司事。 改副总兵管分守宣府南山参将孙朝梁充协守蓟辽东路副总兵。	《神宗实录》卷62
万历五年五月庚子	改宣府东路参将李真充本镇西路参将。 以宁夏入卫游击毕景从充协守本镇西路。 改神机营练勇参将管逮干充提调宣府南山参将。	《神宗实录》卷62

续表

时　间	内　容	资料来源
万历五年六月戊寅	改宣大总督军门加衔副总兵管中军事潘忠管分守宣府东路参将事。 以宁夏巡抚标下加衔游击哱拜为本镇入卫游击。 以五军营游击田永爵充神机营练勇参将。	《神宗实录》卷63
万历五年七月丙申	升延绥甎井守备陈愚闻署都指挥佥事充延绥领军游击。	《神宗实录》卷64
万历五年八月丁巳	以游击张京充参将分守延绥清平等堡。 以分守大同西路参将赵崇充副总兵协守山西地方。 升大同守备张秉忠为宣府东路游击。	《神宗实录》卷65
万历五年八月辛酉	以大同入卫游击薛邦奇充参将分守大同西路。 改延绥游击陈保充狭西总督标下游击。	《神宗实录》卷65
万历五年八月丁卯	升大同守备彭时为本镇入卫游击。 命昌镇守备刘勋管遵化游击将军事。 以延绥镇坐营中军吴汝山充本镇领军游击。 以原任游击王轸充白羊口游击。 以蓟镇游击吴惟忠充参将分守山海关。 升蓟镇提调王继英为本镇大水峪游击。	《神宗实录》卷65
万历五年八月壬申	升插箭岭守备霍贡为蓟镇标兵营游击。 以延绥东路参将李煦充副总兵分守凉州。	《神宗实录》卷65
万历五年八月乙亥	加分守大同参将濮东阳副总兵官衔管分守延绥东路参将事。	《神宗实录》卷65
万历五年闰八月甲午	改神枢营参将王廷臣充分守大同井坪城等处参将。	《神宗实录》卷66
万历五年闰八月庚子	以天津领军游击姚龙充神枢营参将。 升白羊口守备刘世桂充河间领军游击。	《神宗实录》卷66
癸卯	以原任游击陶承誉佥书辽东都司事。 升张家湾守备赵继光充天津领军游击。	《神宗实录》卷66
万历五年九月戊午	命总督狭西三边军务兵部尚书兼都察院右副都御史石茂华以原官掌南京都察院事;升宣府万全守备张维城充本镇入卫游击。	《神宗实录》卷67
万历五年九月辛酉	巡抚陕西右副都御史董世彦为兵部右侍郎兼右佥都御史,总督陕西三边军务。	《国榷》卷70 《神宗实录》卷67
万历五年九月壬戌	以原任参将魏廷臣充宣府巡抚标下中军都司兼管坐营事务。	《神宗实录》卷67

续表

时　间	内　容	资料来源
万历五年十月丙申	升辽东巡抚张学颜为兵部左侍郎协理京营戎政。	《神宗实录》卷68
万历五年十月戊申	大理寺左少卿周咏为右都御史，巡抚辽东。	《国榷》卷70 《神宗实录》卷68
万历五年十一月丁丑	以固原领军游击魏璋充参将分守阆州地方。 升宁夏坐营署指挥金事常三略管本镇入卫游击。 固原游击刘承嗣充参将分守庄浪。	《神宗实录》卷69
万历五年十二月庚戌	升延绥守备丁思忠充延绥游击。	《神宗实录》卷70
万历五年十二月癸卯	兵部左侍郎都御史梁梦龙为右都御史兼兵部右侍郎总督蓟辽。	《国榷》卷70
万历六年正月丙子	升蓟镇遵化游击张玠参将职衔管本镇巡抚下标兵营游击；保定车营游击李迎恩充右参将，分守大同北东路地方；蓟镇黄土岭关署指挥金事卢盈科署指挥金事，充统领本镇德州春班官军游击。	《神宗实录》卷71
万历六年二月辛卯	升协守甘州左副总兵陈锐署都督金事充挂印总兵官，镇守甘肃地方。	《国榷》卷70 《神宗实录》卷72
万历六年二月丁未	升辽东锦义参将马文龙充副总兵协守辽阳地方。	《神宗实录》卷72
万历六年三月癸酉	升宣府巡抚标下中军都司兼管坐营，署指挥金事魏廷臣充参将，分守山西东路化州。 升统领蓟镇沈阳秋班官军游击，署都指挥金事黄孝敬充参将分守徐州等处地方，宣府深井堡守备以都指挥体统行事，署指挥金事李廷相署都指挥金事充宣府入卫游击。	《神宗实录》卷73
万历六年三月丙子	升镇守保定等处总兵官署都督同知傅津充总兵官印，镇守延绥地方。	《国榷》卷70 《神宗实录》卷73
万历六年三月庚辰	升副总兵管总督蓟辽军标下右营游击事，署都指挥金事董一元仍以副总兵，管宣府东路永宁等处地方右参将事。 升甘肃洪水守备以都指挥体统行事署都指挥金事王泰为署指挥金事，充固原领军游击。	《神宗实录》卷73
万历六年三月辛巳	升蓟镇石峡守备以都指挥体统行事，署指挥金事邓江为署指挥金事，充统领蓟镇沈阳秋班官军游击。	《神宗实录》卷73

续表

时　间	内　容	资料来源
万历六年四月辛丑	升延绥领军入卫游击,署都指挥佥事何极充参将,分守陕西等处地方。分守南赣署都指挥佥事郭坚加副总兵职衔,管分守福建南路地方。参将事神枢九营佐击,署都指挥佥事秦岐充五军二营练勇参将。	《神宗实录》卷74
万历六年四月乙巳	升延绥清水营守备以都指挥体统行事指挥佥事杜桐为都指挥佥事,充延绥领军游击,统领蓟镇德州秋班官军游击,署都指挥佥事尹湘充参将分守南赣地方,蓟镇白马关提调以都指挥体统行事,署指挥佥事郭珍为都指挥佥事充神枢九营佐击。	《神宗实录》卷74
万历六年四月己酉	推原任昌平总兵下标兵营游击署都指挥佥事陈伯怿,充统领蓟镇德州秋班官军游击。	《神宗实录》卷74
万历六年五月丁丑	升神枢二营练勇参将署都指挥佥事管英加副总兵职衔分守金山地方,参将事大同镇房堡守备以都指挥体统行事署指挥佥事戴采署都指挥佥事充神枢九营佐击。	《神宗实录》卷75
万历六年六月辛丑	兵部右侍郎郜光先为兵部左侍郎兼右佥都御史,总督三边军务。	《国榷》卷70 《神宗实录》卷76
万历六年六月戊申	升山西按察使贾应元为都察院右佥都御史巡抚大同赞理军务。	《神宗实录》卷76
万历六年七月丁巳	以原任巡抚浙江都察院右佥都御史张卤以原官巡抚保定等府兼提督紫荆关。	《神宗实录》卷77
万历六年八月辛卯	升甘肃巡抚标下领兵游击杨继芳、延绥游击徐仁威俱充参将分守地方,继芳西宁仁威狭西靖虏。	《神宗实录》卷78
万历六年八月壬寅	升密云辎重营游击陈天福充参将分守山西中路利民堡等处地方。	《神宗实录》卷78
万历六年九月庚申	镇守宣府总兵官右都督雷龙铨注后军都督府佥书管事。	《神宗实录》卷79
万历六年九月辛酉	推大同守口堡守备以都指挥体统行事署指挥佥事吴国臣铨注山西行都司军政佥书管事。	《神宗实录》卷79
万历六年九月丙寅	升前军都督府佥书左都督马芳为挂印充总兵官镇守宣府地方。	《神宗实录》卷79
万历六年九月癸酉	推管理红盔将军定西侯蒋建元铨注前军都督府佥书管事。	《神宗实录》卷79

时　间	内　容	资料来源
万历六年十月甲午	山西老营堡游击王弼充左参将分守山西太原地方。	《神宗实录》卷80
万历六年十月丙申	升山西偏头关守备以都指挥体统行事,署指挥佥事郑尚金署都指挥佥事充山西老营堡游击,移驻偏关。	《神宗实录》卷80
万历六年十月戊戌	升副总兵管分守辽东锦义参将事潘忠以副总兵职衔管分守大同中路地方,右参将事万全都司掌印署指挥佥事倪尚忠充左参将分守宣府中路葛峪堡等处地方。	《神宗实录》卷80
万历六年十月庚子	升原任分守山海关参将王有臣充右参将,分守辽东锦义地方狭。	《神宗实录》卷80
万历六年十月癸卯	升宁夏巡抚标下中军千总官以都指挥体统行事,指挥佥事赵继署都指挥佥事铨注狭西都司军政金书。	《神宗实录》卷80
万历六年十二月戊寅	升蓟镇总兵标下左营游击李信参将分守蓟镇石门寨等处地方。	《神宗实录》卷82
万历六年十二月辛巳	升宁夏管理水利屯田以都指挥体统行事,署指挥佥事杨思署都指挥佥事充甘肃游击,蓟镇总督标下右营游击王添职蓟镇总兵标下左营游击。	《神宗实录》卷82
万历七年十二月癸未	升黄花镇守备李如松充总督蓟辽保定军门标下右营游击。	《神宗实录》卷82
万历六年正月己未	升永平守备陈汝忠署指挥佥事充神机三营游击。	《神宗实录》卷83
万历七年二月庚子	升延绥大柏油堡守备指挥许汝维署都指挥佥事充延绥领军游击。	《神宗实录》卷84
万历七年三月戊申	升蓟镇统领振武营游击徐从义充参将分守通州兼管练兵事。	《神宗实录》卷85
万历七年三月庚戌	升甘肃镇城中军坐营指挥同知唐尧辅署都指挥佥事铨注陕西都司军政金书。	《神宗实录》卷85
万历七年五月己酉	调京城巡捕左参将谢天祐补分守通州地方兼管练兵军务参将。	《神宗实录》卷87
万历七年五月癸亥	以辽东广崀左营游击孔东儒充左参将分守辽东海盖地方。	《神宗实录》卷87
万历七年五月己巳	以辽东都司金书冯文弼充辽东广崀左营游击;以辽东长勇堡都指挥佥事王守道铨注辽东都司金书。	《神宗实录》卷87

续表

时　间	内　容	资料来源
万历七年六月丙申	升延绥甄井守备陈愚闻署都指挥佥事充延绥领军游击。	《神宗实录》卷88
万历七年八月乙亥	参将李彦勋充协守蓟镇西路副总兵,游击李如松充分守马水口参将。	《神宗实录》卷90
万历七年八月丙子	升宣府靖胡堡守备张极署都指挥佥事充总督蓟辽右营游击。	《神宗实录》卷90
万历七年八月戊寅	以神机二营练勇参将田永爵调补京城巡捕左参将。	《神宗实录》卷90
万历七年八月丁酉	命兵部左侍郎何雒以原官总督宣大山西军务。	《神宗实录》卷90 按:《国榷》卷70载为"万历七年九月",误
万历七年九月乙巳	以宣府巡抚标下中军都司朱永祚充定州领军游击。	《神宗实录》卷91
万历七年九月丙辰	改神枢二营练勇参将尹志萃充分守山西河曲县地方,参将以分领总督宣大标下右掖兵马游击刘宝充宣府东路游击。	《神宗实录》卷91
万历七年九月辛酉	以协守蓟镇东路副总兵孙朝梁充协守辽阳地方副总兵。 升墙子岭提调陈蚕署都指挥佥事充蓟镇统领南兵游击,以大同入卫游击鲍宗德改充宣大游击。	《神宗实录》卷91
万历七年九月癸亥	以副总兵职衔分守蓟镇参将白福充协守蓟镇东路副总兵,以大盔都司金书曹师彬充神枢十营佐击,升大同左卫守备李联芳充大同入卫游击,升福建都司掌印梅应魁补分守福建南路参将。	《神宗实录》卷91
万历七年九月乙丑	以分守龙固二关参将陶世臣改分守蓟镇参将,以分守浙杭嘉湖参将董汝梅改充分守蓟镇地方参将。	《神宗实录》卷91
万历七年十月癸酉	以分守宣府南路等处右参将栗卿改充分守辽东锦义地方右参将。 以密云游击王诏充分守蓟镇参将。	《神宗实录》卷92
万历七年十月丙子	调五军七营练勇参将黄元忠充分守宣府南路地方参将,以河南都司金书魏孔与充密云游击。	《神宗实录》卷92
万历七年十月丙申	以昌平镇坐营官钱国用充本镇标下右骑营游击。	《神宗实录》卷92

时　间	内　容	资料来源
万历七年十一月丁巳	以庶任镇守宁夏总兵官张杰仍充镇守盐夏总兵官。	《神宗实录》卷93
万历七年十一月戊午	以山东都司金书张守成协守宁夏西路广武营地方。	《神宗实录》卷93
万历七年十二月戊寅	以大同人卫游击麻承恩充分守大同井坪等处参将,以神枢九营佐击戴采充延绥领军游击。	《神宗实录》卷94
万历七年十二月壬午	以大同宁虏守备沈栋充大同人卫游击,升宣府赤城堡守备朱国相充神枢九营佐击。	《神宗实录》卷94
万历八年正月丁未	调石门寨参将李信于黄花镇,即以黄花镇参将王抚民加副总兵衔代之。	《神宗实录》卷95
万历八年正月戊申	升山东都司金书常錞为统领蓟镇宁山春班游击将军。 以大同浑源城守备丁珠充神枢营备兵坐营官。 改分守宁夏东路右参将胡忠于五军二营。	《神宗实录》卷95
万历八年正月癸丑	升狭西行都司掌印贺慎为宁夏东路右参将。	《神宗实录》卷95
万历八年二月丁丑	升井大游击朱家将为龙固二关右参将。 起原任辽东宁远参将黑云龙以原衔管沈阳游击事。 升兴都留守司金书戴寅为四川松潘东路游击。 改蓟镇德州领班游击孙甫于庄凉。	《神宗实录》卷96
万历八年二月辛巳	升大宁都司金书署都指挥佥事路登云为井大游击。 改神机三营游击陈汝忠统领蓟镇德州春班官军。	《神宗实录》卷96
万历八年二月丁亥	改宁夏领兵人卫游击吕豸于神枢三营。	《神宗实录》卷96
万历八年二月癸巳	加大同人卫游击王保参将衔管宁夏领军游击事。	《神宗实录》卷96
万历八年二月丙申	升万全都司金书麻承勋为大同人卫游击。	《神宗实录》卷96
万历八年三月壬寅	加宁夏灵州参将张维忠副总兵衔,充总督狭西三边军门中军官。	《神宗实录》卷97
万历八年三月甲辰	升河南都司金书冀永昌为密云奇兵营游击。	《神宗实录》卷97
万历八年三月戊申	改狭西参将何极于宁夏灵州。	《神宗实录》卷97
万历八年三月庚申	升大宁都司掌印署都指挥佥事张咸为狭西参将。	《神宗实录》卷97
万历八年四月丙子	以辽东正兵营加衔参将秦得倚为广宁左营游击。	《神宗实录》卷98

续表

时　间	内　容	资料来源
万历八年四月庚辰	升山西右参议邓林乔为副使管大同左卫兵备事。	《神宗实录》卷98
万历八年四月戊辰	甘州左副都总兵王国勋为都督金事总兵官，镇守山西。	《国榷》卷71
万历八年闰四月辛亥	升蓟镇振武营游击陈伯怿为陇固二关右参将。	《神宗实录》卷99
万历八年闰四月戊辰	升甘州左副总兵王国勋为都督金事充总兵官镇守山西。	《神宗实录》卷99
万历八年五月甲戌	升宣府北路独石马营参将李如梗为左副总兵协守本地方。	《神宗实录》卷100
万历八年五月丙子	改宣府万全右卫左参将张刚于独石马营。	《神宗实录》卷100
万历八年五月己卯	改大同东路左参将李浃于宣府万全右卫加以副总兵职衔。	《神宗实录》卷100
万历八年五月壬午	升定州领军游击朱永祚为左参将分守大同东路。	《神宗实录》卷100
万历八年五月乙酉	升河南都司金书李维为定州领军游击。	《神宗实录》卷100
万历八年六月乙巳	升都指挥同知李如柏为游击充总督标下坐营官。	《神宗实录》卷101
万历八年六月己酉	起补潘云程为神枢十营佐击。	《神宗实录》卷101
万历八年六月己未	升大同中路右参将冯忠为宣府独石马营左参将。	《神宗实录》卷101
万历八年六月壬戌	改太原参将王弼为大同中路右参将。 升蓟镇石门寨参将王抚民为本镇中路副总兵。	《神宗实录》卷101
万历八年六月甲子	改大同威远参将李芳于中路。 升蓟镇遵化辎重营游击王轸昌平总兵标下游击毛策俱为参将轸喜峰口策石门寨。 升蓟镇总兵营中军官黄宗统为统领南兵游击。 改统领蓟镇天津秋班游击王通于本镇总兵标下左营。	《神宗实录》卷101
万历八年七月己巳	升神枢十营佐击潘云程、神枢八营佐击王秩、蓟镇遵化城守备郑廉俱为游击。 以原任河南都司金书钱梦祥管理练兵事务兼蓟镇总兵营中军官。	《神宗实录》卷102
万历八年七月乙亥	升山西平刑关守备刘光祚为神机八营佐击。	《神宗实录》卷102
万历八年七月乙酉	升山西行都司金书杨培为大同入卫游击。	《神宗实录》卷102

时　间	内　容	资料来源
万历八年七月丙戌	以狭西都司金书管领班军唐尧辅协守宁夏东路兴武营。	《神宗实录》卷 102
万历八年八月癸亥	以河南都司金书林凤举分守宁夏西路广武营。 升燕河路参将陈文治为协守蓟镇西路副总兵。	《神宗实录》卷 103
万历八年九月庚午	改保定总兵标下游击王维藩于密云奇兵营。 补原任延绥西路参将高如桂于蓟镇燕河营。 升宣府马营堡守备王国翼为本镇东路游击。	《神宗实录》卷 104
万历八年十二月癸卯	升神枢四营游击卫镐、五军五营佐击蔺熠俱为参将，山西宁武关守备吴若、涿州守备刘应麟、辽东都司金书杨四德俱为游击。 改蓟镇墙子岭参将贾斌于山西利民堡狭西固原参将徐仁威于延绥东路。	《神宗实录》卷 107
万历八年十二月丙午	升密云奇兵营坐营游击李如柏为黄花镇参将河南都司金书莫矜功为蓟镇天津统领秋班游击。	《神宗实录》卷 107
万历八年十二月丁未	升遵化游击许卿为蓟镇墙子岭参将。 调定州领军游击李维于蓟辽保定军门标下。 升潘家口关提调张镛潮河川关提调陈第为游击镛遵化辎重营第三屯车兵营。	《神宗实录》卷 107
万历八年十二月己酉	升永安堡守备孟学臣、延绥镇城中军坐营官龚成，俱为游击学臣固原成原镇领军。 以辽东都司金书王守道充密云奇兵营官。	《神宗实录》卷 107
万历八年十二月庚戌	升江南下江运粮把总张楠为定州领军游击。	《神宗实录》卷 107
万历八年十二月癸丑	调大同新平参将陈琦于本镇北西路，而起原任宣府万全副总兵李浃，以原衔代之。	《神宗实录》卷 107
万历九年正月庚申	升宣府副总兵贾国忠署都督金事，充延绥总兵官。	《神宗实录》卷 108 《国榷》卷 71
万历九年二月戊申	总督蓟辽梁梦龙、宣大郑雒、狭西三边郜光、先两广刘尧诲、漕运凌云翼、巡抚顺天张梦鲸、辽东周咏、保定辛自修、浙江吴善言、山西辛应干、应天孙光佑、大同贾应元、宣府张佳胤、江西王宗载、湖广王之垣、广西郭应聘、山东何起鸣、河南褚鈇、福建劳谦、狭西李尧德、四川张士佩、宁夏萧大亨、延绥宋守约、南赣王廷瞻、贵州王缘、郧阳杨俊民，各以考察自陈诏，俱照旧供职。	《神宗实录》卷 109

续表

时　间	内　容	资料来源
万历九年三月乙亥	命协守蓟镇东路副总兵日福充神机营右副将。	《神宗实录》卷110
万历九年三月辛巳	命原任蓟镇副总兵史宸充副总兵协守蓟镇东路,分守延绥孤山等处地方。	《神宗实录》卷110
万历九年四月己亥	命分守宣府东路永宁等处右参将李真充副总兵协守山西地方驻劄老营堡。	《神宗实录》卷111
万历九年四月庚子	命神机营佐击林鹏充右参将分守宣府东路永宁等处地方。	《神宗实录》卷111
万历九年五月辛卯	命分守辽东宽佃等处参将姚大节为协守辽阳副总兵。 升顺天巡抚标下中军谷九皋为分守蓟镇石塘岭地方参将。	《神宗实录》卷112
万历九年六月丙午	以真定游击王治充五军营参将。	《神宗实录》卷113
万历九年六月庚戌	命宣府游击马孔英充大同入卫游击。	《神宗实录》卷113
万历九年七月己巳	以延绥领军游击许汝继为左参将分守宁夏灵川地方。	《神宗实录》卷114
万历九年七月壬申	以原任肃州参将姜显宗充延绥领军游击。 命协守蓟镇中路副总兵王抚民为右副总兵分守凉州地方。	《神宗实录》卷114
万历九年七月己卯	命副总兵管分守蓟镇马兰峪参将事张爵充副总兵协守蓟镇中路。	《神宗实录》卷114
万历九年七月壬午	以蓟镇左营游击王通充参将分守蓟镇马兰峪地方。	《神宗实录》卷114
万历九年八月辛丑	以统领沈阳秋班游击杨四德充参将分守蓟镇石门寨地方,石匣营统领南兵游击胡天定充参将分守蓟镇燕河营地方。	《神宗实录》卷115
万历九年八月甲辰	命辽东镇城坐营刘崇正充辽东领兵游击,清河堡守备宿振武为沈阳游击。	《神宗实录》卷115
万历九年八月戊申	升神机营佐击叶思忠为游击统领南兵驻劄石匣地方,铁岭卫都指挥同知李如梧为清河守备。	《神宗实录》卷115
万历九年八月癸丑	命蓟镇李家谷关守备戴朝弁充游击领蓟镇,沈阳秋班官军天寿山守备文应诏充神机五营佐击。	《神宗实录》卷115
万历九年九月甲申	升保定总兵官刘凤翔为南京后军都督府金书兼提督神机营务。	《神宗实录》卷116
万历九年十月辛丑	以神机营右副将日福为镇守保定地方总兵官。	《神宗实录》卷117

续表

时　间	内　　容	资料来源
万历九年十月甲辰	以宁远伯应袭李如松为神机营右副将。	《神宗实录》卷117
万历九年十一月丙戌	以山东都司金书朱心学为统领蓟镇春班游击。	《神宗实录》卷118
万历九年十一月戊午	山西副总兵李贞为都督,镇守陕西。	《国榷》卷71
万历九年十二月己亥	以大宁都司金书黑晓为宣府游击宣府西路参将李栋为分守南路参将。	《神宗实录》卷119
万历九年十二月辛丑	以原任河间游击江昌国分守宣府西路参将。	《神宗实录》卷119
万历九年十二月癸卯	以原任神机七营参将马应奎为河间领军游击。	《神宗实录》卷119
万历九年十二月丙辰	以神枢三营游击吕豸为五军八营参将,辽东庆云堡备御载良栋为五军九营游击,神机二营参将侯之胄为神枢营右副将。	《神宗实录》卷119
万历十年正月癸酉	升大宁都司领班金书刘光先为神枢四营游击。	《神宗实录》卷120
万历十年二月丁未	昌镇守备李太初为真定车营游击。	《神宗实录》卷121
万历十年二月甲寅	以山西偏头关参将李东旸为宣府右卫右参将。 以孙国臣充总兵官镇守甘肃。	《神宗实录》卷121
万历十年三月壬戌	改陕西参将张咸为神机二营练勇参将。	《神宗实录》卷122
万历十年三月癸亥	升蓟镇参将陶世臣为山西副总兵大同游击马孔英为大同右参将。	《神宗实录》卷122
万历十年三月乙丑	升神机十营佐击郭之翰为蓟镇宁山游击,蓟镇游击李秉德为陕西参将,宣府阳和守备杨国臣为固原游击。	《神宗实录》卷122
万历十年三月戊辰	以大宁都司金书史金为神机十营佐击。	《神宗实录》卷122
万历十年三月庚辰	以神机四营佐击李栋为宣大右掖游击。	《神宗实录》卷122
万历十年三月丙戌	以大宁都司金书赵继光为保定游击。	《神宗实录》卷122
万历十年四月辛卯	以锦义参将秦得倚为辽阳副总兵。	《神宗实录》卷123
万历十年四月乙未	以辽东都指挥金事熊朝臣为锦义参将。	《神宗实录》卷123
万历十年四月壬寅	以山西岢岚守备孙应魁为甘肃游击。	《神宗实录》卷123
万历十年四月甲寅	以原任宁武游击杨芳为延绥入卫游击。	《神宗实录》卷123
万历十年五月甲申	以山西右参将许登赢分守宁夏东路,宁夏游击唐尧辅为分守灵州左参将。	《神宗实录》卷124

上表所示,虽然无法全面展示张居正改革时期在"九边"及"京营"命置将领的全部史实,但借此大体可以得出这样一个结论:改革期间明廷任命将领的规模大,次数多,且赓续不断,尤其在蓟镇、宣府、大同、山西诸镇,表现得更为突出,究其原因,盖与这些地区临近京师的重要地理位置有关,诚如张居正所言:"今九边之事,宣大为重"①;"今九边之事,蓟门为重,以其为国之堂奥"②。

在命将之时,张居正还采取相关措施加强对边将的管理。

1.加强对边将的巡视监督。张居正改革期间,经常派遣中央大员巡视边政,以整肃边将,修饬边政。如隆庆六年(1572年),张居正派遣兵部左侍郎汪道昆巡视蓟辽,兵部右侍郎吴百朋巡视宣府、大同、山西三镇,兵部侍郎协理京营戎政王遴(字继津,河北霸州人)巡视陕西四镇,对将领的功过逐一审查,凡边将"有科敛侈费者,参逮"③,有"闲住"、"贪肆"、"通夷养寇"、"隐匿边情"、"不能防御"等事者,也要劾罢惩处。④ 相反,对于恪尽职守,边绩显著者,则大加升赏。如万历元年(1573年),"升赏蓟辽保定各兵备官王一鹗、高文荐、孙应元、徐学古、王之弼五员",理由就是"以阅视臣荐其有裨边务也"⑤。据《明神宗实录》所载,在张居正改革的十年间,王崇古、戚继光、刘应节、谭纶、杨兆、李成梁、方逢时、张学颜、梁梦龙、杨四畏、傅津、戴才、郜光先等人升赏次数最多,礼遇最厚。这反映了这些人在边政上做出了巨大的成就,同时也表明张居正善于知人善任。

万历初年,张居正对有才干的将领一经任用,即赋予其便宜之权,大力支

---

① 张居正:《张太岳集》卷25《答阅视司马吴尧山》,第299页。

② 张居正:《张太岳集》卷26《答方金湖计服三卫属夷》,第318页。

③ 谈迁:《国榷》卷70"万历七年二月癸未"条,第4342页。

④ "贪肆"者,如元年六月,"革原任振武营游击张爵,任提问巡按御史卢明章劾其贪肆也"(《明神宗实录》卷14"万历元年六月庚申"条,第440页)。"通夷养寇"者,如元年四月,宣府总兵官赵岢因"通夷养寇",被兵科给事中赵思诚劾罢(《明神宗实录》卷12"万历元年四月壬申"条,第402页)。以"闲住"劾罢者较多,如元年五月,"勒原任岢岚兵备副使纪公巡闲住,宁武兵备金事赵世相降调,阅臣吴百朋题参也"(《明神宗实录》卷13"万历元年五月戊子"条,第419页);元年六月,"勒山西偏头关参将魏廷臣闲住,按臣李采菲论劾也"(《明神宗实录》卷14"万历元年六月丙子"条,第451页);元年七月,"勒原任整饬蓟州兵备参政杨锦冠带闲住,阅臣汪道昆追论其事乃褫职"(《明神宗实录》卷15"万历元年七月壬辰"条,第460页),凡此等等。

⑤ 《明神宗实录》卷16"万历元年八月戊申"条,第471页。

持,排除干扰。如对戚继光,每遇到重要军事形势,"居正尤事与商榷"①;相反,有与戚继光过不去者,"欲为继光难者",张居正便毫不犹豫,"辄徙之去"②。又如对阅边总督吴尧山,张居正曾经写信给他,信任之感流于言表,他说:"今九边之事,宣大为重,不以付之他人,而诧公者,以公(吴尧山)为心知故也。"③另外,为了用兵镇压四川"都蛮",在任用总兵刘显(字草堂,南昌人)之前,张居正认为自己"不敢独当",故特向四川巡抚曾省吾(字确菴,一作恪菴,湖广钟祥人)咨询④,这又表现出张居正在任用边将时,并非自作主张,以个人好恶为是,而是以边防大局为重,是非常谨慎的。同时,为了广泛网罗将才,所用得人,明廷还责令朝臣四品以上及科道、总督镇巡,各举将才⑤,以备任用。

2.以"考成法"考核边将。以"考成法"考核边将。明代考核边政,一般依据钱粮、险隘、兵马、器械、屯田、盐法、胡马、逆党等八事,"综核边臣"⑥,其中又主要以"武备修守之略,以定其贤否"⑦。万历初年,讲求"择将在精,养将在礼,任将在察"⑧,重视对边将的考核,春有春防之考,秋有秋防之考,日常则根据边情有随时之考。例如,万历元年(1573年)五月,侍郎吴百朋阅视宣府、大同、山西三镇,综核边臣后疏言:"以三镇事势言,宣、大为难,山西为次;以三镇成功言,山、大为次,宣府为优。以诸臣劳绩言,总理者居多,分理者为次;兼任贡市、战守者,独苦专任战守者为次,至专任战守,又废时失事者,罪不容诛。"根据吴百朋的疏言,朝廷遂敕奖总督王崇古、巡抚吴兑(字君泽,浙江绍兴人)、总兵郭琥等,而对游击赵邦宪等十六员,则"革任提问"⑨,可谓赏罚分明。实际上,这些措施是张居正改革时期整顿吏治的重要组成部分,其对边将的管理,同样旨在使边将做到"法之必行","言之必效"⑩。"考成法"在边政

---

① 张廷玉:《明史》卷212《戚继光传》,第5616页。
② 张廷玉:《明史》卷212《戚继光传》,第5616页。
③ 张居正:《张太岳集》卷25《答阅视司马吴尧山》,第298页。
④ 张居正:《张太岳集》卷25《与蜀抚曾确菴计剿都蛮之始》,第297页。
⑤ 谈迁:《国榷》卷68"万历元年三月丙申"条,第4222页。
⑥ 《明神宗实录》卷13"万历元年五月丁酉"条,第424页。
⑦ 陈子龙:《明经世文编》卷316《严饬山西内郡兵务专责任以伐虏谋疏》,第3347页。
⑧ 《明神宗实录》卷12"万历元年四月壬申"条,第402页。
⑨ 《明神宗实录》卷13"万历元年五月丁酉"条,第425页。
⑩ 张居正:《张太岳集》卷40《请择有司蠲逋赋以安民生疏》,第506页。

上的推广,对于整治边将,加强边备发挥了重要作用。

3.坚持边将久任。明自中期以降,为提高行政效率,避免奔竞滥升之习,逐渐注重官员的"久任"。嘉靖初年,始将"久任"立为一"法"①,但时置时废,推行不广。至张居正改革时期,配合"考成之法",进一步认为:"官不久任,则人无固志,治鲜实功"②,"久任以便责成",故"久任之法"得以广泛推行。为了保证边政的长期稳固,张居正对主要边将同样实行"久任之法",以修举实政。同时,前文述及,万历之初,同时,虽俺答封贡,但明廷上下依然认为"虏情尚难测",所以要加强防御,就得任用久在边地,谙熟"虏情"者为主要将领。出乎此,自隆庆六年(1572年)始,主要边将基本都能保持"久任"。如万历二年(1574年)十一月,从蓟辽总督刘应节奏请,"命镇守山海总兵戚继光、昌平总兵杨四畏、辽东总兵李成梁、保定总兵傅津久任,遇有成功破格叙赍"③。同时,明廷对主要边将不轻易调动,也不允许将领随便乞罢或致仕④,即使在主要边将有所过失,遭人弹劾之时,明廷也不会轻易罢免。如:"近总兵李成梁保障辽东,即台省交章诋其冒功,皇上终不以一眚弃干城之将,真爱惜边臣至意。有如材者,功有可录,既不获比于成梁,罪有可原,又不获比于魏尚,此臣之所以为材痛也。"⑤正因如此,才会出现戚继光镇守蓟镇十六年,李成梁镇守辽东三十年的"久任"现象⑥,他们也因此取得巨大成就,"边备修饬,蓟门宴

---

① 据《明世宗实录》卷62"嘉靖五年三月丁未"条载:"吏部奏请行久任法。凡府州县官,治绩卓异者,各抚按以闻,令其加俸管事。俟九年满日,不次升迁。报可。"《明史》卷17《世宗本纪》载:"(嘉靖)五年春三月丁未,定有司久任法。"

② 《明神宗实录》卷1"隆庆六年六月辛亥"条,第4页。

③ 《明神宗实录》卷31"万历二年十一月辛未"条,第735页。

④ 此类事例较多。如万历三年(1575年)二月,"巡抚辽东兵部右侍郎兼右佥都御史张学颜、总督蓟辽保定兵部左侍郎兼右佥都御史杨兆、总督宣大山西右都御史兼兵部右侍郎方逢时,俱考查自陈乞罢,不允"(《明神宗实录》卷35"万历三年二月壬午"条,第817页)。六月,"协理京营戎政兵部尚书王崇古以病乞休,不允"(《明神宗实录》卷39"万历三年六月丙戌"条,第910页),等等。

⑤ 顾允成:《小辨斋偶存》卷2《为李见罗中丞讼冤疏》,《文渊阁四库全书》本,第1292册,第267页。

⑥ 具体而言,隆庆四年(1570年)李成梁为总兵官,万历二十年(1592年)解任,镇辽东二十二年;万历二十九年(1601年)再镇辽东,时年七十七岁,又任职八年,直到万历三十六年(1608年)解任。综上共三十年。

然"①。可以说,隆、万之际,边防渐强,边境渐宁,和张居正"久任"王崇古、谭纶、戚继光、李成梁等得力将领是分不开的。

(三)操练边军

"操练者,强兵之本也"②,这一点毋庸置疑,但在传统社会,要真正将此落到实处,则并非易事。明代兵制,承袭唐、元,实行兵农合一、屯戍兼备的卫所制度;在军籍上,则有"常操军"和"屯军"之分。在此制度下,卫所军队尚能得到有效的操练,但至正统以降,伴随屯田的逐渐破坏,卫所制也走向衰落;加之宦官监军,朝廷对军队的控制力减弱,从而使军队训练很难正常有序地进行。嘉靖间,边事较多,边军忙于防守而无暇顾及训练。俺答封贡后,边地宴然,以张居正为首的文武大臣担心承平日久,边将懈怠练兵会造成边备废弛。故万历初年,朝廷上下视"训练者,治兵之良法"③,"战要练,守亦要练"④,重视加强练兵,养威蓄锐,以图长策。

长期以来,鉴于士兵逃亡者多,边防力量大为削弱的景况,张居正主张通过招募、兵役⑤等途径保证兵源,增益军队。他批评当时主张随意裁军者说:"今之议者,皆患兵冗,一切务为清汰节缩,仆窃以为过矣。天生五财,民并用之,谁能去兵?孔子称'必不得已而去',今之时非有甚不得已也,乃不务为足兵,而务为去兵,则唐之季世是矣!"⑥所以张居正坚持"补足军伍,以坚守保障"⑦。在他的推动下,万历初年,明朝边防军队在保证"精"的前提下,数量不断增加。在增加军队的同时,为提高军队的战斗力,明廷配套采取了相应的练兵举措。

1.整顿和改进练兵方法。明朝卫所军的训练管理体制分都司、卫、所三

---

① 张廷玉:《明史》卷212《戚继光传》,第5616页。
② 陈子龙:《明经世文编》卷304刘焘《操练》,第3213页。
③ 陈子龙:《明经世文编》卷321方逢时《审时宜酌群议陈要实疏》,第3420页。
④ 戚继光:《练兵杂记》卷4《登坛口授》,《文渊阁四库全书》本,第728册,第836页。
⑤ 如,万历四年(1576年)三月,"役山西民兵赴偏老备边"。(谈迁:《国榷》卷69"万历四年三月丙申"条,第4285页)
⑥ 张居正:《张太岳集》卷23《答蓟镇总督王鉴川言边屯》,第280页。
⑦ 《明神宗实录》卷2"隆庆六年六月乙亥"条,第47页。

级,军队的训练一般由兵部部署,都督府下达命令,具体由都司、卫所、千户、百户等负责训练。训练方法一般为"分队合操";训练内容注重技术,即"戒弓马,习技击"①,主要以冷兵器为主。正德以后,随着镇守总兵官的战时体制向固定驻防制的转化,以及镇戍制和营兵制的进一步发展,军队训练逐渐形成以巡抚领导,总督节制,总兵、参将负责,都司、游击等官具体掌管的训练体制。在张居正改革期间,由于军队编制的变化和火器等新式兵器的推广使用,开始对军队的训练方法进一步做了改进。具体方法为:分别强弱,立营训练,即按照万历初延绥巡抚张守中所言,对各营堡的士兵,按照士兵的多少和强弱之别,分配得宜,每三千人合为一营,由骁勇壮健、技艺精熟的战将作为"教师"②,分统操练阵法、武艺和炮火等,而"无事之日,各在本地操练,守堡将官不得劳扰,待套虏侵犯,方许会调合营出战"③。这种以"营"为单位,操练、调遣时合营,平时仍归各营堡,单独居住训练的方法,在当时被称为"务实之举"④,影响较大,也赢得了张居正诸人的赞赏和支持,他说:"合练之法,不独勤兵习战,又可以预伐虏谋。守边之策,无急于此矣。"⑤

同时,在与蒙古人长期的作战中,明朝部分将领总结出克胜蒙古骑兵的作战方法,这中间戚继光最具代表性。他经过长期的战斗经验,总结出长短兵器互相配合,车兵、步兵、骑兵、炮(有虎蹲炮、无敌大将军炮等)兵协同作战的训练内容和训练方法。在训练过程中,按照士卒的年龄、身高、体质等情况,分别发给适当的兵器,进行分组训练,按照先技术、后营阵的战术原则,循序渐进,把士卒训练成为"有勇识方,人自为战"的精兵,把军队训练成为"节制之师"。隆庆六年(1572年)冬天得到朝廷批准后,戚继光在汤泉(今遵化县北)进行了为时二十天、有十万多士兵参加的实战演习,规模空前,成绩显著。当时戚继光深有体会地说:"近得共集连营,始知十万作用,又似稍有豁悟,乃信边

---

① 陈子龙:《明经世文编》卷461《京营兵制考》,第5061页。
② 《明神宗实录》卷137"万历十一年五月乙巳"条,第2564页。
③ 《明神宗实录》卷15"万历元年七月丙申"条,第461页。
④ 《明神宗实录》卷3"隆庆六年七月己丑"条,第77页。
⑤ 张居正:《张太岳集》卷24《答刘总督》,第294页。

事,真有可为。"①正因为训练方法得当,成效显著,所以戚继光在与蒙古人的交战中屡获胜利。万历初,戚继光的训练方法还在军队中大为推广,并为后世所继承,"继之者,踵其成法,数十年得无事"②。

2.加强团练民兵(乡兵),补沿边官军之不足。自宣德以降,明朝便在府、州、县地方政权中进行民兵训练,但由于边事相对较少,民兵制度一度沉寂。"土木之变"后,为弥补京营的空前危机,始重新推行民壮训练制度,民兵再次活跃起来。至嘉靖间,由于募兵制的兴起,民兵相继转化为营兵,始走向官军化的道路,但这时团练民兵多集中在浙江等地,北方沿边尚无团练民兵的情况。降逮隆庆时,团练民兵在畿辅近边一带陆续出现,但"有司独用以供迎之役,全不教练,故民兵虽,设武备日弛"③。万历初,"九边"明军虽称六十余万,但边地延袤万里,以六十万大军摆守其间,"聚散异形,攻守异宜,亦恐力分势弱,难以御敌请"④。因之,在"内修战守"思想的指导之下,为了弥补沿边官军之不足,"备缓急之用"⑤,防止"虏乱"再显,明廷责令各边督抚转檄兵备、守巡等官,在沿边郡县简选民壮、民快、乡夫、打手等强壮武勇之人,编成乡兵,并如官军"队伍之制",依次伍、队、司、哨进行编制,一般五一为一伍,十伍为一队,十队为一司,司有长、副官,十司为哨,哨有总、正官⑥。民兵训练实行"农时则耕,闲则练习"的训练制度,即在不妨农务的情况下,由沿边府、州、县官府正官知府、知州、知县主管,到省城或兵备驻地或府城按照团操、会操等方式以时训练,"岁无过三月,月无过三次,练毕即令归农,复其身"⑦。万历二年(1574年),兵部遵旨议准成例,"行各道督同府县掌印官,建立操所,将各县乡兵,每于农隙之际,冬季自十月初一日起,至十一月终止;春季自正月初十日

---

① 戚祚国,等:《戚少保年谱耆编》卷10《上政府大阅事事迹》,清道光丁未年(二十七年,1847年)重刻本,第42页。

② 张廷玉:《明史》卷212《戚继光传》,第5616页。

③ 《明穆宗实录》卷41"隆庆四年正月乙亥"条,第1011页。

④ 陈子龙:《明经世文编》卷323《覆陈饬武备事宜》,第3446页;《明穆宗实录》卷24"隆庆二年九月戊辰"条,第661页。

⑤ 《明穆宗实录》卷41"隆庆四年正月乙亥"条,第1011页。

⑥ 《明穆宗实录》卷24"隆庆二年九月戊辰"条,第661页。

⑦ 张廷玉:《明史》卷91《兵志三》,第2251页。

起,至二月终止,严加团练"①。每年冬春间,上级部门根据训练情况,对训练官员量加奖赏。至民兵练成,督抚兵及府、州、县官,都要按功升转。在平时,一旦遇有"房情",沿边各郡、县传相告知,以五色旗为号,各率民兵或乘城防守,或就近摆边。可见,作为沿边官军的重要补充力量,团练民兵至此受到重视,正因为其具有事征战,无事为农的机动性和灵活性,使得团练民兵在明后期边疆防御中发挥了很大的作用。

3.减少练兵的干扰因素,保证练兵的时间。按照规定,明朝军队每年都要定时训练,各边镇军"每年自九月起至明年三月止,俱常川操练。四月初,具操过军马并大风大雪免操日期奏报。"②嘉靖以来,修筑工役频仍,"旧工未毕,新工已议,前修未完,后修复继"③,致使北边士兵"以经年修工,而不习训练"④,艰苦万状。万历初,在继续修筑边墙城堡的同时,更重视保证边军的训练时间。为此,规定对于急需工役,可以暂取于步军,助以班军,而骑兵之士,宜令休息,不可一概参加工役。如元年(1573 年),在蓟、昌二镇修筑敌台竣工后,即令"主客官军专习武事,班军精壮者一体就练,次者不隶戎行,使之专任力役"⑤。像这样,"工役不及,则士马之力不竭,而训练可行矣"⑥。又如在大同、宣府等镇,三年(1575 年)十一月,总理宣大右都御史方逢时建议从四年(1576 年)开始,"量将骑兵免工一月,以事操练,宣府边工皆将就绪,骑兵即免工三月,兑给京营市马,暂听该镇操练"⑦,这一建议得到了朝廷批准。对于军屯,由于各卫所管理屯田的官员随意额征屯粮,又有马价之扣,开垦之扣,采办之扣,致使边军粮饷无几,军队训练的物质供应难以保证。为此,明廷对屯田官员严加整肃,避免乱扣滥征,争取达到"三军之财不匮,而训练可行"⑧的效果。同时,减少随意抽选各营精壮士兵入卫蓟镇、京师,避免扰乱边军训练秩

① 万历《明会典》卷 131《兵部十四》,中华书局 1989 年版,第 674 页。
② 万历《明会典》卷 132《兵部十五》,第 675 页。
③ 陈子龙:《明经世文编》卷 321 方逢时《审时宜酌群议陈要实疏》,第 3423 页。
④ 《明神宗实录》卷 25"万历二年五月戊子"条,第 633 页。
⑤ 《明神宗实录》卷 12"万历元年四月乙卯"条,第 390 页。
⑥ 陈子龙:《明经世文编》卷 321《审时宜酌群议陈要实疏》,第 3422 页。
⑦ 《明神宗实录》卷 44"万历三年十一月丁酉"条,第 989 页。
⑧ 陈子龙:《明经世文编》卷 321《审时宜酌群议陈要实疏》,第 3422 页。

序,强调各卫兵力不足,则"勾丁于本家,果系故绝,别行招募,不得再循旧套,抽取诸营,如有违犯,重行参究"①。对于不得已而入卫的兵马,一般要厚加优恤。总之,只有做到"操练有时,赏罚有节"②,小可以避免士兵的怨恨,节省财费,大可以保证军队的正常训练,加强和巩固边备。

当然,操练军队的同时伴随着军饷的骤增。张居正改革期间,社会经济发展较快,国力增强,军饷有了一些保障,但由于工役、练兵、增兵等边防事务的不断强化,开支巨大,军饷紧缺局面并未大改。纵然如此,万历初年确立的练兵体制,影响了明代后期军事训练的基本走向,并在防御和阻止蒙古人的入犯中发挥了重要作用。

(四)修筑墙墩

为了防御北边民族(主要指蒙古人)的内犯,修筑城墙,建立墩台终明一代而未绝。"庚戌之变"后,边备废弛,造成俺答屡次南下。隆庆间,王崇古、谭纶、戚继光等在蓟辽沿边修筑敌台、边墙等防御设备,大大加强了长城的防卫作用。至张居正改革期间,鉴于明蒙之间的长期战争,边墙等防御设施破坏严重,所以在增兵益饷,命置将领的同时,开始把修筑塞垣作为加强边备的"第一要义"③,继续在绵长的北边防线上筑城立墩,加强守备,以固边防。总体来看,这一时期,修筑边墙及附属设备(主要有烽墩、城堡、敌台、品坑、堑壕、宇墙、楼墩等)基本仍集中在蓟镇、宣府、大同、辽东、陕西三边等切近京师和先前蒙古人经常入犯的地方。但在具体修筑时,又酌量冲缓,渐次举行,按照督抚侍郎吴兑所言,一般为"临边取冲,虏所必至者为一等",应该"预先修筑";"稍近边界,虏所不至者为一等",则次修;"附近腹里,去边稍近者为一等",则最后修筑。④ 对不同类型的防御设施,修筑次序也有先后,大体为"城堡为急,墩台次之,边垣又次之"⑤。当然,在具体修筑过程中,也并非严格按

---

① 陈子龙:《明经世文编》卷 321《审时宜酌群议陈要实疏》,第 3422 页。
② 陈子龙:《明经世文编》卷 304《操练》,第 3213 页。
③ 《明神宗实录》卷 48"万历四年三月甲辰"条,第 1098 页。
④ 《明神宗实录》卷 84"万历七年二月丁丑"条,第 1760—1761 页。
⑤ 陈子龙:《明经世文编》卷 321 方逢时《审时宜酌群议陈要实疏》,第 3424 页。

此标准,多是根据需要随时修筑。

隆、万时期被认为是明代边墙修筑的第三个高峰阶段①,据笔者初步考察,自隆庆六年(1572 年)至万历十年(1582 年),边墙的修缮新筑工作一直未断,且规模较大。仅万历元年(1573 年)一年,大小修筑工事就有十余次。例如,正月,辽总督刘应节奏辽东修筑城堡、台楼、墩圈等项。② 二月,依阅视侍郎吴自朋的奏请,修宣大边墙。③ 三月,诏修宣府北路的边墙凡一万八千七十六丈有奇,计划用粮八千八百一十三石,盐菜工食银六千一百七十九两,每年用军夫一十九万三千三百一十一名,限期三年内完成。④ 四月,增筑蓟、昌二镇敌台二百座。⑤ 七月,阅视侍郎汪道昆奏辽东全镇修完城堡一百三十七座,铺城九座,关厢四座,路台、屯堡、门角、台圈、烟墩、山城一千九百三十四座,边墙二十八万二千三百七十三丈九尺,路壕二万九千九百四十一丈。⑥ 八月,依阅视侍郎汪道昆(字伯玉,安徽歙县人)奏请,在永保定等关口建敌台三百五十六座,每座计工费二百二十两,主客兵春秋二防每五百名,完台二座期以四年告成。⑦ 另如,隆庆五年(1571 年),在蓟、昌边墙共建立敌台一千一十七座。万历元年(1573 年)至万历三年,又建空心台二百余座。⑧ 七年(1579年)二月,命筑大同镇屯堡二百五十七座,敌台一千二十八座。⑨ 九年(1581年)三月,据职方郎中费尧年(字希之,江西铅山人)查勘,蓟镇修边墙五千三百六十三丈,敌台一百一座,铲削偏坡五百八十七丈,建潮河川大桥一座;昌镇

---

①　第一阶段是洪、永时期,属奠定基本轮廓阶段,主要修了居庸城、嘉峪关城等,修筑了自宣府迤西至山西的边墙,并建立了相互连接的烽堠等;第二阶段是正德至嘉靖中期,属拓展阶段,边墙修筑重点在西北,山西、陕西、宁夏、甘肃等处的边墙,多为这一时期所修筑。

②　《明神宗实录》卷9"万历元年正月己丑"条,第319页。

③　谈迁:《国榷》卷68"万历元年二月丁卯"条,第4220页。

④　《明神宗实录》卷11"万历元年三月甲申"条,第365页。

⑤　《明神宗实录》卷12"万历元年四月乙卯"条,第389页;《国榷》卷68"万历元年四月乙卯"条,第4223页。

⑥　《明神宗实录》卷15"万历元年七月丙申"条,第461—462页。

⑦　《明神宗实录》卷16"万历元年八月丁巳"条,第480页。

⑧　戚祚国:《戚少保年谱耆编》卷11,《续修四库全书》本,第553册,第319页。

⑨　《明神宗实录》卷84"万历七年二月丁丑"条,第1760页。

修边墙四千六百四十一丈,敌台十座,①凡此等等②。在万历初年,由于俺答封贡,西北地区相对安定,所以陕西诸镇并不像蓟镇、辽东等更具战略地位,但修守工事也未曾中断。早在隆庆六年(1572 年),明廷就申饬狭西三边及时修筑边墙、城堡、墩濠,"务期坚固垂久,不得旷时糜费"③。至万历十四年(1586 年),据阅视官员奏报:"在延绥创修过城楼门洞二十五座,边墙三千八百九十余丈;在宁夏创修过边墙、城濠、夷厂、大城共三百余里,关隘十四道,墩台、铺院、门楼、天棚、水洞、壕堑一千一百余处;在甘肃创修过边垣、大墙九里五百六十六丈,边墩、壕堑、栏马、营盘共七十七道,墩塞、旗台、营院、宿房、吊桥共一千九百一十座,间又增修过土石墙垣、水洞、共一万四千二百二丈;在固原、靖房、临巩、洮岷各道,创修过边垣、隘口、水洞、堤岸一百四十六处,堤摆、石砌、马头、城垣共二千四百八十七丈,城堡、楼台一百六十七座,城院、马墙、木柞一百三十二道,番厂、营房七百三十五间;又河西、关西、平凉各道,创修过台堡、铺房、天棚、楼洞共一百五十七座,间所、城墙、四十余丈。④ 可谓规模宏大。这些城堡彼此频连,声势相援,影响深远。

值得一提的是,张居正改革时期能够适应军事的发展需要,在修筑边墙等方面已经有所创新,主要表现在:一是在修筑土筑墙的同时,开始出现砖墙和石砌墙。以砖和石包砌而成的边墙,一般较土筑墙更为坚固,多分布在张家口至山海关一带,蓟镇、辽东也修有此类边墙。但在西北地区,限于自然条件,土筑墙仍是主要墙型。二是空心台广泛修筑。明代敌台有两种:一为实心台,一为空心台。前者出现较早,所占比重也较大,后者则出现在嘉靖以后⑤,多为

---

① 《明神宗实录》卷 110"万历九年三月癸未"条,第 2113 页。

② 另外,许多修筑工作从张居正改革时期已经开始,但至万历十年(1582 年)以后的几年才得以完成。例如,《明神宗实录》卷 132"万历十一年正月甲子"条载:"大同督抚郑雒等题,本镇四年以来修完冲堡四十一座,敌台一百六十八座。"(第 2453 页)《明神宗实录》卷 158"万历十三年二月戊午"条载:"总督蓟辽尚书张佳胤等奏,蓟、昌两镇共修边墙六千四十丈,敌台墩台一百四十七座,带修遵化城工七百余丈。"(第 2913 页)所以,这些修筑工作也可以算作是张居正改革时期的成绩。

③ 《明神宗实录》卷 22"万历二年二月丁卯"条,第 31 页。

④ 《明神宗实录》卷 176"万历十四年七月癸丑"条,第 3250 页。

⑤ 如,《明世宗实录》卷 397"嘉靖三十二年四月戊戌"条载:"御史蔡朴乞亟命增缮并筑敌台五十一座,仍于大小红门、柳沟口外适中处,所增筑空心敌台三座,其北路独石一带。"(第 6695 页)

戚继光、谭纶等人所创①。隆庆二年(1568年)以后,戚继光修筑防御工事,一面加高加厚原有的边墙,一面在长城线上筑空心台。台分二层,高三、四丈,周围十二至十八丈,向边墙突一丈四、五尺,内伸五尺余。每台内驻兵三、五十人,贮备器械、粮饷②,有时还可以避住边地百姓③。作为边军驻守的坚强堡垒,士兵平时可在敌台附近屯田,解决军粮问题;且由于空心台数量较多,在对付蒙古人的战斗中发挥了重要作用,所以空心台不断推广,发展较快。如万历二年(1574年)二月,大同督抚官王崇古建议仿蓟镇之制,将沿边墩台改筑在边墙之内,每座墩台分三层,下层实心,中层空心,各开箭眼,上层盖屋立垛,俱用砖甃两台之中。④将敌台由二层发展为三层,更利于对付蒙古骑兵。

总体而言,由于这一时期边墙的各种设施齐全,从而与城墙构成了一个完整的防御体系,加强了城墙的防御性能。其作用主要在于军事方面,但又不限于军事。万历初兵部侍郎吴百朋曾言"修墙十利",其谓:

> 灭胡、威胡、败胡、阻胡,诸堡皆孤悬绝塞,有墙则可以格虏放牧,助我拒守,一也。择其要害,设为墩台城瓮,俾了卒戍士,风雨足栖,缓急可倚,二也。平居人畜,免驱掠之患,秋成禾稼鲜剽夺之虞,三也。小贼入,则我得据墙下矢石,无使墩卒贼得为饵,四也。大贼入,必须掘墙,我得预知为备,收敛坚壁,使虏无掠,五也。募民实塞下营屯田,民鲜畏寇,乐从者众,兼可足食足兵,六也。虏有变,必秉虚从威平入,非剥虏朔蔚,则垂涎山西,彼窥我有备,其谋自阻谨,守大同所以屏蔽内地,七也。云中边墙长亘,俟虏背叛,徐议起筑,必须多发兵防御,及是时为之,可省调集之劳,供亿之费,八也。以守为战,以逸待劳,九也。峻夷夏出入之防,明先王荒服之制,十也。

---

① 《明神宗实录》卷61"万历五年四月庚申"条载:"兵部尚书谭纶卒。……(纶)转左总督蓟辽,则造战车,修火攻,具筑边墙二千余里,创空心敌台三千余座,选募南兵立三大屯营,以戚将军继光总理训练,尽去摆边,故套虏虏入辄失利,相戒无敢犯。"(第1381—1382页)
② 戚继光:《练兵杂记》卷6《敌台解》,第867页。
③ 如,万历五年(1577年)二月,职方司主事曹慎言:"敌台初成,议以附近乡夫,临警听其避住家口,并资其力以助战守。"(《明神宗实录》卷59"万历五年二月甲子"条,第1355页)
④ 《明神宗实录》卷22"万历二年二月戊午"条,第585页。

在吴氏看来,修筑边墙意义重大,诸如加强了对蒙古人的防御,保护了北边屯田,保护了长城内农业的稳定发展,卫护内地百姓的生产生活、便利了交通等。他还批评当时"谓虏方纳款,遽议修墙,恐虏生心"的看法,进而认为"夫通虏贡市,冀为数年之安;修我武备实,为百世之利。"①吴氏的看法,基本代表了当时大多数人的意见,在实践和理论上有其合理之处。② 但现在看来,修城墙亦带来诸多负面影响。主要表现在:

其一,造成巨大的财政开支。例如,万历元年(1573 年)八月,为修筑敌台,发太仓银一万五千两于保定,四千一百二十两于辽东;③同月,在保定等处建敌台三百五十六座,每座计工费二百二十两,共支银七万八千三百余两;④万历二年(1574 年)四月,修筑大同边墙,支太仓库银二十六万二千六百六十八两四钱二分;⑤五月,在宁前卫修敌台三百九十六座,土堡一十一座,墙三万九千六百七丈,共用银一十二万余两,⑥等等。这样的开支,加之军饷等项的耗费,给明朝财政造成了巨大压力。所以,至改革后期,二者的矛盾面已经暴露的极为明显,出现了"边费日增,帑积告匮"⑦的局面。

其二,万历初年,修筑工程浩钜,环境恶劣,士卒民夫苦不堪言,"渴者弗饮","饥者弗食","或绝壁悬瓴,或土窑沃釜,或沙砺供粥,或皮袋盛盐,加之风餐露宿,触暑惊寒,武夫悍将,急于报完,执鞭挞而议其后,至于盐菜行粮类多克扣,而流离接踵,死亡相续"。不仅如此,作为士兵,常年不任干戈,不擐介胄,"一切除戎器,讨军实驰骋击之法,废而不讲","疲于工作,决不能战"⑧,作战能力大大下降。鉴于此,张居正改革后期,不少官员开始申述边防工役之弊。例如,方逢时就提出停修边备的意见,他说:

① 《明神宗实录》卷 10"万历元年二月丁卯"条,第 350 页。
② 张居正曾曰:"台工之议,始终以为可行确然而不摇者,惟区区一人而已。"(张居正:《张太岳集》卷 22《答蓟督抚计边镇台工》,第 262 页)
③ 《明神宗实录》卷 16"万历元年八月戊辰"条,第 487 页。
④ 《明神宗实录》卷 16"万历元年八月丁巳"条,第 480 页。
⑤ 《明神宗实录》卷 24"万历二年四月丙午"条,第 611 页;谈迁:《国榷》卷 69,"万历二年四月丙午"条,第 4245 页。
⑥ 《明神宗实录》卷 25"万历二年五月丙戌"条,第 631 页。
⑦ 《明神宗实录》卷 89"万历七年七月乙巳"条,第 1835 页。
⑧ 张居正:《张太岳集》卷 22《答蓟镇总督谭二华言边事》,第 263 页。

　　臣所谓实者,盖修筑所以自卫也,亦所以自困也,所以保民也,亦所以病民也。卫成而财不困,人不病,调停斟酌,存乎人耳,且保障大功也,修筑美名也。朝廷以保障之功责之边臣,本之以功名之心,加之以督责之严,承德意而亟从事者,将群然趋之。在一镇,其谁曰吾无边而不修;在一道,其谁曰吾无工而不为,不曰某所当增一堡也,则曰某处有土可拓也。旧工未毕,新工已议,前修未完,而后修复继,视人劳如蚁运,功成而无所用,数年之后,臣恐财必匮人必疲,或困之以启戎心,未可知也。臣愚以为自今以后,三镇城堡苟完矣,无益之虚堡不必再设也,墩台苟足也,无益之空台不必再加也,边垣苟修矣,无益之旷土不必再阐也。①

　　同时,部分官员请求除了边墙敌台是冲要者,照旧修理外,其余不急之工,一切停罢。在此情况下,张居正及神宗皇帝也开始在修边事宜上的政策加以调整,按照神宗的意思,即为:"设险守隘,乃边防要务,然修筑无期,徒劳疲军,以后酌量不紧要者,暂为停止,然不许因而废修,守致滋后患。"②

　　综上,万历初年在军事防御政策的建设上是积极的,有步骤的,这种以军事防御为主的民族政策真实体现了这一时期"以贡市为权宜,以修防为经久"③和"内修战备,外示羁縻"的治边理念。但与此同时,张居正改革虽以"富国强兵"为宗旨,而从改革的实际结果看,"富国"与"强兵"虽互为推动,又互为矛盾,加强边备一方面保证了社会的安定,经济的发展,却又耗损了社会改革所带来的有限财政收入。

二、赐赏封贡,茶马互市

　　在加强军事防务的同时,张居正改革期间重视对北方蒙古诸部赐赏封贡,

---

①　陈子龙:《明经世文编》卷321,方逢时《审时宜酌群议陈要实疏》,第3424页。
②　《明神宗实录》卷71"万历六年正月甲戌"条,第1534页。
③　《明神宗实录》卷47"万历四年二月甲申"条,第1073页;卷64"万历五年七月戊子"条,第1417页;卷67"万历五年九月庚午"条,第1467页。

茶马互市。俺答封贡以后,明蒙关系以和平为主,朝贡体制和互市政策相孚相应,成为明朝处理双方关系的重要政策。通观张居正改革时期对蒙古的民族政策,张居正在"外示羁縻,内修战备"的框架内,以俺答诸部为中心,将封贡、互市等民族政策推行的积极有效,成为解决明蒙关系的一把双刃剑。一方面,张居正要求蒙古诸部要想与明廷在经济上互市,就需在政治上承认明廷的"尊崇"地位,向明廷称臣效贡。另一方面,张居正认为"未贡先市,殊非事体"①,"彼既不贡,吾亦不市,彼若作歹,吾严兵以待,有战而已,且不宜委屈迁就,招致其来"②。所以,如若蒙古诸部未能先行入贡,明廷便以拒绝贡使、停止互市加以制裁。同时,对于俺答等业已封贡的蒙古部落,明廷一般通过封爵、赐赏、按抚、盟约等途径加以巩固,并继续借助俺答在蒙古诸部中的主导地位处理与其他部落的关系;而对于尚未入贡的蒙古部落,明廷也积极争取,采取宽大政策,且不轻易付诸武力。

(一)赐赏封贡

抚赏封贡,是明廷对"臣服"民族的最高礼遇。万历初年,抚赏封贡同样是维系明蒙关系的重要途径。

首先,巩固与俺答集团的通贡关系。自俺答封贡以来,蒙古地区虽仍然处在分裂割据状态,但并未影响蒙古诸部与明进行正常的通贡关系。张居正改革时期,以俺答为代表的蒙古贵族恪守盟约,与明朝的通贡关系持续不断。期间二者的关系大体为:明朝对俺答是"索锅而与之锅,求市而与之市,增马而与之增"③;俺答对明朝则是"事朝廷甚谨。部下卒有掠夺边氓者,必罚治之,且稽首谢罪"④。同时,一度与明关系出发生冲突的辽东朵颜、福余等三卫,这一时期也开始参与入贡,双方基本处于和平来往的态势。仅据《明神宗实录》所载,张居正改革期间,"三卫"入贡次数,如下表所示:

① 张居正:《张太岳集》卷 23《答三边总督戴晋草》,第 278 页;卷 23《答郝巡抚》,第 277 页。
② 陈子龙:《明经世文编》卷 302 高拱《与王鉴川论老把都死后事宜》,第 3184 页。
③ 《明神宗实录》卷 37"万历三年四月甲戌"条,第 858—859 页。
④ 张廷玉:《明史》卷 327《鞑靼传》,第 8488 页。

表 2.张居正改革时期朵颜、福余、泰宁入贡系年表

时 间	三卫入贡事宜	史料来源
隆庆六年三月	泰宁等卫夷人升合儿等二百八人来朝贡马。	《明穆宗实录》卷 68
隆庆六年八月	泰宁等卫夷人二百九十名赴京庆贺万寿圣节。	《明穆宗实录》卷 4
隆庆六年十一月	泰宁等卫夷人头目兀捏台等一百一十七人赴京贺长至节。	《明穆宗实录》卷 7
万历元年二月	赏泰宁等三卫补贺长至及万寿节。	《明神宗实录》卷 10
万历元年九月	泰宁等三卫入贡。	《明神宗实录》卷 17
万历元年十月	朵颜等三卫补贺。	《明神宗实录》卷 18
万历二年正月	朵颜、泰宁等卫夷人头目阿里麻升合儿等朝贺。	《明神宗实录》卷 21
万历二年十二月	朵颜等卫夷人头目火你赤等朝贡，宴赏如例。	《明神宗实录》卷 32
万历三年四月	朵颜卫都督长昂遣头目阿里麻等补贺二年万寿圣节及长至令节。赐敕二道及彩段、绢疋如例。	《明神宗实录》卷 37
万历三年八月	朵颜等卫都督长昂等差夷目一百一十七员名以万寿圣节入贡。	《明神宗实录》卷 41
万历三年十月	朵颜卫头目莽吉泰宁卫头目卜巷各进马。	《明神宗实录》卷 43
万历三年十月	泰宁等三卫夷人右都督等官只见挨等差头目入京补贺万寿圣节及万历二年长至令节。	《明神宗实录》卷 43
万历三年十二月	朵颜夷人进贡。	《明神宗实录》卷 45
万历四年九月	泰宁等卫夷人升合儿等入贺万寿圣节。	《明神宗实录》卷 54
万历五年二月	朵颜卫夷人火你赤等补贺圣节。	《明神宗实录》卷 59
万历五年三月	朵颜三卫夷人花歹等贡马补贺圣节。	《明神宗实录》卷 60
万历五年十二月	朵颜三卫夷人都督花歹等遣头目赴京庆贺长至令节。	《明神宗实录》卷 70
万历五年闰八月	泰宁等二卫夷人卜都儿沙等进献马匹庆贺圣节。	《明神宗实录》卷 66
万历六年正月	朵颜等卫夷人阿都赤等一百八十二员来庆贺长至及万寿节。	《明神宗实录》卷 71
万历七年正月	朵颜、泰宁等卫夷人朝贺圣寿节。	《明神宗实录》卷 83
万历七年二月	朵颜等三卫夷人都指挥头目伯彦打来等赴京庆贺万寿圣节。	《明神宗实录》卷 84
万历七年四月	福余等卫夷官一十九员，备马一十九匹赴京庆贺。	《明神宗实录》卷 86
万历七年十月	朵颜、泰宁、福余等卫夷官俱以进贡。	《明神宗实录》卷 92

时　间	三卫入贡事宜	史料来源
万历七年十月	朵颜等卫夷人头目阿里麻等九十四员赴京补贺万寿圣节	《明神宗实录》卷92
万历八年正月	朵颜等卫夷人小思苦等二百三名入贡。	《明神宗实录》卷95
万历八年八月	泰宁、福余等卫夷人留成桶罕等赴京朝贺万寿圣节。	《明神宗实录》卷103
万历八年九月	朵颜等卫夷人大你赤等赴京朝贺万寿圣节。	《明神宗实录》卷104
万历八年十一月	泰宁、朵颜卫头目花字来长秃进各进马匹。	《明神宗实录》卷106
万历九年九月	泰宁等卫夷人头目阿都赤赴京朝贺。	《明神宗实录》卷116
万历九年九月	福余等卫都指挥使打都等差头目桶罕贡马朝贺。	《明神宗实录》卷116
万历九年十二月	泰宁等卫夷人头目升合儿等赴京贺冬至节。	《明神宗实录》卷119
万历九年十二月	朵颜等卫都督花歹等头目火儞赤等二起共一百九十三员名,赴京贺冬至节。	《明神宗实录》卷119

可见,在整个改革期间,"三卫"每年都不至一次的进京入贡、贺节,而且在改革后期更趋频繁。应该说,这种民族和睦相处态势的出现与张居正改革期间采取的民族措施息息相关。此主要体现在:

其一,抚赏。明朝统治者认为蒙古"犬羊之性,不可以理驯",要满足其"贪婪"之心,"抚赏之不可废也"①,"备御西虏,惟在酌处抚赏"②。这一看法,现在看来未必确当,但在当时,以张居正为首的改革集团却以此为基点,积极开展了一系列抚赏活动,试图通过"厚其赏赉,以结其心"③。大体来看,万历初年的抚赏之例沿袭了隆庆旧制,即为:

> 每年圣旦、年节,二次来朝,当其入贡之期,验放者三百人,而诸夷云集口外,不下三五千人,各设酒席以抚赏之,分别尊卑,其赏有差,抚镇在上,诸夷在下,宣布朝廷恩威,宴赏已毕,其贡者贡,散者散,此抚赏

---

① 陈子龙:《明经世文编》卷304刘焘《抚赏》,第3208页。
② 《明神宗实录》卷52"万历四年七月甲午"条,第1207页。
③ 张居正:《张太岳集》卷22《与王鉴川谋取板升制虏房》,第268页。

例也。①

在此制度下,俺答及其控制下的各部落,每年一贡,进贡部落首领及贡使每年十月进入大同、宣府、甘肃等处,逾月至北京,参加明廷的正旦节,所上贡品仍然是马匹、弓矢、鞍辔、撒带、錽银、兽皮、箭囊等。明廷给首领、贡使封官晋职,颁布赏赐,并设宴招待。有时明廷也遣官到蒙古诸部进行抚赏,赏赐之物一般是彩段、金币、绢匹、银币、衣服、器具、茶叶、药品、纸张、乐器、敕书、绸缯、布匹、纱锭、米面等。但根据部落首领身份的贱贵,回赐之物的档次和数量也有所区别,如蟒衣、佛经、佛像等只赐给顺义王俺答,这也体现出明廷对其"领袖"地位的认可。除了按例赏赐外,明廷也会根据各部对朝廷的忠诚程度,额外补赏,这样的事例极多。如,万历元年(1573 年)十月,顺义王俺答汗差都督同知黄台吉等表献鞍马,神宗认为"虏酋贡市,益坚恭顺",遂命加赏。② 三年(1574 年),明廷又规定,俺答"能约束部落,益坚诚顺",下令"每五年加赏一次"③,这样就使额外补赏之例进一步明确化、制度化。八年(1580 年)正月,因为卜失兔等能够约束部落,恪守市盟,宾兔台吉尤为效力,明廷遂"加赏银币,并赐敕书"④。

应该说,蒙古诸部对明廷的抚赏是极感兴趣的,或者说是很依赖的,除了俺答每年派遣其头目黄金榜、黄台吉、恰占吉等及贡使入贡外,万历初年,曾出现了一些部落或"挟赏不遂"⑤,即聚众入犯;或先行抢掠,再向明索赏;或因停革抚赏,便乘虚入犯等⑥,企图通过武力强迫明廷给予抚赏,但对于只求抚赏的单方要求明廷一般不予准许,严格坚持"今日之抚赏,因其臣服而惠给之"⑦

---

① 陈子龙:《明经世文编》卷 304 刘焘《抚赏》,第 3208 页。
② 《明神宗实录》卷 18"万历元年十月辛未"条,第 527 页。
③ 《明神宗实录》卷 43"万历三年十月丙子"条,第 971 页。
④ 《明神宗实录》卷 95"万历八年正月己酉"条,第 1910 页。
⑤ 《明神宗实录》卷 89"万历七年七月戊申"条,第 1836 页。
⑥ 《明神宗实录》卷 101"万历八年六月己未"条,第 2002 页。另如:谈迁:《国榷》卷 71"万历八年六月己未"条载:"初,夷酋阿尺孛来,因停抚赏,乘虚由喜峰路董家口支径潜入青山口,杀百总金良等。"(第 4368 页)
⑦ 《明神宗实录》卷 33"万历二年闰十二月戊寅"条,第 771 页。

的一贯做法。

同时,明廷时常根据明蒙关系的变化,对抚赏事宜加以调整。如万历二年(1574年)冬,顺义王俺答率领男孙部落及河西酋妇中爱、哈屯夷酋丙兔打儿汉台吉等进贡马匹,所来人员比万历元年(1573年)增加了一百四员,明廷在"一体给赏"之时,要求俺答"以后务加节制,勿得递增"①,对入贡人数进行了限制。但即使如此,俺答诸部要求增加赏数的呼声仍旧不断,如四年(1576年)九月,俺答再次请求升赏,并将贡市人役增加至二百余员。对此,神宗照请升赏,并命总督方逢年"传示虏王,虔守约束,毋得每岁求增,以乖忠顺",并将此次升赏数目"著为令"②。另外,值得支持的是,这一时期,朵颜三卫频繁入贡,人数一般在二百至三百名之间,相对俺答诸部人员较多。③

张居正改革后期,蒙古诸部求贡频繁,求赏人数年增岁益,给明朝经济造成较大压力。这一点,时人王焘所言甚明:"北虏连年求贡与市者,非慕中华之义,畏中国之威,不过利中国之财耳。恐有限之财,不满无穷之欲,将来岁岁索之,不知可长继乎? 既不可长继,则边方不可以长恃,既不可长恃,则非御虏之长策可知矣。"④俺答通贡之初,为争取人心,显示朝廷结好之意,明廷对于俺答诸部的请贡升赏,一般都予以允准。此后,为缓和经济压力,明廷开始改变政策,封贡赐赏由大规模的"取心"逐渐变为仪式性的活动。如二年(1574年)冬,俺答之子宾兔向明索取抚赏,张居正告诉边将"严兵固围,毋得专事抚赏为退虏之策"⑤;而且,对于每次来贡者,已经不能如同明前期那样得到多倍的赏赐,相反,仪式性的赏赐已经逐渐取代了大规模的赏赐。这样,所赏之物就远不能解决俺答诸部的生活之需了;而俺答之所以入贡,不过是例行

---

① 《明神宗实录》卷31"万历二年十一月丙申"条,第745页;谈迁:《国榷》卷69"万历二年十一月丙申"条亦载:"礼部覆宣大总督方逢时,以俺答贡使于元年增百有四员,今后宜加节制,毋递增。从之。"(第4257页)

② 《明神宗实录》卷54"万历四年九月壬子"条,第1268页。

③ 例如:隆庆六年三月,"泰宁等卫夷人升合儿等二百八人来朝贡马"(《明穆宗实录》卷68"隆庆六年癸巳"条,第1629页);隆庆六年八月,"泰宁等卫夷人二百九十名赴京庆贺万寿圣节"(《明神宗实录》卷4"隆庆六年八月丁丑"条,第177页);万历八年正月,"朵颜等卫夷人小思苦等二百三名入贡"(《明神宗实录》卷95"万历八年正月戊申"条,第1909页),等等。

④ 陈子龙:《明经世文编》卷305刘焘《答诸老北虏乞贡市书》,第3221页。

⑤ 《明神宗实录》卷32"万历二年十二月壬子"条,第755页。

明蒙盟约,以保证真正能够给他们带来实惠的互市的正常开展;而对于明朝,认为"虏众骄悍,固不可过为裁抑,以孤归顺之心;而夷性贪婪,又不可不加节制,以杜无厌之觊"①,所以既不会一概禁绝抚赏,也不会一味抚赏,而是因时制宜,适可而止。

其二,封爵。如果说抚赏是通过有限的物质给予来维系明蒙关系的话,那么封爵就是通过政治途径来满足蒙古诸部的政治要求,并使其表面上具有"臣子"、"虏官"的名号,从而建立起明蒙之间的君臣关系。诚如明人于慎行所言:"蛮夷之长,即俨然称公卿,殊亵朝廷之体,而彼又不知为何官也。龙虎将军者,公卿无此官,以号蛮夷,彼以此号壮,必甚自喜,而于命器无损,人之识趣高下,于此迥然。"②

万历初,承袭旧制,赐爵授职一般是在蒙古诸部入贡与抚赏时一并进行。按例,先由部落首领或明朝边臣奏请,神宗皇帝根据情况加以封赐。二年(1574年),明廷对蒙古诸部的封爵事宜作了专门规定:以本年所封爵数量(数十人)为定例,以后不许随意增加,"以滋冒滥"③。对于俺答诸部,其亲属首领、子侄头目等一般依次封为都督同知、指挥、将军、千户、百户等官,此与俺答封贡时的封赐并无二致。如六年(1579年),升俺答诸酋且且台吉等十九名副千户,讨二儿恰、大歹布等七人为百户,力免把独儿台吉袭其父为指挥同知。④七年(1579年)八月,俺答差酋长赍捧表文进贡物,其部下头目各进贡马匹,明廷封俺答子孙头目答度台吉等二十二名,俱为百户职衔。⑤ 八年(1580年)八月,俺答差酋长恰占吉等赍表来贡,神宗命加其次子不他失礼为骠骑将军,常汉我不艮台吉等各授百户,并赐敕书一道加以确认。⑥ 有还会授予各部落首领一个像散官之类的荣誉称号,如元年(1573年)十一月,授都督同知黄台吉等散官,仍给敕书一道。⑦ 当然,所封官职爵位可以由子弟世袭,也可以随时

---

① 《明神宗实录》卷29"万历二年九月癸巳"条,第715页。
② 谈迁:《国榷》卷69"万历三年八月辛未",第4273页。
③ 《明神宗实录》卷29"万历二年九月癸巳"条,第715页。
④ 《明神宗实录》卷78"万历六年八月辛丑"条,第1684页。
⑤ 《明神宗实录》卷90"万历七年八月庚寅"条,第1856页。
⑥ 《明神宗实录》卷103"万历八年八月己未"条,第2002—2023页。
⑦ 《明神宗实录》卷19"万历元年十一月辛卯"条,第536页。

予以取缔；一些部落的子弟要继承部落首领之位，有时必须由俺答代为请封。如，吉能死后，"其子得如三卫例袭替，但宜令顺义为之代请"①；把都死后，亦令俺答奏请，让其子袭职，管束其部落。② 个中缘由，张居正明确指出："盖昔之乞封贡马，皆处俺答意，今以此委之，则西部有所约束，而中国之体益尊。"③

至于福余、朵颜、泰宁三卫，其首领一般授为卫指挥佥事，其他头目如若有特殊贡献也会被授予卫指挥佥事。例如万历三年（1575 年）十月，朵颜卫头目莽吉、泰宁卫头目卜巷各有进马、传报之劳，加升都指挥佥事，并给予敕书。④四年（1576 年）三月，"以报事有功"，升福余卫头目那颜字来为都指挥佥事。⑤十年（1582 年）三月，以福余卫头目伯忽阿儿扎脱力伯忽"恪修职贡，传报虏情"，亦升为都指挥佥事⑥，等等。

总之，作为控驭各部首领的一种手段，明朝统治者把封爵授职视为对蒙古诸部"向化"的一种回报；而对于蒙古诸部，"知慕天朝封号之荣"⑦，能够得到明廷的一官半职自然是也是一种荣耀，双方正是出于这样不同的意愿和目的，使得封爵一途在万历初年成为解决和维系双方关系的重要途径，并发挥了重要作用。

其次，积极争取与其他蒙古部落进行通贡。一如前述，张居正改革期间，以俺答为首的子侄、亲属部落基本能够在俺答的管制下，主动遵守盟约，积极与明通贡。但也有一些部落，仍然徘徊在贡与不贡之间，甚至一度纠众犯明。对于这些部落，明廷采取了较为灵活的策略，"逆则威之，顺则怀之"⑧，争取与其通贡。如，俺答部属永邵卜（永谢布部）"贪嗜关市财物，可招而致"⑨，但由于受东部土蛮的牵制，不能顺利与明通贡，且一度产生了窥边入犯之意。对

---

① 张居正：《张太岳集》卷 24《答三边总督戴缙庵》，第 288 页。
② 张居正：《张太岳集》卷 24《答总督王鉴川计处黄酋》，第 286 页。
③ 张居正：《张太岳集》卷 24《答三边总督戴缙庵》，第 288 页。
④ 《明神宗实录》卷 43"万历三年十月辛卯"条，第 980—981 页。
⑤ 《明神宗实录》卷 48"万历十年三月甲辰"条，第 1097 页。
⑥ 《明神宗实录》卷 122"万历十年三月癸酉"条，第 2282 页。
⑦ 《明神宗实录》卷 72"万历六年二月甲辰"条，第 1558 页。
⑧ 《明神宗实录》卷 35"万历三年二月己丑"条，第 823 页。
⑨ 张居正：《张太岳集》卷 24《与王鉴川言房王贡市》，第 291 页。

此,明廷嘱咐边将"以大义责之,以小利诱之"①,最终防止了永邵卜"东合土蛮为蓟镇害"②局面的出现,对当时经常入犯明边的土蛮诸部形成了一种牵制,避免了敌对力量的增强,有分化瓦解之效。又如,万历初,朵颜卫都督长昂曾屡次入犯,三年(1575年)二月,明朝俘获其叔长秃,长昂率部哀乞释放,并"诚心悔祸,永坚效顺,补进贡物"③。以此为契机,明廷许可长昂的请求,照旧抚赏。④此后,长昂每年都入贡方物,双方恢复了和睦相处的关系。七年(1579年)七月,炒蛮嫛只等曾因挟赏不遂,遂入犯明边,结果其部落酋长老起太等人被擒,炒蛮无奈,便与挨台必等率众叩关伏罪,誓不背反。鉴于此,明廷复开贡市。⑤另如,俺答少子丙兔曾侵扰明边,且"有不逊之言",对此,张居正提出"令俺酋戒谕,令其悉心效款,待来岁再乞,然后许之"。⑥明朝统治者之所以能对这些部落表现出一种宽容的态度,不仅是一时的权宜之计,也是有长远打算的,时任兵部尚书的方逢时有言:

> 夷狄虽非族类,良心则同,年来言听计从,惟吾信义感动,须敦崇大信,消其疑贰,而又喻之以礼,示之以法,信义相成,贡市可久。……在今日贡市,不变则羁縻如常,间有不至,亦不之强别,有疑慢晓,以信义甚有叛迹,即闭关严防,悔罪复求,仍略其往过。在他日俺答老死,族属相争,或借我为援,或举部归附,宜因其去就顺逆,以推己固存。⑦

当然,对于骚扰明边,破坏民族关系,又坚决不予悔罪、臣服的部落,明廷便坚决禁绝其贡,以示惩罚。如四年(1576年)十二月,打喇明安属部银定台

---

① 张居正:《张太岳集》卷24《与王鉴川言虏王贡市》,第291页。
② 张居正:《张太岳集》卷24《与王鉴川言虏王贡市》,第291页。
③ 《明神宗实录》卷35"万历三年二月己丑"条,第823页。
④ 《明神宗实录》卷35"万历三年二月己丑"条,第823页;《张太岳集》卷26《答蓟镇吴环洲》,第322页;谈迁:《国榷》卷69,万历三年二月,第4263页。
⑤ 《明神宗实录》卷89"万历七年七月戊申"条,第1836页。
⑥ 张居正:《张太岳集》卷26《答蓟辽方金湖》,第321页。
⑦ 《明神宗实录》卷67"万历五年九月甲寅"条,第1457—1458页。

吉部,掠取明朝官军十余名,神宗即下令"绝其贡"。①

再次,继续利用顺义王俺答管制其他诸部。俺答封贡以来,鉴于俺答在蒙古诸部中的重要地位及其多年来能够恪守盟约,与明结好②,所以,明廷始终将其作为天然的代言人来管制蒙古诸部。应该说,这种"以夷制夷"的民族政策在明代历史上并不新鲜,但在万历初年,由于俺答诸部之间有着密切的血缘关系或婚缘关系,从而使俺答在整个部落中间除了拥有至高的"大汗"地位外,也拥有了更具影响力和权威性的家长身份。因之,一个天然的、稳定的俺答蒙古集团自然形成了。张居正等人正是看到了这一点,所以巩固与俺答的关系自始至终是明廷处理明蒙关系的关键和重点,而俺答也自始至终成了明廷"恩威"在蒙古草原上的延伸,着实发挥了重要作用。一方面,明廷借助俺答约束一些不守规矩的部落。例如,万历八年(1580年)七月,西海丙兔纠众越过黄河抢掠西番,掠抢汉人头蓄,顺义王俺答遂驰书切责,丙兔悔罪,送还所掳人口。③ 又如,九年(1581年)十月,"北虏"银定偼不浪等抢掠北边独石等处,明朝遂命俺答随遣头目恰台吉等,惩治其部长满伍大青把都等人。事后,明廷赏赐俺答大红蟒衣、白金、彩段等物。④ 同时,对于土蛮等入犯明边的部落,俺答经常派遣部下探视其动向,并报告明廷。而对当时黄台吉、老把都二酋,明廷宣谕俺答令其钤束,一同效顺,"如二酋顺逆不常,必因事诘问"⑤。另一方面,俺答代明廷向各部落传谕朝廷恩威,以彰信义。为此,明廷还赐给顺义王俺答镀金银印一颗,让其"荣示诸部"⑥。例如,万历二年(1574年)二月,宾兔率部落千余骑打算抢掠西番,明廷即命顺义王俺答严谕宾兔厉害关系,宾兔遂放弃计划,感戴朝廷恩威。⑦ 又,万历八年(1580年)七月,明廷令顺义王俺答传谕河套、松山(在今甘肃省天祝藏族自治县境内)诸部,要求其"恪守贡

---

① 《明神宗实录》卷57"万历四年十二月癸未"条,第1321页。
② 据《明史》卷327《鞑靼传》载:隆庆和议后,俺答"自是约束诸部无人犯,岁来贡市,西塞以宁"。(张廷玉:《明史》卷327《鞑靼传》,第8488页)
③ 《明神宗实录》卷113"万历九年六月甲寅"条,第2158—2159页。
④ 《明神宗实录》卷117"万历九年十月辛丑"条,第2202页。
⑤ 《明神宗实录》卷19"万历元年十一月乙巳"条,第539页。
⑥ 《明神宗实录》卷12"万历元年四月丙辰"条,第391页。
⑦ 《明神宗实录》卷22"万历二年二月癸丑"条,第579页。

市,如有生事作歹者,一体处治"①,凡此等等。但应该看得到,利用俺答管制其属部,其能力也是有限的。万历初,包括其子丙兔、宾兔在内的一些属部也经常不受俺答管制而垂涎边境,入犯内边,"蚕食诸番"②。万历十年(1582年),俺答去世,其夫人三娘子以"顺义夫人"的身份,继续扮演了明廷的代言人,约束蒙古诸部,但已经没有俺答时那样有效果了。

(二)互市贸易

随着俺答封贡的实现,隆庆五年(1571年)夏,又恢复了互市贸易。自此,俺答汗钤束部属,严遵盟约,每岁贡市,"交易不绝"③,蒙古人与中原汉族的经济联系更为广泛和紧密。明朝在张家口堡(今河北张家口市)、大同得胜堡(今山西大同得胜堡村)、山西水泉营堡(今山西偏关县水泉营村)及宁夏花马池(今宁夏盐池)开设马市。其中张家口同喀尔沁部互市;得胜、水泉营同土默特及永邵卜部(永谢布部)互市;花马池同鄂尔多斯部互市。因贸易迅速扩大,从隆庆六年(1572年)始,又陆续在大同新平、弘赐、守口、助马、宁虏、保安、杀胡、云右、迎恩、灭胡堡等处增设十市;此外,山西还增设了老营堡市(今山西省偏关县境内);在定辽右卫军开永奠堡互市;④宁夏增设清水营、平虏卫、中卫三市;甘肃新开洪水、扁都口、高沟寨、庄浪等市。⑤ 综之,自宣府迄西共设置固定市场二十处。万历二年(1574年)冬,准许丙兔市于甘肃,宾兔市于庄浪(今属甘肃),每岁一次⑥,解决了隆庆年间二酋经常入犯的问题。

明朝的官方贸易以购马为主,每年各镇购马的数量及马价银两,都有一定的限额,如万历三年(1575年)七月,按照总督宣大山西方逢时的奏请,规定宣府每年购马一万八千匹,马价银十二万两;大同一万匹,价银七万两;山西六千匹,价银四万两等。⑦ 至于购马银两,除兵部统一拨发外,余银由各镇在客饷、

---

① 《明神宗实录》卷113"万历九年六月甲寅"条,第2195页。
② 《明神宗实录》卷37"万历三年四月甲戌"条,第858页。
③ 方孔炤:《全边略记》卷2《大同略》,《续修四库全书》本,第738册,第287页。
④ 谈迁:《国榷》卷69"万历四年三月庚子",第4286页。
⑤ 万历《明会典》卷107"礼部",第578页。
⑥ 张廷玉:《明史》卷330《西域二·西番诸卫》,第8546页。
⑦ 《明神宗实录》卷40"万历三年七月丁酉"条,第919页。

桩朋、商税等项内开支。总体来看,在张居正改革期间,随着双方贸易的不断扩大,官方贸易额也迅速增长,如五年(1577年),大同镇购马数额增至一万四千五百匹,价银增至十万两。① 七年(1579年),增宣府互市二万两。② 又如,昌蓟二镇,原来每年购马匹约用银四万九千六百八十余两,自隆庆六年(1572年)始,每年增发二万五千四百两。③ 根据有关资料所载,自隆庆五年(1571年)至万历三年(1575年),宣府、大同、山西镇官方购马递增情况如下:

年别 镇别	隆庆五年	隆庆六年	万历元年	万历二年	万历三年	万历四年	万历十年
宣府	1,993匹	902匹	7,810匹	14,500匹	18,000匹	/	/
大同	2,096匹	4,565匹	7,505匹	7,670匹	10,000匹	12,000匹	/
山西	2,941匹	2,378匹	3,788匹	5,000匹	6,000匹	10,000匹	/
总计	7,030匹	7,845匹	18,103匹	27,170匹	34,000匹	/	50,000匹

资料来源:《明穆宗实录》卷60;《明神宗实录》卷7、卷40、卷41;《万历武功录》卷8《俺答列传下》;王鸣鹤《登坛必究》卷38 总督宣大尚书郑洛《备陈贡市事宜》。

可见,在张居正改革期间,官市马匹的交易额大大增加。而从俺答封贡的隆庆五年(1571年)来看,相较此前几年,交易数额增加的幅度并不大。如嘉靖三十年(1551年),各镇易马数额为:大同镇2700余匹,宣府2000余匹,延、宁二镇5000余匹④,这个数字与隆庆后期的交易数额相当。这就表明万历初是明代后期明朝与蒙古马市交易的一个高峰。

除马匹而外,万历初年,同时交易的品种也有所增加。概言之,蒙古人一般以马、牛、羊、骡、驴以及马尾、羊皮、毡裘、柴草、木材诸物,换取中原地区的缎、布、绢、棉花、米、盐、糖果、梭布、水獭皮、改机、针线索诸物,但禁止交换硝磺、钢铁、盔甲、弓箭、兵刃、蟒缎等。而对蒙古诸部而言,在互市中最急需的主要是铁锅、农器,所以在入贡互市时经常要求获得此类物品。对于铁锅,明廷

① 王士琦:《三云筹俎考》卷2《封贡考》,第415—416页。
② 谈迁:《国榷》卷70“万历七年二月丙戌”,第4342页。
③ 《明神宗实录》卷5“隆庆六年九月甲申”条,第186页。
④ 《明世宗实录》卷372“嘉靖三十年四月丙戌”条,第6654页;卷373“嘉靖三十年五月庚戌”条,第6663页;卷380“嘉靖三十年十二月甲寅”条,第6731页。

一般都会限量给予,如二年(1574年)十二月,明廷在山西、大同二镇,各备锅数百,以预备与俺答诸部互市。① 但明廷对农器的控制则较为严格,如同年十月,俺答等求以铁锅、农器互市,对铁锅明廷决定照朵颜三卫例量给若干,但农器则"不必概给"②。明廷之所以这样,无非是担心蒙古人利用农器制造武器而已,但对蒙古地区而言,却不利于农业经济的发展。这再次反映了明朝开展互市的真正的原因是为了维系双方政治上的"君臣"关系,并不是为了发展蒙古的社会经济,走共同发展的道路。

为了缓和矛盾,明廷在开放官市之时,还在官市完竣后,允许蒙古牧民与汉族商、民、兵士等互相贸易,称为民市。民市的设立是明后期马市的一大发展,尤其在万历初年,发展更快。在民市贸易中,蒙古牧民以杂畜、畜产为主,汉族货物除兵刃、硝黄、蟒缎等违禁物品不得出售外,米布、猪盐、马匹等均可上市出售,各镇"广召商贩,听令贸易,布帛、菽粟、皮革远自江、淮、湖广"③。而且,在互市过程中,民市、商市在交易规模上并不亚于官市,往往会超过官市的交易额。以隆庆五年(1571年)牲畜交易为例,如表所示:

表 3.隆庆五年(1571年)明蒙牲畜交易表

市场	交易时间	官市	价值	私市	抚赏
大同得胜堡 (俺答部)	五月二十八日 至六月十四日	1,370 (马匹)	10,545 两	6,000 (马驴骡牛羊)	981 两
新平堡 (黄台吉、摆要、兀慎等)	七月初三至十日	726 (马匹)	4,253 两	3,000 (马骡牛羊)	560 两
宣府张家堡 (昆都力哈、永邵卜大成)	六月十三至二 十六日	1,993 (马匹)	15,217 两	9,000 (马骡牛羊)	800 两
山西水泉营 (俺答、土蛮、委兀慎)	八月初四日至 十九日	2,941 (马匹)	26,400 两	4,000 (马骡牛羊)	1,500 两

---

① 《明神宗实录》卷32"万历二年十二月丁未"条,第750页。

② 《明神宗实录》卷30"万历二年十月乙卯"条载:"督抚宣大山西侍郎方逢时奏,北虏顺义王俺答等恭进,仍请贡使入京,求以铁锅、农器互市,并下头宰牙赤我等乞量授副正千户。部覆如议,但农器不必概给,铁锅照朵颜三卫例量给若干。"(第727页)谈迁:《国榷》卷69"万历二年十月乙卯"条,第4255页。

③ 张廷玉:《明史》卷222《王崇古传》,第5842页。

续表

市场	交易时间	官市	价值	私市	抚赏
总计		7,030（马匹）	54,675两	22,000（马骡牛羊）	3,841两

资料来源:《明穆宗实录》卷61"隆庆五年九月癸未"条,第1492—1493页。

可见,在同一时间内,私市交易牲畜的数量远远多于官市。同样的现象在张居正改革时期的其他年份也有类似的表现。如,隆庆六年(1572年)八月,延绥互市,官市易马一千五百余匹,而商余易马一千八百余匹。[①] 万历三年(1575年)十二月,陕西总督石茂华奏,与蒙古人互市,官易马二千一百四匹,牛羊五十八只,而民易马、骡、牛、羊共二万二千有余。[②] 然而,殊堪一提的是,在平时,民间贸易是严格禁止的,甚至不许明蒙百姓私下往来,对于"出入无时,潜出外境"者,令边臣严密盘诘,"有无故擅出塞外者,即拏审重究"[③],"民间违禁私易者罪"[④]。同时,明朝还责令蒙古部落酋长、头目等在互市时担任监市官,或者市长[⑤],其目的不仅在于保证互市的正常进行,更主要的是约束和查处民间互市违禁物品。在开市之日,明廷还要责令各部首领"务要严部落,恪守法度",各镇督抚也要严督将领多方防范,以免发生意外。[⑥] 明廷之所以这样,主要原因是担心双方百姓互相来往,会互为勾引,造成人心涣散,但其客观结果,却隔绝了民间百姓更广泛的交往和交流,阻碍了民族融合的进程。

平心而论,张居正改革时期,虽然互市规模不断扩大,客观上有利于明蒙之间的交往,暂时解决了双方之所需,但长远来看,实际并未给明蒙双方带来多大益处。就明朝而言,一方面,互市所需钱粮日见增加,"国家以贡市为权宜,以战守为实事。若徒竭我之财,供虏之欲,堕彼之计,懈我之防,谋国亦甚

---

① 《明神宗实录》卷4"隆庆六年八月己未"条,第141页。

② 《明神宗实录》卷45"万历三年十二月丙子"条,第1013页。

③ 《明神宗实录》卷96"万历八年二月戊戌"条,第1937页。

④ 《明神宗实录》卷36"万历三年三月癸丑"条,第844页。

⑤ 《明神宗实录》卷17"万历元年九月戊戌"条载:"以酋首隐布台吉等监市勤劳,给赏彩段、衣服,仍赐各夷敕谕一道,以示嘉奖。"(第508页)卷96"万历八年二月戊戌"条载:"每市酋首一人主事内,卜失兔阿不害、切近黄台吉、宾兔台吉、丙兔台吉四酋为长。宜给之敕谕,量加赏赍,仍优以市长名目,令其约束本市酋夷。"(第1936页)

⑥ 《明神宗实录》卷43"万历三年十月壬申"条,第967页。

疏矣。部覆向议市规,夷马有增,即以桩头等银济用,不得挪移客饷,致匮边储"①。在一段时间,为了互市,甚至不得不动用军饷。如七年(1579年),宁夏镇借支客兵银二万,备八年互市支用。九年(1581年),该镇又由于互市少银一万七千余两,又从本镇借客兵银二万两。② 但纵然如此,在万历初年,所"兑换之胡马",却"半皆倒损"③,加之在相对和平时期,所购马匹并无用武之地,却成了边政的重要负担。所以三年(1575年)七月,总督宣大山西方逢时曾建议市马"额数以后再不许加增"④至六年(1578年)九月,巡按直隶御史黄应坤也提出限制马数的建议,他说:

> 臣自奉命出关周历两镇,岁有四月矣,三出塞外,再睹市成。……诸夷之狡黠,惟货利是图,日增岁益,推之将来,或难其继也,审事机之会,酌操纵之宜,使之有所利而不欲畔,无所挟而不敢骄,则庶乎吾之力可支,而虏之盟可久,是今日之所当计虑而不容缓也。……虏款已久,羁縻无失,彼方系恋于吾市赏之利何肯背叛。以故青酋东收讨孙,而不敢犯蓟镇之外疆,俺酋西历西番,而不敢扰甘肃之内境,又如近日张家口虏哱被创竟隐忍以毕市而去,此其不欲渝盟,以自失其厚利有明徵矣。臣故知虏之无异志也,但犬羊之性,惟事贪求市马,岁增无所厌足,此虽二镇之所同,而宣府为甚。盖在大同,以一镇而当俺酋之一大枝,虽黄、奢父子素称桀骜,然市马之所增,岁犹不过数百匹,故尚可以勉强支吾。在宣府,以一镇而当青、永之二大枝,而又有独腊台吉、打刺明安二小枝及夷妇太松等诸酋,部落既多,而青酋诸兄弟又皆强悍难驯之虏,七八年来,市赏之增亦极矣。以宣镇之人数言之,方互市之初,虏马不及二千匹,今岁已市者二万五六千矣,迨及岁终当不下四万,每岁辄增数千匹,夫马以数千计,则银以数万计,非小小增益也,且今岁增矣,明岁又增,明岁增矣,又明岁又增,其在于今视始市不啻二十倍,而犹未可以为限也,后将何所底极哉! 盖缘青酋与

---

① 《明神宗实录》卷47"万历四年二月甲申"条,第1073页。
② 《明神宗实录》卷110"万历九年三月甲申"条,第2114页。
③ 《明神宗实录》卷51"万历四年六月己丑"条,第1195页。
④ 《明神宗实录》卷40"万历三年七月丁酉"条,第919页。

土蛮及属夷朵颜诸房皆为亲姻,又相和好,故每来必带东房之马入市,而抽分其官货,又以其马所卖之官货转贩他房之马来市,可得利一二倍,是以其利愈厚,其马愈多,若少加阻拒,则愤然欲去以要,我边臣思以保全市事,惧激其变而开边隙,率迁就以从其欲,然市本有限,而房马无穷,或多方措处,或委曲那移以应之,迄今则措处已极,而那移者无所施矣。即使诸房来岁之马,不加于今岁,然且不给,况贪而无厌者,房性之常将岁岁增矣,而又何以应之哉!窃谓为今之计,惟无惜乎变盟为其所挟,庶可以止其马之岁增,又必止之于未来之先而后拒之于已来之际,庶可免其猝然之变。①

因此,黄应坤建议坚决限制市马数量。其中的"黄"是指俺答长子辛爱黄台子,"奢"是指辛爱奢力克,"青"是指青把都,"永"是指永邵卜部(永谢布部)。

另一方面,由于明廷在互市中存在偏见和顾忌,时常会由此而引起许多矛盾冲突,甚至破坏与某些部落的关系。如土蛮、宾兔、丙兔等部之所以在万历初与明朝冲突不断,究其原因就在于明廷拒绝与其互市;②甚至当俺答要求在洮州、甘、凉等处开市时,也被明廷以"不便于互市"为由予以拒绝。③ 同时,明廷在与蒙古诸部的互市中,不仅防止中原百姓与蒙古人过于紧密,也防止其他少数民族百姓与蒙古人有所接触。如俺答曾上书请求象西番藏族那样与明茶市,却遭到拒绝,理由是:

今俺答求市茶者,意不在茶,在得番人耳。夫洮西一带,抵嘉峪、金城,绵互数千里,番族星罗,房之不敢长驱,而南以番为之蔽也。顾番人以茶为命,一日无茶,则病且死,我祖宗于西宁、甘州、洮河建置茶市,岁事招中,故番人之命悬于中国,俾世受约束,藩我西土。脱以茶市假之房,房遂利而专意于番,番求生而制命于房,番房合为之心失则河以西无复安枕日

---

① 《明神宗实录》卷79"万历六年九月甲戌"条,第1701页。
② 《明神宗实录》卷33"万历二年闰十二月己丑"条,第777页。
③ 《明神宗实录》卷84"万历七年二月癸巳"条,第1769页;谈迁:《国榷》卷68"万历元年七月丁未"条,第4229页。

矣。上题之兵部,茶市不许。①

同样的意思,可从巡按陕西御史傅元顺的话中也可以窥得一二,他说:

> 番人以茶为命,每岁中马六千有奇,中国特以制番。近议与西海丙兔
> 开市,即以招番余茶,用易房马,将使番人仰给于房,彼此势合,贻患
> 匪细。②

可见,明廷之所以决绝与蒙古茶市,主要在于"若假茶市以与房人,我须以茶
易房之马,房转以茶系番之心"③,担心蒙古人以茶与番人结好,使番人受制于
蒙古人,"彼此势合",从而不利于明朝边疆统治。很明显,这一认识和做法,
是不利于各民族之间的和平交流的,也难免在各民族之间引起矛盾,甚至加剧
民族之间的冲突。例如,万历六年(1578 年)八月,俺答少子宾兔索茶市,明廷
拒绝,遂挟俺答强掠熟番甘藏诸族,大获,"自此番人苦房"。④

　　万历初年,张居正改革集团与蒙古诸部封贡互市,改善了明蒙关系,暂时
赢得了北边的安宁和社会经济的发展。然而,贡市并非谋求民族关系和睦发
展之长策,单凭贡市并不利于我国多民族国家的巩固和发展。对蒙古诸部而
言,单纯的抚赏和有限的互市也很难满足蒙古贵族的物质要求,更难以提供蒙
古百姓的生活之需;更具影响的是,一味的依赖贡市,不仅不能真正推动蒙古
社会的健康发展,反而遏止了其内部社会经济的发展动力,限制了本民族谋求
自我发展的空间,导致在经济上难以独立,进而走民族特色的发展道路。对于
明朝而言,张居正改革期间,作为明朝处理民族关系的权宜之计,贡市并非最
终目的,诚如张居正认为的那样,当初和俺答封贡的目的在于:"今边防厉害
不在于那吉(俺答之孙)之与不与,而在彼求和之诚与不诚,若彼果出于至诚,

---

① 谈迁:《国榷》卷 70"万历五年九月己未"条,第 4318 页。
② 《明神宗实录》卷 47"万历四年二月己巳"条,第 1058 页。
③ 《明神宗实录》卷 74"万历六年四月丁亥"条,第 1605 页。
④ 《明神宗实录》卷 74"万历六年四月丁亥"条,第 1604 页;《国榷》卷 70"万历六年六月己
酉"条,第 4338 页。

假以封爵,许其贡市,我得以间修战守之具,兴屯田之利,边鄙不耸,稽人成功;彼若寻盟,则我示羁縻之义,彼若背盟,则兴问罪之师,胜算在我,数世之利也。"①可见,从理念上,张居正改革集团同样未能打破陈规,建立起一个双赢互利的交往机制。这些局限的存在,乃时代使然,也与明廷确立通贡互市的民族理念一脉相承息息相关,即始终认为贡市作为"中国御夷长策"②的根本目的在于"羁虏"③,所谓"与虏非爱其贡也,非利其市也,羁縻之而已"④。

三、逢侵阻战,招抚瓦解

张居正改革时期,明蒙关系以和为主,但土蛮等东部蒙古诸部时常内犯,与明发生武力冲突,"今西虏为贡市所羁,必不敢动,独土蛮一枝力弱寡援制之为易"⑤。应该说,这一局面的存在符合中国历史上民族关系发展的基本趋势和规律,同样反映了民族融合的必然性和长期性特征。针对这些部落的入犯,明廷的态度除了绝贡禁市外,还采取了逢侵阻战,分化瓦解等民族政策。

(一)逢侵阻战

在中国历史上,北方少数民族在长期的生存发展过程中,"战争便成为每一个这种自然形成的集体的原始的劳动形式之一,既用以保护财产,又用以获得财产"⑥。张居正改革时期,与北方少数民族的战争主要发生在辽东地区。当时辽东三面临敌,西为土蛮,北为朵颜三卫,东为女真。土蛮、朵颜三卫和建州女真,民族不同,民俗与生活方式也大相径庭,但都劫掠辽东。这种情况一

① 张居正:《张太岳集》卷22《与王鉴川谋取板升制虏》,第268—269页。
② 《明神宗实录》卷19"万历元年十一月戊寅"条,第529页。
③ 《明神宗实录》卷110"万历九年三月甲申"条,第2114页。
④ 陈子龙:《明经世文编》卷321方逢时《为陈边务申虏情以定国是以永大计事》,第3429页。
⑤ 张居正:《张太岳集》卷26《答方金湖计服三卫属夷》,第318页。
⑥ 马克思:《资本主义以前的社会形态》,《马克思恩格斯全集》第46卷(上),人民出版社1976年版,第490页。

方面使辽东的战事不断,另一方面,也使辽东地区的民族关系颇为复杂性。张学颜、李成梁任职辽东后,采取措施加强防务,对北犯者给以严厉打击。尤其是李成梁作战敢于深入,每每获胜,"威震绝域"①。

土蛮是鞑靼小王子迁徙东方后的称谓。隆、万之际,其本部住于会州(今热河平泉县南)一带。较强大的除土蛮外,还有其父黑石炭,弟委正,从弟煖兔、拱兔,子卜言台周等。万历初,他们频年入犯辽塞,其中土蛮的进犯规模最大,次数最多。据《明神宗实录》等文献所载,土蛮诸部入犯的史实,如下表所示:

表 4.张居正改革时期土蛮诸部入犯史实系年表

时间	战况	史料出处
隆庆六年八月	辽东抚臣张学颜奏报虏骑入犯,副总兵赵完等追堵斩首一百八级。	《明神宗实录》卷 4
隆庆六年九月	土蛮兵万余人犯沙河驿等处,总兵官李成梁等驰至,结营而去。	《明神宗实录》卷 5 《国榷》卷 68
隆庆六年十一月	辽东总兵官李成梁败土蛮于辽河。	《明神宗实录》卷 7
万历元年四月	土蛮犯铁岭、镇西等堡。李成梁斩五十七级,获马二百余匹。	《明神宗实录》卷 12 《国榷》卷 68
万历元年九月	虏酋歹青卜言、兀专难及切尽黄台吉等各有窥犯之谋。	《明神宗实录》卷 17
万历元年十月	东虏兀鲁思罕等三千骑犯辽东寺儿山台,总兵李成梁拒却之,斩七级。	《国榷》卷 68
万历三年二月	辽东谍报虏酋土蛮入犯,分为二枝,东住雕背山,西住广平山。	《明神宗实录》卷 35
万历三年春	土蛮犯长勇堡,李成梁击败之。	《明史》卷 238《李成梁传》
万历三年十二月	虏入平房堡,副总兵曹簠驰援斩首十一颗,得马四十余匹;总兵李成梁邀其归路,斩获首级一百九十六颗,马凡三百匹。	《明神宗实录》卷 45
万历四年三月	土蛮、速把亥等纠集东攻开原,西抢宁前、锦义。	《明神宗实录》卷 48
万历五年五月	土蛮入犯锦州。时值大雨移日出境。壬子,复拥众入边,分攻镇城并镇静团山等堡,见城堡有备,又值连宵大雨,次早遁去。	《明神宗实录》卷 63

① 张廷玉:《明史》卷 238《李成梁传》,第 6190 页。

续表

时间	战况	史料出处
万历五年十二月	土蛮、速把亥联合犯边。	《明神宗实录》卷72
万历六年正月	有劈山之捷。	《明神宗实录》卷83
万历六年二月	斩获土蛮等四百三十级。	《明神宗实录》卷72《万历邸钞》"万历六年三月"条
万历六年六月	有镇静之捷。	《明神宗实录》卷83
万历六年十二月	速把亥会合土蛮、黄台吉等三万余骑入犯,东昌堡总兵官李成梁率游击秦得倚等击破之,斩酋首九名,并首级八百八十四颗。	《明神宗实录》卷83
万历六年五月	土蛮、速把亥等入犯,斩四百七十级。	《国榷》卷70
万历六年十二月	辽东大捷,斩馘至八百余级。	《明神宗实录》卷82
万历七年三月	虏千余骑入永奠堡,十岔口,李成梁命孙朝梁击之,虏败走,成梁穷追,……力攻破之,斩七百五十四级,夺获男妇百六十人,马三百六十一匹,我伤死百九十人,失马三百四十五匹。	《国榷》卷70
万历七年九月	土蛮四万骑犯前屯锦川等堡,总兵梁梦龙总兵李成梁严备,率关兵御却之。	《国榷》卷70
万历七年十月	酋土蛮等统四万余骑从前屯锦川营等堡,深入攻掠,敕蓟镇总督梁梦龙并辽东镇总兵李成梁等严加哨备,酌发兵赴援,并力逐剿。	《明神宗实录》卷92《明史》卷327《外国八·鞑靼传》
万历八年正月	土蛮、速把亥等乘河冻冰坚纠众入驻辽河犯锦义等处,总督尚书梁梦龙等提兵远击,三军奋勇,大破之,斩四百七十余级。	《明神宗实录》卷95《国榷》卷71《万历邸钞》"万历八年正月"条
万历八年十月	东虏数犯锦义,以有备而遁。	《国榷》卷71
万历八年十一月	大虏纠众入犯锦义、大凌河右屯等处,总兵李成梁督率将领军丁,奋勇邀击出境,颇有斩获。	《明神宗实录》卷106
万历九年正月	虏五百余骑犯辽阳长宁堡,击斩五级。	《国榷》卷71
万历九年正月	大虏二万余骑犯辽东,从大镇堡入,突攻锦州,分掠小凌河、松山、杏山等处,总兵李成梁督兵驰援,斩获虏首一十八颗,翌日虏出境,初九日虏二百余骑犯辽阳,长宁堡副总兵曹簠帅兵迎敌,斩虏首二颗。	《明神宗实录》卷108《国榷》卷71
万历九年二月	东虏土蛮、黑石炭等纠众谋犯广宁,屯住边外,李成梁督前锋精锐奋勇夹击,斩获虏首三百四十三颗,内有名酋首阿亥恰脱柰等八颗,达马四百三十四,夷器八百有奇。	《明神宗实录》卷109《国榷》卷71

续表

时间	战况	史料出处
万历九年十月	东房土蛮纠众十余万从镇安、镇静二堡入边，分攻广宁、义州、十三山等处。总兵李成梁率军丁奋勇敌战，至十四日前房从大清大静路退还，各营斩首十八颗，内名酋二颗，获马驼夷器等物。	《明神宗实录》卷 118
万历九年三月	房酋速把亥寇义州，总兵李成梁击斩之，俘获百余人。	《明神宗实录》卷 122《国榷》卷 71
万历九年十月	房三千骑从宁远长岭山入围连山驿，李成梁击走之。	《国榷》卷 71
万历十年三月	房酋速亥冠义州，总兵李成梁击败之，斩获百余人。	《国榷》卷 71

（注：为忠于原文，表中"房"、"夷"、"蛮"诸语保持原文，不予改动。）

可见万历初年，土蛮有时单独内犯，有时又与其他部落相联合进犯。其中单独入犯的次数较多，多以失败告终，例如万历三年(1574 年)，土蛮率大军来犯，总兵李成梁败之于卓山，斩五百八十余级。[1] 与其他部落联合入犯的次数相对较少，亦被明军所败。如万历六年(1578 年)十二月，土蛮联合速把亥、黄台吉共三万余骑，攻东昌堡(在今辽宁海城西北)，李成梁命诸将分屯要害，阻止敌人劫掠，自己亲自率精锐，出塞二百余里，斩首八百四十，获马一千二百匹。[2]

那么，土蛮为何要入犯呢？究其原因，实在于明廷在民族政策上的失误。对于土蛮而言，聚众犯明并非其最终目的，与明通贡互市才是土蛮的一贯要求，"土蛮垂涎王号，要挟求封"[3]。但对于土蛮的通贡要求，明廷却一直予以拒绝。对此，明人瞿九思有言："蛮夷猾夏，岂蔓延至今乎？何其兴之久也。土蛮胡元苗裔，又俺答君长，意中独恋贡市事，二十余年乃卒不可得老死。假令不杀土郡吏，即缚送把亥、黑石炭等款塞，如俺答献赵全故事，即予之以市，亦无不可者，而乃欲以兵要挟我，我谁从哉？祸福无门，惟人所召，土蛮始入

---

① 张廷玉：《明史》卷 327《鞑靼传》，第 8488 页。
② 《明神宗实录》卷 83"万历七年正月戊辰"条，第 1800 页。
③ 《明神宗实录》卷 63"万历五年六月丁卯"条，第 1404 页。

辽,终入蓟,实西虏三卫道之,皆于土蛮无益,自底灭亡。"①无奈,土蛮便挟市抢掠,大肆内犯,武力的劫掠在某种程度上成了试图打开互市道路的一种手段。但即使如此,明廷仍然要求"边臣不得迁就,再踵互市之请"②,而是督申饬兵备,以武力阻战。如此一来,土蛮内犯失败,又要报复,再犯,又败,这样就形成了万历初土蛮屡犯屡败,辽东战乱不休的局面。这一事实再次表明:"历史上北方民族与中原王朝间的战争是由于中原的封建统治者的民族压迫政策与经济封锁政策,和北方民族统治者无厌的贪欲所制造的。"③

较之土蛮部,朵颜三卫的入犯较为收敛。一如前述,在很长时间,三卫部落与明修好,以通贡为主。张居正改革期间,曾经入犯的主要是朵颜的董狐狸和长昂,泰宁卫的速把亥和其弟炒花等。如上表所示,万历三年(1575年)冬,泰宁卫的炒花联合石炭、黄台吉、卜言台周、煖兔、拱兔等二万余骑,从平虏堡(在今辽宁沈阳西北)深入向南劫掠,被李成梁等所败。万历十年(1582年)三月,速把亥率其弟炒花、子卜言兔入犯义州(今辽宁义县)。在镇夷堡(在今辽宁义县东北)遭到李成梁的伏击,速把亥败逃,被斩首百余级。

另外,张居正改革期间,除土蛮、三卫入犯辽镇外,女真族住于婆猪江(辽宁东部的浑江)流域的建州卫王兀堂和住于浑和(在辽宁东)上游的建州右卫都指挥使王杲,劫掠辽东尤甚,此详见下文。

总之,张居正改革期间,辽东地区的情况与西北、北方不同。西北有"隆庆和议",北方有戚继光的严密防卫,都赢得了较为安定的环境。而辽东地区战事不断,虽有胜利,但无持久和平。究其原因有:其一,辽东情况复杂,既有土蛮和朵颜三卫,又有女真各部。他们或单独袭扰,或联合内犯,迫使明军东抵西挡,岁无宁日,军队疲劳,百姓不得安宁。其二,明军防御较差。辽东没有西北和北方那样坚固的边墙,明军不能乘墙固边,土蛮等则出入较为方便。其三,明廷在民族政策上的失误。按理,对于少数民族头面人物的内犯,应该"恩威并施",一方面要加强防御,另一方面要进行招抚。但明朝对辽东土蛮

---

① 谈迁:《国榷》卷71"万历八年正月乙卯"条,第4359页。
② 《明神宗实录》卷37"万历三年四月丙戌"条,第874页。
③ 周良霄:《我国古代北方民族发展与民族关系中的几个问题》,载甘肃省民族研究所、甘肃省民族研究会编《中国民族关系史论文选集》,甘肃民族出版社1983年版,第337页。

等部的政策,却以武力阻战为主。对此,巡按山东御史安九域道出了其中原因,他说:"封疆之事,战守为先;若夫互市,乃一时羁縻之计。今土蛮频侵,其来讲讨者,非有向化诚心,不过明行要挟,若不察其情,而轻听之,贻累基祸,后将噬脐。惟当严饬文武诸臣,申严戒备,固守边徼。"①所以万历初,张学颜等人虽曾对土蛮等部时有招抚,但以后土蛮、朵颜求贡互市向不允许,只知一味击杀,致使民族仇怨日炽,争斗终不可解。其四,明军腐败,边将"奢侈无度"②,加之"辽东连年御虏,兵疲力寡"③,军队战斗力下降。其五,即使在辽东战乱不断之时,明廷仍将重点放在"西虏"俺答,"异时大可虑者,终西虏非东虏也"④。正因如此,明廷在东北的民族政策虽然较为强硬,随时可以拒绝土蛮等通贡之请,甚至可以付诸武力,或积极阻战,或主动剿灭,但由于没有采取长期持久的防御措施和积极有效的民族政策,所以辽东地区一直处于板荡不安之中,而这一局面的持续存在,正好为此后女真人的崛起和发展提供了契机,进而使其与朝明展开角逐成为可能。

(二)招抚瓦解

俺答封贡以后,顺义王俺答偃旗息鼓,与明修好。但是,鞑靼支部甚众,"顺义亦不能约束"⑤。如前所述,土蛮、"套虏"(踞于延绥与宁夏之间)及福余、泰宁、朵颜三卫,虽然明初即内附朝廷,但由于这些部落之间分合不定,时而相互勾结向明耀武扬威,聚众入犯;时而相互抢掠杀戮,分裂混战,长期处于叛附不常的态势。鉴于此,张居正在统兵驭将的实践中,逐渐形成了独特的战略方针:即对北方蒙古(鞑靼)各部加以区别对待,充分利用其矛盾,加以分化瓦解,执行从实力和地位出发的积极防御方针,以抚为主,以战为辅。

1.招降安抚。张居正改革时期,对蒙古诸部在被动防御,逢侵阻战的同时,对于有意归顺的一些部落,也能施以恩惠,积极进行招抚。这主要表现在

---

① 《明神宗实录》卷84"万历七年二月乙未"条,第1770页。
② 张廷玉:《明史》卷238《李成梁传》,第6190页。
③ 《明神宗实录》卷63"万历五年六月丁卯"条,第1405页。
④ 谈迁:《国榷》卷71"万历八年正月乙卯"条,第4359页。
⑤ 张居正:《张太岳集》卷31《答宣大巡抚》,第387页。

两个方面:一是对各部酋长和头目的招抚;二是对蒙古部民的招抚。

首先,对各部酋长和头目的招抚。万历初,明朝对以俺答为首的蒙古诸部封贡主和,并通过封官授爵,赐赏财物等途径进行招抚。对于这一策略,张居正的态度最为坚决,他认为,既然俺答能够顺从朝廷,恪守盟好,"奉令惟谨"①,以时纳贡,朝廷就应该"坚守恩信,益务以德怀之"②,"宜急以计结之,俾为外援"③。所以万历初年,他一直对俺答极为关注和尊重,大凡俺答诸部提出的要求,张居正都尽量予以满足,可谓"索锅而与之锅,求市而与之市,增马而与之增"④。万历五年(1577年),时任兵部尚书的方逢时针对俺答封贡后的表现,亦提出:为了长久之计,朝廷应该做到四点:"一敦信义,一重抚赏,一审机宜,一慎招纳。"⑤核心意思就是要加强对俺答诸部的招抚。可以说,张居正、方时逢等人的建议基本代表了当时明廷的政策倾向,事实也证明了明朝对俺答诸部推行招抚政策是合乎时宜,顺应人心的,明廷对俺答诸部积极拉拢,厚加赏赐,扩大贡市规模,从大局上维持了明廷与蒙古主要势力之间的和平关系。

其次,对蒙古部民的招抚,明廷也极为重视。一方面,每年都要筹备大批银两、粮食等作为招抚赏赐之用,即使在军饷拮据,边工费用骤增的情况下,也会想方设法准备招抚经费。例如,万历元年(1573年)正月,发"抚夷银"七千两于蓟镇⑥;同年七月,发太仓银八千两于蓟镇,"为加添抚夷之用"⑦;二年(1574年)七月,给发蓟镇"抚夷银"八千两⑧。九年(1581年)六月,蓟辽总督吴兑奏称:"蓟镇抚赏属夷,岁用帑银二万七千六百两。"并建议朝廷从九年开始,抚赏银两提前一年给发,定为常例。神宗皇帝批准了吴兑的建议。⑨ 此外,为了保证抚赏事宜的正常进行,对于抚赏银两的管理,朝廷也较为重视。

---

① 张居正:《张太岳集》卷33《答辽东巡抚周乐轩》,第412页。
② 张居正:《张太岳集》卷29《答边镇巡抚》,第363页。
③ 张居正:《张太岳集》卷28《答辽东巡抚张心斋》,第346页。
④ 《明神宗实录》卷37"万历三年四月甲戌"条,第858—859页。
⑤ 《明神宗实录》卷67"万历五年九月甲寅"条,第1457页。
⑥ 《明神宗实录》卷9"万历元年正月癸卯"条,第333页。
⑦ 《明神宗实录》卷15"万历元年七月己卯"条,第453页。
⑧ 《明神宗实录》卷27"万历二年七月乙酉"条,第670页。
⑨ 《明神宗实录》卷113"万历九年六月癸卯"条,第2155页。

一方面,一般命该镇总督官和专门的"抚夷官"①,悉心措画,不许私自侵冒,"致失夷人之心"②。另一方面,调动边将的积极性,鼓励通过多种途径招抚周边族民。对于招抚有功者,明廷一般都要大加升赏。如,隆庆六年(1572 年)七月,宣、大二镇,招降"虏民"四千七百八十七名,总兵马芳等人得升赏。③ 同年十月,辽东招降"夷人"若干,赏巡抚张学颜银币,总兵李成梁升俸,开原参将郭梦征升一级。④ 万历三年(1575 年)九月,"招过降夷",加辽东总兵李成梁升职一级,巡抚张学颜赏银二十两。⑤ 这样的事例在张居正改革期间屡见不鲜,不再胪列。另外,对于招抚"夷人"的安置,除了给予基本的生活、生产资料外,对具体的安置地点明廷也颇为讲究。如万历八年(1580 年)六月,对于刚刚招降的"夷人",辽东抚臣建议安置在两广地区,巡抚周咏(河南延津人)认为"新降即远遣,恐失夷心",应该就近安置,神宗皇帝同意了他的说法。⑥ 凡此,都说明明朝对于招抚蒙古部民是极为重视的,这对于蒙汉交流和融合颇有裨益。

2.分化瓦解。隆庆六年(1572 年)七月,俺答封贡不久,巡按宣、大御史孙镖(锦衣卫籍)审时度势,全面分析了当时蒙古内部的复杂关系,他说:

> 窃见虏酋纳款,边陲晏然,万姓有安堵之乐,两镇无鸣笳之声,真太平景象! 顾事机倚伏无常,虏酋性态叵测,有不可不为深虑者。……虽俺答纳款颇诚,诸虏酋并其部落人各一心,恐难钤制,万一变出不测,所损国

---

① 明代专门的"抚夷"官最早出现在成化、弘治年间。如《明宪宗实录》卷 254"成化二十年七月己酉"条载:"升赏云南抚夷官军。"(第 4298 页)《明孝宗实录》卷 40"弘治三年七月辛未"条载:"请令巡按监察御史查究守边抚夷官及起送者之罪。"(第 840 页)《明孝宗实录》卷 155"弘治十二年十月壬辰"条载:"臣等督遣三司抚夷官,亲诣抚谕。"(第 2764 页)后世因袭前制,至万历年间仍然未废,如《明神宗实录》卷 80"万历六年十月癸卯"条载:"该镇参守严饬抚夷官役,时时加察,有犯者革其抚赏以示罚。"(第 1719 页)《明神宗实录》卷 238"万历十九年七月庚午"条载:"通使、通官及抚夷官,照分数论罪。"(第 4407 页)如此等等。
② 《明神宗实录》卷 113"万历九年六月癸卯"条,第 2155 页。
③ 《明神宗实录》卷 3"隆庆六年七月丁酉"条,第 89 页。
④ 《明神宗实录》卷 6"隆庆六年十月庚申"条,第 217 页。
⑤ 《明神宗实录》卷 42"万历三年九月戊申"条,第 954 页。
⑥ 谈迁:《国榷》卷 71"万历八年六月丁巳"条,第 4368 页。

威,不既多乎,此其可虑者一。黄台吉素强悍,跳梁凌侮诸夷,一旦天夺其魄,被子抢去人马,其势困弱,似若可喜。但其穷蹙窘迫,无所依归,恐不肯安受其子之侮,况住牧地方与察罕儿(察哈尔)相近,幸素相雠隙耳。万一虏情狡猾,穷极生变,不合于此,求合于彼,察罕儿忘其旧隙,藉为虎翼,协心内寇蓟镇之间,多不得宁静,此其可虑者二。①

以此为基础,明廷在安抚和控驭俺答之时,又借以分化瓦解其他蒙古各部。具体表现在:

一是利用俺答等部牵制东部察哈尔土蛮等部。如前所述,万历初年,察哈尔部属土蛮屡次向明求贡,但都遭到明廷的拒绝。这是因为,俺答封贡后,土蛮已经失去俺答等的支援,"但能蟊辽左,不敢南窥矣"②,对北京和中原腹地构不成太大威胁,所以明朝坚决不答应土蛮的求贡。因此,土蛮屡犯边境,出现了"今全虏之祸,咸中于辽"③的局面。针对这一军事形势,明朝则利用俺答诸部,分化其势,用张居正的话说,就是:"近闻虏酋(即俺答)与察罕搆隙日深,此正吾用奇之日,使之祸结而不可解,则蓟、辽之间可以安枕,而西镇(指宣、大)之贡市愈坚矣。宜多方以间之。"④基于此,张居正提出对策,即"内修战守,外探虏情,东制西怀,自有妙用"⑤,其中"东制"即遏制东部土蛮等部,"西怀"即安抚西部俺答诸部。万历初年,明朝利用俺答监视和瓦解西部土蛮部,俺答也曾多次给明朝报送了土蛮等入侵的重要情报,对明朝克敌制胜起了重要作用。⑥ 不仅如此,在明与土蛮的冲突中,俺答始终能以中立的姿态出现,甚至帮助明军牵制土蛮。可见,张居正之所以耗费大量财力招抚俺答诸部,一个重要原因就是集中兵力全力对付土蛮等部,避免东西两线作战,腹背

① 《明神宗实录》卷3"隆庆六年七月甲午"条,第82—84页。
② 《明穆宗实录》卷52"隆庆四年十二月甲寅"条,第1302页。
③ 张居正:《张太岳集》卷28《答总督张心斋计战守边将》,第342页。
④ 张居正:《张太岳集》卷26《答方金湖》,第316页。
⑤ 张居正:《张太岳集》卷26《答吴环洲》,第323页。
⑥ 如《张太岳集》卷29《答宣大王巡抚言蓟边要务》载:"近日俺答报土虏东犯,其言不虚。"(第351页)又同书卷32《答总兵戚南塘授击土蛮之策》载:"前顺义部下酋长,密报土蛮入犯消息,即驰语蓟、辽军门戒备。数日以来,警息沓至,西酋所报不虚矣。"(第405页)

受敌。应该说,这种"以夷制夷"的策略在当时的确发挥了重要作用。此外,俺答部属永邵卜(永谢布部)受土蛮煽动,亦有窥边之意。对此,明朝甚为忧虑:"迩者土蛮住牧近边,虽骚扰在辽东,然境界实与蓟镇连接,且老把都、永邵卜阳附俺答,实阴怀异谋,万一与土蛮勾结,聚众大举,则陵京震动,肘腋莫支。"①但明廷深知永邵卜"贪嗜关市财物,可招而致",所以嘱咐边将"以大义责之,时出小利诱之"。通过这一手段,明朝最终防止了永邵卜"东合土蛮为蓟镇害"局面的出现。② 另外,长期以来,由于察哈尔、内喀尔喀等部控制辽东泰宁、朵颜、福余三卫,并以三卫名义获得与明互市的权利,所以二者矛盾极深。于是,明朝利用三卫牵制察哈尔等部,三卫亦经常向明传报"虏情"。如,万历八年(1579 年)十一月,"泰宁、朵颜卫头目花孛来、长秃进各进马匹,传报虏情"。③

二是在俺答属部中推行分化瓦解策略。早在隆庆五年(1571 年),张居正利用俺答孙子把汉那吉与俺答汗反目降明的机遇,与俺答汗修睦和好,达成茶马互市之盟。明边将送还把汉那吉,俺答对明奉表称臣,受封为顺义王。从此,明蒙之间化干戈为玉帛,友好共处,"自宣大至甘肃,不问兵者二十年",这种及时把握时机,利用一方的瓦解、控制另外一方的策略,对其后民族政策的制定推行产生了深远影响。俺答封贡后,虽大体能管束本部首领,但内部仍存在分裂不和的情形,甚至俺答的长子黄台吉,弟昆都力哈,虽然在隆庆五年(1571 年)俱已受封为都督同知等职,但向来不听俺答管束,史载:"俺答既已帖服,黄酋素不附之"④,"昆都老而谲,数年以来,东纠土蛮,西合俺酋,皆此人为之"⑤。针对其时叛时降的情形,张居正改革集团从实力和地位出发,充分利用其间存在的分歧和矛盾,对俺答诸部采取了严加区别,及时瓦解的对策,意在削弱其锋锐,以减边患压力。具体而言,对于黄台吉、昆都力哈等部,张居正采取了拉与打两种手段。一方面,以封贡方式加以拉拢引诱,或采取怀柔措

---

①　《明神宗实录》卷 2"隆庆六年六月庚午"条,第 37—38 页。

②　张居正:《张太岳集》卷 24《与王鉴川言虏王贡市》,第 291 页。

③　《明神宗实录》卷 106"万历八年十一月戊辰"条,第 2049 页。

④　张居正:《张太岳集》卷 24《答督抚王鉴川计处黄昆二虏》,第 295 页。

⑤　张居正:《张太岳集》卷 24《答督抚王鉴川计处黄昆二虏》,第 295 页。

施,"大抵虏有求,在彼不必其尽从,而在我尚求为可继"①;另一方面,又付诸军事震慑,或"尽革诸夷之赏,以孤其党"②。另如,俺答之侄老把都死后,其子继承父位,但威信不高,在复杂的民族问题面前,不知所措。鉴于此,张居正料到,俺答之子黄台吉"必思东并"老把都所部。所以他采取分化瓦解的对策:"扶植青把都使之力抗黄酋",从而达到"待其两敝,而归命于我"的目的。③

另外,前述封官赐爵,是一种招抚手段,但也不乏有分化瓦解之意。张居正就说:"封爵于国体本尊,且可分房之势,未为不可。"④通过这一方式,使蒙古诸部首领各有一个政治身份,外可以接受明廷的赏赐,内可以管制本部族民,从而将蒙古势力分割成若干个小势力,有利于明朝的控驭。同时,由于封爵存在等级差异,这就会引起蒙古各部首领为得到明廷的封赐,彼此争斗,导致蒙古内部的不和与分化,削弱蒙古势力,最终达到防止蒙古内部形成统一之势,以给明朝的统治带来威胁。

因此,客观地说,张居正改革期间,分化瓦解的民族政策是卓有成效的,但长期来看,它又不利于蒙古各部的和平相处、共同发展,也不符合蒙汉民族融合的发展大势。

---

① 张居正:《张太岳集》卷26《答方金湖》,第316页。
② 张居正:《张太岳集》卷28《答总督杨晴川计处属夷》,第342页。
③ 张居正:《张太岳集》卷24《答总督王鉴川计处黄酋》,第286页。
④ 张居正:《张太岳集》卷24《答宣大巡抚计处黄把二房》,第284页。

第 四 章

张居正改革时期对南方少数民族的民族政策

明代南方各省的民族众多,支系复杂,长期处于杂居状态,加及南方少数民族的社会、经济发展极不平衡,即使同一民族发展也很不平衡。应该说,这是数千年来南方少数民族的基本历史状况。然而,在不同的历史时期,当统治王朝的民族政策符合各民族的利益,就会出现民族之间和睦相处,共同发展的历史画面;相反,当统治王朝的民族政策不利于、甚至损害各民族的利益时,必然会引起民族冲突和斗争。这种历史的辩证法则,在长期的历史发展过程已经得到了充分的证明。有明一代,对南方,尤其是对西南、中南地区少数民族的统治,大体遵循着太祖朱元璋制定的经略框架。但在此过程中,由于各种历史原因,南方少数民族与明廷之间的关系也不断发生着变化。一如前述,隆庆后期,南方民族关系大体稳定,贡市正常开展,但民族冲突依然存在,各族人民的反抗斗争和民族首领的武装叛乱此起彼伏,声势浩大。面对这种民族形势,张居正改革期间,因地制宜,因族制宜,采取了一系列民族政策和措施。而作为这些民族政策的倡导者和推行者,首辅张居正在此过程中无疑发挥了不可替代的重要作用。①

---

① 颜广文:《明代广东地区民族政策的演变与瑶区社会经济的发展》,《华南师范大学学报》1996 年第 5 期。

一、镇压民族起义,强化控制措施

明初以来,明廷对南方少数民族的反抗斗争基本以"剿"为主。这种单纯的军事征服,往往导致了南方民族社会与国家权力之间的严重对抗,从而引发了更为猛烈、强大的反抗斗争。至万历初年,这种民族反抗斗争仍在云南、贵州、四川、广西等处不断爆发,且表现出多民族并肩作战的斗争特点。处此形势,张居正改革集团一方面及时推行了调整贡赋制度、招抚纳叛乱"降夷"、发展社会经济、调处民族矛盾等一系列卓有成效的民族政策;一方面坚持"南夷顽梗,德义所不能化,唯憭于威强耳"[①]的一贯主张,发动了多次更大规模的军事镇压,甚至实行民族屠杀政策,"须尽歼之,毋使易种于斯土"[②],"大事芟除,见贼即杀,勿问其向背"[③],"天戈所向,歼殄无遗"[④]。这种以"剿"为主的民族政策,虽然短期内巩固了边疆统治,但却加深民族之间的仇恨,阻碍各民族人民的相互交往、交流,进而影响了少数民族社会的健康发展,无益于多民族国家的巩固和发展。具体情形,兹条分缕述如下:

(一)广西八寨壮族起义

自成化、嘉靖以来,广西八寨[⑤]壮族起义不断,至隆庆初年,伴随古田壮民大起义,八寨壮族踞山结寨,纷纷响应,发展迅速。针对这一情形,当时明廷众议"先平八寨,徐图古田",但时任金都御史的殷正茂则不以为然,他建议先以

---

① 张居正:《张太岳集》卷25《与广东督抚》,第307页。
② 张居正:《张太岳集》卷25《答广西抚院郭华溪》,第311页。
③ 张居正:《张太岳集》卷25《与殷石汀经略广贼》,第309页。
④ 张居正:《张太岳集》卷25《与曾确庵计平著蛮善后事》,第310页。
⑤ 八寨,在今指广西上林、忻城一带,亦作十寨,其说不一。据明人瞿九思《万历武功录》卷4载,思吉、周安、落洪、古卯、罗墨、古钵、古凭、都者谓之八寨,后加入龙哈、咘咳二寨,乃谓之十寨。(第270页)汪森《粤西文载》卷29嘉靖《广西通志》则载:"十寨,旧称八寨。曰思吉、曰周安、曰古卯、曰古蓬、曰古钵、曰都者、曰罗墨、曰剥丁,后益龙哈、咘咳为十。"(汪森:《粤西丛载》卷29"十寨"条,《文渊阁四库全书》本,第1467册,第779页)此有"剥丁"而无"落洪",彼"古凭"而此作"古蓬"。《明神宗实录》卷100"万历八年五月辛卯"条载"八寨"为:周安、古卯、都者、古蓬、剥丁、思吉、古钵、罗墨。(第1989—1990页)本书从是说。

羁縻政策安抚八寨壮民,然后集中兵力对付古田起义。① 隆庆三年(1569年)冬,按照殷正茂的意见,明廷命总兵俞大猷率领汉土大军十四万,兵分七路,合营镇压古田起义,斩首七千四百六十余级,擒杀起义首领黄朝猛、韦银豹等,俘获男女千余口。这样,古田壮民斗争被平。② 事后,设立了长官司,升古田县为永宁州,而此时八寨壮民因为古田起义失败,纷纷归降明廷。明朝借此亦在八寨设立长官司,以黄昌等为长官及土舍,听任明廷调度。对此,《明史》有详细记载:

> 寨老樊公悬、韦公良等踵军门上谒,自言十寨共一百二十八村,环村而居者二千一百二十余家,皆请受赋。右江兵备郑一龙、参将王世科,谓十寨既请为氓,当以十家为率,赋米一石。村立一甲长,寨立一峒老,为征赋计。而以思古、周安、落红、古卬、龙哈立一州,属向武土官黄九畴;罗墨、古钵、古凭、都北、咘咳立一州,属那地土官黄旸;皆为土知州。已,移思恩守备于周安堡,而布政使以为不便,总制乃议立八寨为长官司,以兵八千人属黄旸为长官,黄昌、韦富皆给冠带为土舍,亦各引兵二百守焉。③

至万历初年,临近八寨的河池、咘咳、北三等处发生民族起义,以此为契机,八寨壮民乘势又起,杀死逐龙、蛤虫、咘咳土官,且"据民田产,白昼入都市剽掠,甚至攻城劫库,戕官民"④。六年(1578年),明廷命总制凌云翼、巡抚吴文华率大军征讨河池、咘咳、北三等处,斩首四万八百余级,获牛马千余计。⑤ 对于此次征讨屠杀,时人甚为不满,认为:"谓徭贼原无叛逆,凌云翼喜事邀功,此举杀掠甚惨,殊失朝廷抚绥之意。"⑥而就在此时,八寨壮民起义发展迅速,进入鼎盛时期。不得已,七年(1579年)十月,明廷命刘尧诲总督两广军

---

① 《明神宗实录》卷99"万历八年闰四月庚申"条载:"先是诸贼据有八寨凶黠特甚,以方有事古田,始因其乞抚羁縻之。"(第1979页)
② 张廷玉:《明史》卷222《殷正茂传》,第5859、8204页。
③ 张廷玉:《明史》卷317《广西土司一》,第8215页。
④ 张廷玉:《明史》卷317《广西土司一》,第8215页。
⑤ 张廷玉:《明史》卷317《广西土司一》,第8204页。
⑥ 《明神宗实录》卷77"万历六年七月丙辰"条,第1654页。

务,巡抚广西张任募兵二万,合广东、浙江、广西、湖南汉土兵共计十余万,分四路进攻八寨。八寨壮民分守要隘,消极防守,结果被各个击破。八年(1580年)闰四月,广西八寨起义终因寡不敌众而失败,斩首九千一百余级,俘获男妇六千七百余名,牛马二百三十九。①

镇压八寨壮民起义后,为控制八寨壮民,八年(1580年)五月,按照两广总督刘尧诲、广西巡抚张任、巡按胡宥(字子仁,安徽休宁人)等人的奏请,明廷在八寨推行了一系列措施:

(1)将八寨分为三镇,其中以周安、古卯为一镇,以都者、古蓬、剥丁为一镇,以思吉、古钵、罗墨为一镇,每镇各建一城,分别以东兰州(今广西东兰县)韦应鲲、韦显能及田州(今广西田阳县)黄冯克为土巡检,每镇驻兵一千人,②由思恩参将节制,隶属于宾州府(治今广西宾阳)。

(2)为方便思恩参将节制三镇,特让其移驻有"八寨门户"之称的三里营(今广西凤化县故治),推行屯种,增兵筑堡,加强防御。

(3)继续剿灭起事的残余壮民,令参将李应祥(九溪卫人,在今湖南岳阳)统领标兵,调度各路兵马,画地分守,对于投降者便宜行事,对于不听约束者,则即行擒治。

(4)集中卫所兵力,特将南丹卫③的官军迁移至三里营,与思恩参将兵力合聚,"以成居重驭轻之势"。

针对八寨地区地势险要,八寨一旦起事,就很难对付的境况,明廷开辟了从庆远(今广西宜山)至宾州(今广西宾阳)的道路,"使思恩、三里声势联络,往来之人迹既通,而负固之隙穴自杜"。此外,为保证卫所粮饷,还在南丹卫推行屯田。④

很明显,上述措施基本是以防御八寨壮民再次起事为目的的,不过是军事

---

① 《明神宗实录》卷99"万历八年闰四月庚申"条,第1979页;《明史》卷317《广西土司一》载为:"斩首从九千一百余级,获器仗三千二百,牛马二百三十九。"(第8215页)

② 张廷玉:《明史》卷317《广西土司一》,第8215页。

③ 南丹卫,今广西南丹县。洪武二十八年(1395年)置南丹卫于南丹土州,二十九年(1396年)改置南丹军民卫,寻复置南丹卫;永乐二年末(1405年)徙治上林县城东,正统六年(1441年)徙治宾州,万历八年(1580年)徙治上林县东北之三里营。

④ 以上皆引自《明神宗实录》卷100"万历八年五月辛卯"条,第1991页。

镇压的延续而已,借用张居正交代两广总督殷正茂所言:"岭贼如蔓草,难以尽拔,唯旋生旋除之耳。"①但对明廷而言,这种政策的推行,客观上对八寨壮民产生了一定的威慑作用,自此而后,"叛服无常"②的八寨壮民基本能顺从明廷的统治,民族矛盾趋于缓和。

(二)广西府江瑶壮起义

府江③,就是今天从桂林到苍梧的桂江,主要指从阳朔到昭平三四百里这一段,府江两岸都是瑶山。隆庆年间,广西府江两岸的瑶民在其酋长杨公满、雷公奉、黄公东等人的领导下,掀起了一场规模较大的起义,声势浩大。史载:

> 府江有两岸三洞诸獐,皆属荔浦,延袤千余里,中间巢峒盘络,为猺、獐窟穴。江上诸贼倚为党援,日与府江酋长杨公满等掠荔浦、平乐及峰门、南源,执永安知州杨惟执,杀指挥胡翰、千户周濂、土舍岑文及兵民无算。而迁江之北三,来宾之北五,皆右江獐,亦时与东欧、西里及三都、五都诸贼相倚附,马多人劲,俗号为划马贼。常陈兵走岭东,掠三水、清远诸县,还入南宁、平南、武宣、来宾、藤、贵,劫府库。已而劫来宾所千户黄元举,杀土吏黄胜及其子四人,兵七十余人,又杀明经诸生王朝经、周松、李茂、姜集等,白昼劫杀,道绝行人。④

在此情形下,张居正认为:"治乱国用重典,广固乱国也,其势非用兵威以震荡之。"⑤支持用兵剿灭,但当时朝中众臣多持反对意见,"建议停止者"不乏其

---

① 张居正:《张太岳集》卷25《答殷石汀》,第310页。
② 《明神宗实录》卷92"万历七年十月乙未"条,第1890页。
③ 指由漓江而下进入平乐府界之后的一段桂江。顾祖禹《读史方舆纪要》卷107"广西二"曾对"府江"作过注释:"漓江入(乐平)府界,远近群船参差,环卫夹江,两岸皆高山盘束,朦胧阴翳,长六七百里,谓之府江。"(《读史方舆纪要》卷107《广西二》,中华书局2005年版,第4840页)《明史》卷212《李锡传》载:"府江者,桂林抵梧州驿道也。南北亘五百里,两岸崇山深谷,贼巢盘互。"(《明史》卷212《李锡传》,第5622页)《粤西丛载》卷28载:"府江上接漓水,下达苍梧,为广右咽喉,江道绵亘五百余里,两岸诸瑶獐依凭险阻,时时出没东岸。"(第763页)
④ 张廷玉:《明史》卷317《广西土司一》,第8213—8214页。
⑤ 张居正:《张太岳集》卷24《答两广殷石汀计剿广寇》,第282页。

人,张居正则不以为然,认为"广中之事急,故不敢狥众议而误大计"①。所以他一面吩咐巡抚郭应聘、总督殷正茂调集大军,增加粮饷,准备剿灭,一面回信给郭应聘说:

> 两江(广西有左江道右江道,故云两江)寇盗,为患久矣,异时居官者,皆畏首事,莫敢发,故其患滋甚。今乘古田(今广西古化县)之余威,用足下之妙算,歼此狐鼠,谅不为难。但炎荒瘴疠之地,屯数万之众,役不宜淹久,贵在临机速断,沈谋遄发,先并力以破其一巢,则余贼自然破胆,次第可平。若以三万之饷,与之相持于钦、岑之间,使贼跧伏溪洞,以逸待劳,非计之得者也。兵机不敢遥制,特献其瞽见如此,惟高明采择焉。②

隆庆六年(1572年)十月,巡抚郭应聘、总督殷正茂派遣李锡为大将,统率大军六万,进剿府江瑶民起义,并调东兰、龙英、泗城、南丹、归顺诸土兵,由参将王世科、钱凤翔、董龙、王承恩分率四路大军进攻府江。至万历元年(1573年)正月,先后攻破古西、岩口、笋山、古造、两峰、黄洞等数十寨,擒斩杨钱甫、杨公满及其徒从四千六百六十七,俘获四百四十人,牛马二百三十三,器械二百一十九。③ 起义至此失败,"两粤之通途无梗,万民之积愤已纾"④。

起义平定后,万历元年(1573年)五月,提督侍郎殷正茂对善后事宜提出处理意见:(1)在府江南岸三洞恢复土司,并设立城堡,开山通道。(2)鉴于自平乐(今广西平乐县)至梧镇五百余里,"声教不通,法令不行",建议在昭平(今广西昭平县)对江西岸设立县治,大兴教化。(3)蠲免府江地区瑶民差徭。⑤ 就在本月,明廷就按照殷正茂所请,开通了府江水陆各路,并改复四土巡检司,改昭平都司为参将以约束当地瑶、壮民。⑥ 万历四年(1576年)四月,

---

① 张居正:《张太岳集》卷24《答两广殷石汀》,第285页。
② 张居正:《张太岳集》卷24《答两广郭华溪计剿广寇》,第288页。
③ 《明神宗实录》卷10"万历元年二月甲戌"条,第357页。
④ 《明神宗实录》卷10"万历元年二月甲戌"条,第357页。
⑤ 以上皆引自《明神宗实录》卷13"万历元年五月丙午"条,第434—435页。
⑥ 《明神宗实录》卷13"万历元年五月乙未"条,第424页。

又复设了昭平县①。

（三）广西怀远瑶民起义

广西怀远（今三江侗族自治县）是瑶、侗等族的聚居区。② 自嘉靖以来，怀远地区就不断发生起义，明廷屡征不克，只好"遥示羁縻"③。隆庆三年（1569年），古田起义失败后，怀远瑶、侗族民畏于兵威，向明臣服。五年（1571年），怀远县知县马希武为修筑怀远城堡，苦役县民，毒打瑶、侗民工，因而激起稿黄、大地、太平、河里、绳坡头、板江等地瑶、侗族民的愤慨，次年八月三日发动起义，杀死马希武、典史徐冕及经历、巡检等官。起义发生后，地方官员"弭乱无策，坐失权宜"④，抚臣郭应聘上疏朝廷："各瑶强悍异常，水陆险隘，道臣李文绩请调兵夹剿，委不容已，薄责地方官而专归罪希武。"⑤但由于当时朝廷正在用兵府江地区，为集中兵力，张居正和郭应聘等人商定，先定府江，而对怀远暂时采取招抚手段，等到府江平定以后，随即进兵。张居正在给郭应聘的回信中说：

> 怀远之事，虽有司不善抚御有以激之，然至于戕天子之命使，则亦王法所必诛也。且新复诸邑，将视此以为向背，决当讨之。问两江已进兵，冬尽可得奏凯。如乘战胜之威，还师以袭之，固易易耳。但不可预露此机，恐闻风鼠窜，难以蒐获，姑声言抚之，乃可成也。⑥

---

① 《明神宗实录》卷49"万历四年四月乙亥"条，第1132页。另据《大清一统志》卷361、汪森《粤西文载》卷11载：昭平县，洪武十八年（1385年）入平乐县，至此复置，仍属平乐府。（和珅，等：《大清一统志》卷361，《文渊阁四库全书》本，第482册，第419页；汪森：《粤西文载》卷11，第1165册，第632页）

② 瞿九思《万历武功录》卷4《怀远诸瑶獞列传》载："怀远，柳州属邑也。属右江上游，旁近楚之绥、靖，回筑之黎平。黄土绞团伶侗，与三甲残民，铁甲劲弩，皆其所长。"（第263页）《明史》卷212《李锡传》亦载："柳州怀远，瑶、僮、伶、侗环居之，瑶尤犷悍。"（第5624页）

③ 张廷玉：《明史》卷221《郭应聘传》，第5814页。

④ 《明神宗实录》卷6"隆庆六年十月庚申"条，第218页。

⑤ 《明神宗实录》卷6"隆庆六年十月庚申"条，第217—218页。

⑥ 张居正：《张太岳集》卷24《与郭总宪》，第293—294页。

其中明确表达了朝廷坚持剿灭的意思,张居正表面"言抚",实乃缓兵之计,"进兵"才是最终的作战方略,这进一步表明张居正改革期间针对西南少数民族起义的政策倾向,仍是以"剿"为主。万历元年(1573年)正月,府江起义平定不久,明廷便派遣都督李锡、参将王世科统领水陆大军三万余人进军怀远。当是时,壮族起义军首领韦狼要、柳江五都壮族起义军首领韦宋武等各率其部声援怀远瑶族起义,从南北夹击明军,加之连日大雪,明兵行至板江(在今广西平江县)就不得不退兵。对于此举,张居正有自己的道理,他说:

> 怀远之兵,既未得天时地利之便,暂宜解归,以俟大举。若有他巧可取之,尤妙矣。此事若非县令苛急,亦未遽叛。事之未形,一夫制之有余,祸端已构,数万人取之不克,至兵连祸结,师老财费,使朝廷廑南顾之忧,疆场有不讨之贼,彼激乱启衅者,死何足恤哉!以是知天下之事,推知几识微者,可与图成,而轻躁锋锐者,适足以偾事阶乱而已。①

至十一月,总督殷正茂、巡抚郭应聘又征调浙东鸟铳手三千、湖广永顺钩刀手及狼兵五千②,由参将王世科、钱凤翔、王瑞率领,兵分六路,水陆并进,很快即攻破怀远瑶寨一百四十余处,斩杀起义首领荣才富、吴金田等及其部众三千五百余人,俘获无数。次年(1574年)三月,起义失败。③ 但张居正主张彻底荡平,他说:"兵已深入,须尽歼之,毋使易种于斯土,又烦再举也。"④遂集结大军,对瑶民起义进行了剿洗,广西最终平定。这次起义,明朝虽然取得了胜利,

---

① 张居正:《张太岳集》卷25《答巡抚郭华溪》,第306页。
② 《明史》卷212《李锡传》载为"益征浙东鸟铳手、湖广永顺钩刀手及狼兵十万人"(第5623页),云增兵"十万人",误。据《明神宗实录》卷12:"增兵进剿广西怀远县瑶贼。先是抚臣郭应聘等言,诸瑶杀官夺印,稔恶已极。今原失印信虽已取还,而杀害之罪终不可贷,但因雨雪阻进,暂尔休兵。又原议进剿近县村峒瑶贼耳,所调之兵不过三万,今瑶寇转多,非少增益恐非万全。请将该省应调诸兵再加征调,及调湖广钩刀手三千,浙江鸟铳手五千相机督进。"(第393页)可知增兵总计不过八千而已。另据《明史》卷317《广西土司一》载:"总制殷正茂请于朝,遣总兵官李锡、参将王世科统兵进讨。官兵至板江,瑶贼皆据险死守。正茂知诸瑶独畏永顺钩刀手及狼兵,乃檄三道兵数万人击太平、河里诸村,大破之。"亦只云"数万"。(第8206页)
③ 张廷玉:《明史》卷317《广西土司一》,第8206页。
④ 张居正:《张太岳集》卷25《答广西抚院郭华溪》,第311页。

但起义的过程中,充分显示了瑶族、侗族和其他民族互相团结,联合斗争的精神;同时,对于明朝而言,也同样付出了沉重的代价,先后损失万余人,费银十万余两,更具影响的是,明朝在西南的统治亦受到一定打击。

平定起义后,明廷在怀远推行了一系列善后措施,主要有:

(1)将怀远县城移至民居集中的地方,以便管理,仍由右江兵备参将专辖。

(2)责令各级官员互相钤束,修缮府、州、县城池墙堡,以保无虞。同时,加强驻军,如万历二年(1574年),在镇压壮族韦狼要起义后,在阳朔(今广西阳朔县)、永福(今广西永福县)核"贼田一万一千八百一十亩,给兵耕且守"①。

(3)在瑶、侗每村设立一位年老族长约束州县官,并监察、剪除村中强悍不法分子。同时,派遣巡守官员不时巡视州县一切民情、"夷"情。

(4)继续追剿起义残余势力,对瑶、侗再谋起事者,立行剿灭,各将官若怠缓失事,即从重究治。②

(5)兴礼施教。根据广东巡抚郭应聘题请,万历二年(1574年)八月,在怀远县设立社师三名,教化族民,传播礼仪。③ 按照规定,"凡残民八岁以上俱入学,听其教诲,其子弟内有谙晓文字者,县官申请学道,给予衣巾,以示激劝,其社师果训迪有方,亦听本县申请提学,准其充附帮补。若子弟不率教及社师虚冒名目者,亦听县申处。"④

可以看出,上述措施仍然停留在军事压制的层面上,即使大兴教化,其最终目的也在于试图通过教化,使少数民族人们改变"夷风",改变其"变诈不常,怙恶不悛,不知礼义"⑤的习俗,使其真正成为明朝的顺民,顺从王朝政府的经济剥削和政治压迫。

---

① 汪森:《粤西丛载》卷28"阳朔、永福"条,第763页。
② 俱引自《明神宗实录》卷28"万历二年八月甲子"条,第694—695页。
③ 《明神宗实录》卷28"万历二年八月己巳"条,第699页。
④ 《明神宗实录》卷28"万历二年八月乙丑"条,第695页。
⑤ 《明神宗实录》卷20"万历元年十二月丁卯"条,第550页。

（四）广东罗旁山瑶民起义

明代广东瑶民起事，是以正统十四年（1449 年）黄萧养发动的起义为肇端的①。据明朝第一任两广总督王翱云："两广军民，自洪武以来，一向安妥，后因黄萧养之徒作耗，在于有司者不设法处置，惟务妥安，兵政无备，以致招集无藉，酿成凶祸，辗转不能禁遏。"②此后，广东瑶民起事绵延不断，据《广东少数民族》一书统计："从正德元年（1506 年）至万历十一年（1583 年）间，瑶族人民的起义就多达三十余次，平均二、三年就有一次。"③这中间，万历三年（1575年），广东罗旁山（今罗定、云浮、郁南三县毗连之地）④发生的瑶民起义是明代后期规模最大，影响最广的一次。此次起义与大藤峡、八寨、府江起义遥相呼应，互相支援，延袤三百余里。

万历初，八寨、府江等处起义失败后，督抚殷正茂疏请集中兵力来对付罗旁山瑶民起义，当时朝内官员意见不一，多数官员反对出兵剿灭，最后张居正作出决定，认为瑶民"当诛"⑤，并举荐兵部左侍郎凌云翼提督两广军务，统率大军前往镇压。临行前，张居正对凌云翼说："虽鞭之长不及马腹，即今两广诸瑶，虽所在都有，然乘间窃发，要当审所缓急耳。"⑥四年（1576 年）十一月，

---

① 关于此次起义的时间，《明史》卷 157 附"考证"载："黄寿龄按《明本纪》，广东黄萧养之乱在正统十三年八月。"但《明英宗实录》卷 183"正统十四年九月戊戌"条则载为："广东强贼黄萧养等作乱，命三司抚捕之。初萧养以行劫被获，械系都司断事司狱，都司官不严狱禁，纵囚徒携物出人，萧养藏斧熁鹅中以入。至夜，以斧破众囚械出之，首劫军器局得兵仗，遂开城门出劫民船，啸聚于南海县之潘村，从之者日以众。至是，巡按监察御史沈衡始以闻，乃命广东三司设法抚捕焉。"（第 3584 页）是知在九月前，黄萧养已经作乱，九月是朝廷得知的时间。又雍正《广东通志》卷 23《兵防》载："正统末，以黄萧养之乱，广东始设镇守总兵官一员。"（郝玉麟，等：雍正《广东通志》卷 23《兵防》，《文渊阁四库全书》本，第 562 册，第 814 页））综上，疑当作"正统十四年八月"。

② 陈子龙：《明经世文编》卷 22 王翱《边情》，第 70 页。

③ 广东少数民族研究所编：《广东少数民族》，广东人民出版社 1982 年版，第 53 页。

④ 罗旁山区，亦称水纹山，在今广东罗定县，是西江瑶族主要的聚居地，其地东与新兴县接壤，南连阳春，西抵广西郁林、岑溪，北临西江与肇庆、封川、梧州等地相连，是明代两广水路的交通要道。《明史》卷 222《凌云翼传》载："罗旁在德庆州上下江界、东西两山间，延袤七百里。"（第 5861 页）

⑤ 谷应泰：《明史纪事本末》卷 61《江陵柄政》，第 949 页。

⑥ 谷应泰：《明史纪事本末》卷 61《江陵柄政》，第 949 页。

凌云翼、副使刘经纬、参将陈璘等率领土汉大军二十万,兵分十路向罗旁山进发。① 次年五月,经四个月围剿,明军攻破瑶寨五百六十四处,其中二百多个瑶寨被明军烧成灰烬,擒斩俘获者共四万二千八百余人②,拓地数百里,罗旁起义失败。不久,与罗旁接壤的广西岑溪等处的瑶、壮等族起义,因为失去罗旁山的策应,畏惧官军,遂在其首领潘积善③等率领下向明官军投降,"畏威求抚,愿归地输粮"④。

　　实际上,在镇压罗旁山瑶民起义的过程中,明朝统治者的滥杀无辜对瑶民起事起到了推波助澜的作用。期间,包括汉人在内的其他民族人民纷纷参加起义,甚至在起义中起到了向导和谋划的作用。张居正分析说:"今日之为乱者,盖狼贼(即壮人),非瑶贼也。"⑤认为战争中"瑶民拼死抵抗,故易于歼灭,而汉人则假言被胁迫入伙,兵来则降,兵撤复叛"⑥。瑶、汉、壮诸族联合起事后,声势更加浩大,粤西瑶区成为起事的中心。所以说,明代广东瑶起事,实际上是以瑶族为主体,包括汉族及各少数民族人民联合反对明朝统治的斗争。

　　明廷控制了罗旁山地区后,张居正指示凌云翼等人,对于起义残余势力,要多方招徕,他说:"罗旁山之役,闻已获功万余计,所擒获又当称是。即有逸伏,谅亦无多,亦乘势多方招徕,开其生路,随宜处置,务绝后患,则一劳永逸之策也。"⑦与此同时,为防瑶民再次起事,加强对罗旁山区的统治,明廷又采取了一系列防御和整治措施,主要包括:

　　(1)采取"分而治之"的办法,在五年(1577年)十一月,将原来罗旁山瑶民起义的大本营东山黄姜峒、西山大峒所在地的泷水县升为罗定州,直隶广东布政使司。又析德庆州的晋康乡,高要县的杨柳、都骑、思劳、思办等四都,新

　　① 谈迁:《国榷》卷69"万历四年十一月丙午"条,第4301页。
　　② 《明神宗实录》卷62"万历五年五月癸巳"条,第1393页。
　　③ 张廷玉:《明史》卷317《广西土司一》载:"万历初,岑溪有潘积善者,僭号平天王,与六十三山、六山、七山诸瑶、獞踞山为寇,居民请剿。会大兵征罗旁不暇及,总制凌云翼檄以祸福,积善愿归降输赋,乃贷其死,且以其子入学。"(第8216页)
　　④ 《明神宗实录》卷70"万历五年十二月壬辰"条,第1509页。
　　⑤ 张居正:《张太岳集》卷31《答两广刘凝斋言贼情军情民情》,第384页。
　　⑥ 汪森:《粤西丛载》卷30,第793页。
　　⑦ 张居正:《张太岳集》卷29《答两广凌洋山》,第348页。

兴县的芙蓉一、二图,以及泷水县的南乡、富林二所地,新置东安、西宁二县,皆归罗定州管辖。[①] 次年,在东安、西宁二县修筑城垣,驻重兵更番屯守,并建成县衙、军署(又名参将府)、学官、分司、社学、仓库等管理军政文教钱粮的机构。

(2)改惠州伸威道副使为岭西兵巡,岭西兵巡道佥事为泷水兵备,添设参将二员,分守黄姜峒、大峒二处;另外,还设立了封门、函口、南乡、富霖四个千户所。

(3)针对以前瑶民居住集中地区"万山联络,贼易潜藏"[②],一旦有瑶民起事,潜藏深山,官军剿灭极为困难的情形,在该地开辟道路,并新置晋康新昌驿、置泷水恩平驿等,连通水陆,以便于控制瑶民。[③] 然而,即使如此,也并不能彻底铲除罗旁地区瑶民的继续起事。如七年(1579年)九月,罗旁山等余部重新起事,杀掠官府;[④]八年(1780年)四月,罗旁山等处又有三十余人突然袭击,劫掠官府儒学印。[⑤] 这些都表明,单纯的军事镇压并不是彻底解决民族反抗的良法。不得已,明廷只能退而求其次,对于残余势力,不再专门调兵剿灭,而是采取怀柔政策,"相机抚降,悉心措画",对于"负固不悛者",也只是"密行剿捕,诛首恶,赦胁从,以散其党"[⑥]。

(五)四川"都蛮"起义

"都蛮"亦称"僰人"、"都掌人"、"山都掌蛮"[⑦],主要聚居在川南宜宾南部的珙县、叙永山区。自明初以来,都蛮起义赓续不断,明廷先后数十次出兵进剿,而万历初的镇压则是最后一次,也是最彻底、最惨烈的一次。先是,隆庆六年(1572年)冬,都掌蛮盘踞叙州府高、珙、筠连、长宁、江安、纳溪六县地方,数

---

① 《明神宗实录》卷69"万历五年十一月戊寅"条,第1503页。
② 《明神宗实录》卷57"万历四年十二月丙寅"条,第1306页。
③ 俱引自《明神宗实录》卷62"万历五年五月丙申"条,第1396页。
④ 《明神宗实录》卷91"万历七年九月癸亥"条,第1875页。
⑤ 《明神宗实录》卷98"万历八年四月丙戌"条,第1965页。
⑥ 《明神宗实录》卷91"万历七年九月丙寅"条,第1877页。
⑦ 毛奇龄:《蛮司合志》卷4《四川一》载:"山都掌蛮,在叙州西,偏介川贵间,与永宁、芒部、乌撒相接,诸峰盘互大坝为门户,其东则进为凌霄,又进为九丝,旁峙都都寨,旧称姓,后以蛮族莠杂,改九丝。"(第375页)

次进犯庆、长、珙、高、筠、戎，近逼叙、泸等处。"蛮"首盘踞九丝山①、鸡冠岭、都都寨、凌霄峰，四处掳掠，成为明朝在四川的心腹之患。在此情况下，四川巡抚都御使曾省吾请兵朝廷："臣待罪西陲，不能绝边患，无所称塞意旨，愿将戮力破蛮，赭其巢，略其地。"②张居正得到曾省吾的奏章，召集百官议事，张居正认为"都蛮为害多年，不容不除"③，主张用兵剿灭。但是，百官多以为蜀地道路艰难，只宜招抚，不宜用兵。张居正不顾众臣反对，上奏神宗皇帝，由曾省吾调兵十四万，起用南京中军都督刘显为总兵统帅大军，以副总兵郭成、参将张泽等十二人为偏将。曾省吾得到张居正遣使送来的圣旨后，立即草拟了《平蛮檄》，云：

> 山都群丑，聚恶肆氛，虽在往日，叛服不常，未着近日猖獗尤甚。都蛮近日长驱江、纳，几薄叙、泸。拥众称王，攻城劫堡，裂死千百把户，虏杀绅监生员。所掠军民，或卖或囚，尽化为剪发凿齿之异族；或焚或戮，相率为填沟枕壑之幽魂。村舍在在为墟，妻孥比比受辱。六邑不禁其荼毒，四川曷胜其侵凌。……朝廷以征剿禁绝为期，主持以荡平图报为誓。……务在犁庭扫穴，震叠天威，一清巴蜀之愤。

万历元年(1573年)三月，各项准备工作就绪，十四万官兵云集叙州誓师，大举进发，很快就攻破了大坝、凌霄、都都等寨。张居正再寄书曾省吾，督促追击：

> 凌霄既破，我师据险，此天亡小丑之时也。宜乘破竹之势，早收荡定之功。计蛮众不过数千，我师当数倍之，无不克者。攻险之道，必以奇胜，今可征兵积饷，为坐困之形，而募死士，从间道以捣其虚。……若不奋死出奇，欲以岁月取胜，此自困之计。兵闻拙速，未睹巧之久也。惟公熟计之。刘帅功名，著于西蜀，取功赎过，保全威名，在此一举。其　切攻围之

---

① 位于今兴文县宴阳镇西南120里，建武东北20里。民间传说用九两丝可绕山一周，故名"九丝山"。
② 张居正：《张太岳集》卷25《与蜀抚曾确庵计剿都蛮之始》，第297页。
③ 张居正：《张太岳集》卷25《与蜀抚曾确庵计剿都蛮之始》，第297页。

计，宜听其自为便利，勿中制之，唯与之措处军前赏功募士之费。计军中一月当费几何，与其旷日迟久，不若暂费速罢之为愈也。①

八月初，明军兵分五路，"环络如连珠，缓急相应"，由副总兵郭成、安大朝、参将张泽、守备沈茂、吴宪等分率，向起义军大本营九丝山进围。九月，双方展开激战，都蛮大败，首领阿大、阿二、方三等三十六人被擒斩，攻破村寨六十余个，俘斩四千六百多人，招安二千三百八十余人，拓地四百余里。② 这就是历史上著名的"九丝之战"。战争之惨烈实属罕见，造成了二千多年的古老民族都蛮人的绝灭，正如《平蛮碑记》所载："取次就擒都蛮，至是尽灭。"③捷音到京，张居正说："十月十四日，闻九丝捷音，不觉展齿之折。殄此巨寇，不惟蜀民安枕，且国家神气，借此一振，四方有逆志感纪之人，亦将破胆而不敢恣睢矣。"④喜悦之情溢于言表。此后，明廷追剿灭都蛮残余势力，仍然是不遗余力。例如万历二年（1574年）四月，兵部覆兵科给事中蔡汝贤等奏都蛮残部隐匿于山箐一带的尚多，总兵官刘显严督官兵"尽行剿绝"⑤。三年（1575年）十二月，巡抚曾省吾率军荡平都蛮余部，擒斩一千一百七十二人，清出被占民田三万六千八百余亩，丈出都蛮田地一十四万八千余亩。⑥ 经过一系列的血腥剿灭，延续二百余年的都蛮起义最终得以平定。

在军事镇压之时，明朝还采取其他措施巩固战绩。主要有：

（1）改九丝城为平蛮城，凌霄城为拱极城，印靶山为文印山，吊猴山为降蛮山，鸡冠岭为金鸡岭，内官寨为武宁山，都都寨为定都寨。并在武宁山修筑城垣（即今建武），城制周围九百丈，开三门，内设总兵、兵备道衙门，同知府馆，守御千户、坐营公署，盖营房一千二百间。

（2）将泸州卫（今兴文中城镇）中前二所，每所一千二百名官兵，割并为守御千户所（今建武）一所，移守新定镇城内。

---

① 张居正：《张太岳集》卷25《与蜀抚曾确庵计剿都蛮》，第304页。
② 《明神宗实录》卷20"万历元年十二月戊辰"条，第552页。
③ 有人认为，明朝镇压都掌起义，造成了二千多年的古老民族——都掌（僰）人的绝灭。
④ 张居正：《张太岳集》卷25《答蜀抚曾确庵》，第307页。
⑤ 《明神宗实录》卷24"万历二年四月戊午"条，第617页。
⑥ 《明神宗实录》卷45"万历三年十二月庚辰"条，第1014页。

（3）在地势险要的地方建筑墩堡,选精兵一万七千六百名,分守各要隘,每隘五十至五百名不等。

（4）将戎县改名为兴文县,取偃武修文之意。

（5）鉴于原来平蛮一带东、西、北三面只通陆路,南面只可水路的景况,明廷严督官兵开通四方道路,以便于运输军事物资和对外交流。

（6）在新设立的千户所设立社学一处,选年高有德者二名为教师,传授礼仪道德。①

除上述规模较大的起义外,张居正改革期间发生在南方的少数民族起义还有不少,可谓"警报沓至"②。这些起义,明廷亦付诸武力,进行了残酷的镇压。如前文提及的广西岑溪瑶民潘积善,称号平天王,与罗旁山瑶民起义相呼应,占据山寨,与官府对抗。③ 罗旁山起义失败后,五年(1577年)十二月,潘积善率部向明归降输赋。④ 如二年(1574年),云南临安王弄山等处彝民发动起义,劫掠官府。六年(1578年),明廷出兵镇压,斩获首级不下千人,杀掠男女七百六十余人,放火焚烧了木瓜等处,"屠戮之状,惨不可言"⑤。又如十年(1582年),贵州铜仁苗族起义⑥,这次起义直到十四年(1586年)才被镇压下去。同年四月,广西马平等处壮民,在韦王朋等领导下起事,杀死抚安、千总等官,寻被明总兵王尚文讨平,俘获以千计。⑦ 另外,还有广西雒容(今鹿寨县境内)壮民起义,云南莽甸起义,贵州黎平(今黎平县)苗民李富功领导的起义,番人千哈、剞哈、咱细、日雾四族起义,广西怀集(今怀集县)严秀珠领导的瑶民起义,江西卢源侗民罗朝广领导的侗族起义等,都先后被明朝镇压。

① 《明神宗实录》卷22"万历二年二月壬子"条,第577—578页。
② 金鉷,等:雍正《广西通志》卷94《诸蛮·历朝驭蛮》,《文渊阁四库全书》本,第567册,第580页。
③ 张廷玉:《明史》卷317《广西土司一》,第8216页。
④ 《明神宗实录》卷70"万历五年十二月壬辰"条,第1509页。
⑤ 《明神宗实录》卷81"万历六年十一月癸酉"条,第1732页。
⑥ 谈迁:《国榷》卷71"万历十年三月丁亥"条,第4408页。
⑦ 《明神宗实录》卷123"万历十年四月壬寅"条,第2295—2296页;《国榷》卷71"万历十年四月壬寅"条,第4409页。另《明史》卷317《广西土司一》载:"韦王朋者,马平獞也。初平马平时,因建营堡,使土舍韦志隆提兵屯其地。王朋视堡兵如仇,常率东欧、大产诸蛮要挟营堡。兵备周浩使千总往抚,遂杀千总,劫村落,总兵王尚文剿平之。"(第8206页)

综上,万历初年,对于南方少数民族起义此起彼伏的动乱,尽最大的努力加以无情镇压,彻底暴露了统治者的凶狠面貌,也反映了张居正改革时期民族政策的局限性之所在。而且,实际上,明廷单纯借助武力剿灭也很难取得长期效果,张居正自己也承认这一点:"大抵南贼譬之蔓草,刬尽还生,从古以来经略南方皆未能一举而尽荡平之,其势然也。"①无奈之下,张居正将原因归结为"其势然也"。现在看来,封建统治者之所以不能根除少数民族起义,究其原因,主要在于:

一是明廷的频繁征调和残酷剥削。自明初以来,南方少数民族人民一直遭受着官府征收贡赋、地主征收实物地租和土官征收劳役地租等多种剥削,痛苦不堪。而这种剥削和征调,在万历初年,不但没有减轻,反而日渐加重。例如,明政府向黎平府侗族征收秋粮旧额为 2500 余石(每石约折合 50 公斤),但至万历初年增至近 2650 石。② 除常规的贡赋义务外,地方官吏还"广占夷田以为官庄,大取夷财以供费用"③,对物产富饶之地更是以各种名目加以暴敛。另如,明王朝在贵州设置的 20 余卫、140 余所和 700 余屯堡,数十万卫所军人强行驱赶屯驻地族民,夺其熟田、熟土划为屯田区。据史料所载,仅万历十年(1582 年),被占熟地就达 335 964 亩,各族人民只得离乡行境退居边远山林,重建家园。④

二是明朝地方官员治理失宜。前述广西怀远瑶民起义,就是由于知县马希武修筑城堡,荼毒瑶民引起的祸端。又如,万历三年(1575 年)十月,地方官员奏:"近来云贵各土夷地方屡因小衅,辄起兵端,皆由各有司官贪污朘索,骚动夷情,抚镇官抚驭失宜,要功生事以致祸。"⑤可以说,西南少数民族之所以发生起义,大都与此相关,这一点神宗皇帝也说:"番夷肆劫,皆由地方官处置失宜,威信不立。"⑥

① 张居正:《张太岳集》卷 25《与殷石汀经略广贼》,第 309 页。
② 杨绍猷、莫俊卿:《明代民族史》,四川民族出版社 2006 年版,第 322 页。
③ 顾炎武:《天下郡国利病书》原编第 32 册《云南贵州交阯》,《四库全书存目丛书》本,史部第 172 册,第 690 页。
④ 侯绍庄,等:《贵州古代民族关系史》,贵州民族出版社 1991 年版,第 321 页。
⑤ 《明神宗实录》卷 43"万历三年十月戊辰"条,第 964 页。
⑥ 《明神宗实录》卷 88"万历七年六月辛卯"条,第 1824 页。

　　三是土司的直接压迫。土司经朝廷加委官职后,其特权便具有合法性。这样一来,各少数民族人民不仅要对中央朝廷"修职贡,供征调",还要承受当地土司的沉重压迫和盘剥。对此,清人赵翼在其《檐曝杂记》中说,"凡土官之于土民,其主仆之分最严,益自祖宗千百年以来,官常为主,民常为仆,故其视土官休戚相关,室如发乎天性而无可解免者。土官虐使土民非常法,所生女有姿色,本官辄唤入,不听嫁,不敢字人也。有事控于本官,本官或判不久,负冤者恨私向老土官墓上痛哭,虽有流官辖土司,不敢上诉也。"这种现象在明代后期不绝于史,极为普遍。

　　总之,张居正改革时期,明王朝在南方少数民族的民族政策归根到底仍是一种压迫和歧视政策,以张居正为代表的改革集团并没有打破时代之局限,摆脱"夷夏之辨"的陈腐观念,仍然主张"非我族类,其心必异"①,"南夷顽梗,德义所不能化,唯慑於威强耳"②。这种民族观念决定了张居正改革时期不可能推行更为进步的民族政策,施行更符合各民族利益、实现共同发展的措施。其结果便是:当少数民族人民起事反抗的时候,只有付诸武力,进行血腥镇压,以强迫其顺服明朝统治;而当少数民族人民慑于明廷军威而顺服明朝之时,明朝统治者又想尽一切办法加以剥削、压制和欺侮,或者采取一系列措施进行防御和控制。以开拓交通言之,其初衷主要在于确保政令通达,信息沟通,军需物资的转运和官兵的往来、土司的朝贡或进京交通的畅通等,并非开发民族地区,发展民族经济。所有这些,必然产生许多消极的影响,加深民族之间的仇恨,阻碍各民族人民的相互交往、交流,影响了民族社会的健康发展,不利于多民族国家的巩固和发展。

---

① 《明神宗实录》卷6"隆庆六年十月丙子"条,第234页。
② 张居正:《张太岳集》卷25《与广东督抚》,第307页。

二、调处民族矛盾,招抚起义族民

(一)调处民族矛盾

在明代,南方少数民族众多,杂相聚居,民族关系复杂多变,加之明朝民族政策存在不足和地方官员的肆意挑衅,各民族之间、土司(官)之间以及土司(官)与土民之间矛盾重重,冲突不断。张居正改革时期,南方少数民族之间的矛盾仍然存在,这些矛盾大体包括两种情形:

1.各土司之间的矛盾。各民族之间,尤其各土司、土舍之间为了各自利益,民族争斗持续不绝,用张居正的话说就是:"土司仇杀其恒态。"①当然,少数民族内部矛盾之所以出现,亦与明朝的民族政策和地方官员的挑衅有关。如对于土官的承袭,这本来是明朝约束土官的主要手段,借此往往可以避免土官内部的争斗。但事与愿违,长期以来,"凡事必与太监、抚、按、三司会议后行,动多掣肘,土官子孙承袭,有积至二三十年不得职者"②;或者是"土舍袭替,有司驳查延缓,吏胥乘机横索,遂有甘心不袭者"③。这样就引发一系列问题,造成一种恶性循环,"土官复慢令玩法,无所忌惮,待其罪大恶极,然后兴兵征剿,致军民日困,地方日坏"④。而这种情况,在万历年间表现得尤为突出,"至神宗之世,朝廷惰媮,封疆败坏,日甚一日",张居正改革时期发生的缅、莽之叛,就是由于"土官之失职者导之"⑤。

2.土司(官)与土民之间的矛盾。为了有效地羁縻南方土司,明朝给予各土司种种优遇,承认其政治地位和压迫剥削土民的权力。这些土司原本已是"大姓相擅,世积威约",加及明廷"假我爵禄,宠之名号,乃易为统摄,故奔走惟命"⑥,于是对本族人民的掠夺更是有恃无恐。土官们都是"家僮庄户,动计

---

① 张居正:《张太岳集》卷21《答湖广抚院刘唐官》,第261页。
② 张廷玉:《明史》卷313《云南土司一》,第8065页。
③ 《明神宗实录》卷116"万历九年九月庚辰"条,第2194页。
④ 张廷玉:《明史》卷313《云南土司一》,第8065页。
⑤ 张廷玉:《明史》卷313《云南土司一》,第8065页。
⑥ 张廷玉:《明史》卷310《土司传》,第7981页。

数百,不供租赋,放逸为非",而且"鲜知法纪,所属土民每年科派,较之有司征收正供,不啻倍蓰,甚至取其牛马,夺其子女,生杀枉情,土民受其鱼肉,敢怒而不敢言"①。由此,土司与土民的矛盾也极为尖锐,不时发生土民反抗土司统治的斗争。万历初年,少数民族人民发动的反抗斗争,其中一个重要原因就是土民与土司之间矛盾激化的结果。

张居正始终主张:"修武备,谨边防,来则御之,去不穷追,则无夷狄之虞渊哉。"②这一主张具有较大的弹性,表现在民族政策上便显得较为灵活。一方面,可以借助武力进行镇压;另一方面,又可以通过怀柔政策进行安抚,表现出更为鲜明的"恩威兼施"的民族观念。万历初年,对于少数民族的内部矛盾,明廷一般不像对待那些与朝廷直接对抗的少数民族起义一样,采取军事镇压,而是通过和平方式加以解决,诚如张居正所言:"惟不宜轻调兵动众矣,从容以计取之。"③确切地说,这种"计"即在维护多民族国家"大一统"局面的前提下,尽量考虑各土司及土民的自身利益,争取通过和平调节等方式来解决。这一点较之以往"大抵夷狄仇杀,中国之利"④的看法有所进步。张居正认为,土司间忿争相杀,乃由于"习性使然,又非可尽以汉法绳也",并指出:

　　究观近年之事,皆起于不才武职、贪默有司及四方无赖奸徒窜入其中者,激而构煽之。星星之火,遂成燎原。守土者又不深为地方长久之计,轻信偏词,遵为腾奏。小则拘讼,大则用兵。驱无辜之民,置之锋摘,以为夷狄报仇。幸而胜,兵罢财费,将吏冒赏于国家,无秋毫之益。不幸而败,三军暴骨,损威伤重,其祸又有不可胜言者也。……仆以为制御土夷之道,唯在谨修内治,廉察边吏,毋令教唆播弄,致生嫌隙。镇之以威,示之以信。毋以小术欺诱之,但令遵约束,不废贡职而已。⑤

---

① 《清世宗实录》卷20"雍正二年五月辛酉"条,中华书局1985年版,第17页。
② 张居正:《张太岳集》卷7《进帝鉴图说述语》,第87页。
③ 张居正:《张太岳集》卷21《答湖广抚院刘唐官》,第261页。
④ 张萱:《西园闻见录》卷66《兵部十五》,《续修四库全书》本,第1169册,第509页。
⑤ 张居正:《张太岳集》卷28《答云南巡抚何莱山论夷情》,第347页。

张居正虽然也提出过利用土人矛盾,"待其彼此相戕,胜负已决,吾视其理直而为众所服者,因而抚之;理曲而为众所不悦者,因而除之"之类的权谋,但当时土司间的内斗,大部分确因汉族官吏的种种不端行为所激起。基于此,张居正指出,在土司辖区,地方官员"得其地不可耕,得其民不可使。因俗为制,使不为大害而已",应该"简静行事,协和总戎"①,而反对"轻动大众"。同时,他联系嘉靖以后土司叛乱情况,强调"此后唯一务安静,严禁军卫有司,毋贪小利、逞小怨,以骚动夷情"②,严禁汉族官吏掠夺、欺压少数民族,避免由此而挑起事端。

1.调节土司之间的矛盾斗争。早在隆庆四年(1570年),沾益(今云南宣威)土官受人煽动,挑起一场内战。当时,云南巡抚曹三旸等请求调兵进剿,但时为"次辅"之一的张居正反对这一做法。在他的建议下,明廷以阮沙城巡抚云南,并授以"五章之约"。阮沙城遵循张氏指授,取得"不用一卒,不费斗粮",肇事者便"纳质请罪"的胜利。事定后,阮沙城将事件经过函禀张居正。张居正回函指出:"向来土酋构衅,皆此辈(指挑起土司间不和的外姓人)为之。"希望对肇事者"更加重处,勿令得脱,复为他日之害"③。说明张氏身居京城,关心边省大事,对既往多次发生的土司战乱了如指掌。至万历初,张居正将这一做法发扬光大,成为处理南方少数民族内部矛盾的重要手段。例如,万历五年(1577年),云南临安(今云南建水)土官普崇明、普崇新兄弟相互构争。普崇明招募广南(今云南广南)侬族(壮族的一个分支)土兵,崇新勾引黑脚(在今越南)交兵,互相仇杀。不久,交兵退回黑脚,而侬兵尚逗留在临安。针对此事,当时明廷只是"告官听勘",意在和平调停,并无出兵剿灭的打算。但巡抚邹应龙却轻信中军杨守廉等人的意见,私自移兵进剿,劫杀良民,抄掠村寨,不料侬兵乘机反攻,明军大败。消息传到朝廷,杨守廉被凌迟处死,邹应龙亦遭削籍。不久,明廷又任命王凝"抚处残侬",地方始安。④

又如,乌撒(今贵州咸宁)与永宁(叙永)宣抚司、乌蒙(云南昭通)军民府

---

① 张居正:《张太岳集》卷27《答云南巡抚王毅庵》,第328页。
② 张居正:《张太岳集》卷27《答滇抚王毅庵论夷情戒多事》,第330页。
③ 以上皆引自张居正《张太岳集》卷23《答云南巡抚阮沙城》,第281页。
④ 《明神宗实录》卷66"万历五年闰八月己酉"条,第1453页。

及贵州水西(黔西北)、云南沾益(在今宣威)等处,"境土相连,世戚亲厚",并无衅隙。万历元年(1574年),安国亨杀死安信,信兄贵州宣慰司头目安智及其子安国贞勾结永宁宣抚司土官奢效忠进行报仇,彼此相攻,厮杀不已,给地区人民带来深重的灾难。① 五年(1577年),贵州巡抚都御史何起鸣等人经过勘合,认为安国亨、安智各有罪过。② 但为了不再激起新的矛盾冲突,只是"将二酋治以首先违约之罪"③。六年(1578年),又按照"蛮俗"通过罚牛的方式进行了调处,并责令其"务悔祸息争,以保境安民"④,"消释仇怨,共保宗族,不得背盟起衅"⑤,"如违约启衅,剿除不赦"⑥。十余年的仇杀,至此得到了圆满解决。对此,张居正禁不住感慨道:"不烦一兵,不费一粟,而凶狡服罪,地方收宁。"⑦

再如,缅甸宣慰使莽瑞体,从嘉靖后期开始,即挑动邻近土司,数为边患。当时,明廷的对策是"荒服之外,治以不治"⑧。万历元年(1573年),莽瑞体入犯陇川(今云南陇川西南),孟养(今缅甸卡杜附近)土司思个奉檄阻击,大败之。莽瑞体虽败回本土,但仍准备兴师复仇。边疆的动乱,引起朝廷的关注,张居正曾向由滇返京的官员了解敌情,获悉敌方"有兵百万,战象万余,西南诸夷,尽为所并,交趾亦半属之"⑨。他疑信参半,写信给王凝,言简意赅地谈出他的治边之道:

> 大抵修内治,饬武备,虽边围无虞,亦不可懈。岂视外夷强弱为缓急乎?自今该道兵宪及州县正官,宜慎选其人,稗加意整饬,使远至迩安,则有备无患之道也!⑩

① 张廷玉:《明史》卷312《四川土司二》,第8052页。
② 《明神宗实录》卷69"万历五年十一月丙寅"条,第1495—1496页。
③ 《明神宗实录》卷79"万历六年九月乙丑"条,第1697页。
④ 张廷玉:《明史》卷311《四川土司一》,第8010页。
⑤ 《明神宗实录》卷77"万历六年七月癸酉"条,第1665页。
⑥ 《明神宗实录》卷69"万历五年十一月丙寅"条,第1496页。
⑦ 张居正:《张太岳集》卷23《答贵州抚院阮沙城》,第273页。
⑧ 张廷玉:《明史》卷315《云南土司三》,第8133页。
⑨ 张居正:《张太岳集》卷29《答滇抚王凝斋》,第361页。
⑩ 张居正:《张太岳集》卷29《答滇抚王凝斋》,第361页。

信中表达的一个核心意思就是："修内治,饰武备",这是张居正巩固边防、防御边乱的指导思想。尽管边地各土司中,或因实力渐强,不可避免地产生了向外扩张、掠夺的野心;或因与邻地土司存在宿仇经常发动战争,但就专制王朝而言,选用廉洁干员,主持边地各道及府州的政务军务,确是避免贪官污吏压榨土司导致内犯的一项重要措施,而加强边地军事实力,又是巩固边防,抑强扶弱的要务。不过,万历初年,从朝廷部院大臣到封疆大吏,积重难返,张氏的上述主张,并未完全付诸实现,致使边地隐患,始终未能消除。但纵然如此,其间张居正在调处土司间的矛盾,防止酿成战祸方面确实功不可没。

另外,万历七年(1579年),张居正在《答云南巡抚》的信中,对滇抚刘世曾关于云南各土司只能"因俗以治"的观点表示赞赏,同时他对罗雄(罗平)土官者继荣、水西土司安国亨提请驱逐沾益(在云南今宣威)女土官安素仪嗣子安乐一事的久悬不决提出看法,认为安乐到沾益已经四五年,颇孚人望,地方当局应从大局出发,慎重行事,而不能偏听者继荣等人的一面之词,贸然同意把安乐逐走。张居正觉得,"此系地方安危甚重",不能再悬而不决。所以他强调"今但当据沾益部众所推戴,保立者为之题请"[1]。值得注意的是,就在这封信中,张居正谈到,"国亨虽悍,近乃遵仆五章之约,奉职准谨",所谓"五章之约",即隆庆四年(1570年)他指授滇抚阮沙城、和平解决安氏战乱的约法五章。顾名思义,就是张氏拟定、让各土司遵守的约法。由此亦可见,从隆庆后期到万历初的十多年间,在妥善解决某些土司间纠葛,防止酿成战祸危害地方等方面,张居正确实作出了重要贡献。

2.调节土官与土民之间的矛盾。应该说,这种矛盾在民族内部矛盾中间是非常普遍的。盖因如此,历来史家并不着意对此加以记载。毫无疑问,在张居正改革期间,土官与土民之间的矛盾是一直存在的,对于此,明廷采取的措施主要是和平调解。但万历初年,明朝统治者始终将土官与土民之间的矛盾视为"统治者与被统治者"之间的矛盾,所以解决的方式虽然是和平的,但处理的结果仍然倾向于土官,这又反映了张居正改革时期民族政策的本质并无根本变化,传统的民族压迫政策仍然根深蒂固,发挥着持久的作用。

---

① 张居正:《张太岳集》卷32《答云南巡抚言沐镇守、安土司事》,第395页。

当然,张居正改革期间,和平解决少数民族之间的矛盾是以不损害明朝的统治利益为前提的,一旦民族矛盾不断激化,并发展成为较大规模的民族起义和叛乱,进而影响到周边其他少数民族的安宁,危及朝廷的统治时,明廷便会付诸行动,加以残酷镇压。

(二)招抚起义族民

与军事讨伐相对应,明朝对南方少数民族的政策还有一个基本内容,这就是"威怀"。所谓威怀,即以军事力量为后盾,尽量施以怀柔,以使这些地区的少数民族臣服朝廷。明初时,统治者即强调:"驭蛮夷之道,惟当安近以来远,不可因恶以累善。"①,"抚驭蛮夷,当从简略"②。平时在险要之处,设兵防守,以保无事,只有在招抚失效的情况下,才调兵进剿。但此后明朝统治者对于这一方针的执行,完全取决于边防形势与民族形势的变化,以及对统治者威胁大小的审视。只要对明朝地方的统治构成严重威胁,明廷必定以"威"为主,进行全力征剿,但若威胁不大,则常以怀柔居多,这就是明朝在南方少数民族地区推行"先抚后剿"的民族政策的基本逻辑。就"威怀"的具体措施而言,大体可分为招降、安抚两个方面,二者相互结合,效果显著。

自明初以降,明王朝就重视对少数民族首领及其属民进行招降,认为:"蛮夷之人,性习虽殊,然其好生恶死之心未尝不同。若抚之以安静,待之以诚意,谕之以道理,彼岂有不从化者哉!"③但招降之后,"降夷"能否安心,安抚工作发挥着重要作用。一般而言,明代的安抚措施大体分为:政治上封爵、授官;经济上厚加赐赏,有时免除征纳;文化上设立学校,施以教化;甚至在生活也予以礼遇。这些,对于社会经济相对落后的民族地区首领及属民都有很大的诱惑力,故而往往成为历代中原王朝处理民族关系行之有效的政策。万历初年,虽然处理南方少数民族矛盾的主要措施是军事征讨,但也从未放弃通过招抚方式来解决民族问题。此主要表现在政治、经济和文化教育三个方面:

1.通过编制户籍、设立机构和规范土官承袭制度等政治途径来安抚南方

---

① 《明太祖实录》卷173"洪武十八年六月甲午"条,第2639页。
② 《明宣宗实录》卷84"宣德六年十月癸丑"条,第1937页。
③ 《明太祖实录》卷34"洪武元年八月戊寅"条,第613页。

少数民族。

首先,对于那些长期以来尚未纳入明朝户籍的少数民族,张居正改革集团积极进行招降,新编户籍。如四川威(今理县北)、茂(今茂汶羌族自治县)地区的番人,宋、元时为羌人所据,至明代,也一直"置之籍外",尚未降服。直到万历四年(1576年),四川静州(今马尔康西北)长官司招降了岐山沟口寨生番日勺伯、什巴只等,鸡公寨生番库思铁牙、麻子儿子、库别等以及木部如寨生番儿卜债、贺儿特、布血大等,他们表示"皆以愿充编氓"。明廷认为"蛮夷慕义,作我藩篱",所以指示四川巡抚罗瑶等人"应加拊恤,仍给赏以示怀柔"。①又如,贵州苗坪、夭漂的苗民,长期以来与明隔绝,"未为汉所属"②。自万历六年(1578年)十一月至万历九年(1581年)九月,在都御史何起鸣、王绪以及指挥郭怀恩等人的招降努力之下,贵州苗坪、夭漂③苗族首领党银、阿盖等先后率领一百五十六寨(其中苗坪九十九寨,夭漂五十七寨)归附明朝,并愿意向朝廷纳贡输赋。对此,明廷一方面改其地名为"归化",一方面将降服苗民编入都匀府(治今贵州都匀)版籍④,并在苗坪立都保一人,通事二人,头目十人,寨长九十九人;夭漂立都保一人,通事一人,头目五人,寨长五十七人;而以指挥一人,军二十人,"常从把总巡徼"⑤。再如,四川罗打鼓、那竹等寨生番血热等长期住牧边外,"负固难驯"。至九丝都蛮起事荡平之后,畏于明朝军威,遂于七年(1579年)春率属部一百六十二户向明内附,明廷也按照旧例将其编入户籍,封血热等人官爵,并予以赏赐。⑥

其次,为了安抚降服的少数民族首领及其部属,明廷增设专门的管理机构。如万历九年(1581年)十月,由于广东瑶民首领莫京彪等率属民内附,接受编户,明廷特意在连山县(今属广东)设立了宜善巡检司以便管理。⑦ 十年

---

① 以上皆引自《明神宗实录》卷50"万历四年五月乙未"条,第1145页。

② 鄂尔泰,等:乾隆《贵州通志》卷23《武备》,《文渊阁四库全书》本,第571册,第637页。

③ 乾隆《贵州通志》卷23《武备》载:"夭漂者,苗坪黑苗种也。在湖、贵、川、广界,与者亚鼎足居,每入汉必道者亚,顾为生苗前,此未为汉所属。"(第637页)

④ 《明神宗实录》卷106"万历八年十一月丙子"条,第2051页,卷117"万历九年十月壬寅"条,第2203页;毛奇龄:《蛮司合志》卷3《贵州二》,第365页。

⑤ 毛奇龄:《蛮司合志》卷3《贵州二》,第365页。

⑥ 以上皆引自《明神宗实录》卷86"万历七年四月辛巳"条,第1800页。

⑦ 《明神宗实录》卷117"万历九年十月辛丑"条,第2202—2203页。

（1582年）兵部奏报，广西贺县、里松、八峒、樊屯、势江等处瑶、侗族民长期盘踞山中，四处流劫，经过招抚已经降服。① 对此，明廷采取了按抚措施，一方面进行编户，同时还在樊屯、势江二处建立土司。但由于贺县、里松、八峒等处瑶、壮族民，居住分散，延袤百里，界联云南、贵州、广西三省，"身虽向化，心尚怀疑"②。因此，根据广西督抚郭应聘的建议，明廷一方面对降服族民进行编户，一方面建立土司，任命名色把总犁邦伯等人为土官，管束瑶、壮族民。③

再次，对于土官的继承的问题，长期以来，"因诸司驳查，吏胥勒诈，遂生异心"④，成为导致与明廷矛盾的重要原因。鉴于此，张居正改革期间从"抚镇"的角度出发进行了规范："但遇夷司告袭，即行参守亲勘，仍与宽假以便替补，应纳例银，或减半徵谷，其报生应袭，幼给冠带，长授职级，正枝无嗣，旁枝有能约束地者，照例与之，不必重勘。"⑤封官赐爵是安抚少数民族首领的一条重要途径。所以，在处理民族关系时，张居正改革集团不惜以封官赐爵进行招抚，"因而官之，此真御夷上策，而抚远夷自近夷始，处夷情自内治始"⑥。所以在处理民族关系的实践中，亦不惜以封官赐爵进行招抚。如万历五年（1577年）七月，孟养（今缅甸卡杜附近）首领思个叛附缅甸宣慰使莽瑞体，明廷鉴于其尚有"悔心"，遂提出"授以原职，还其牌印，以招来之"。⑦

2.通过发展社会经济来安抚南方少数民族。应该说，这是解决民族问题的最重要、最根本的途径。万历初年，通过这一途径按抚少数民族是明朝统治者一直坚持的政策，尤其是每当单靠武力镇压无法把各少数民族的联合起义镇压下去的时候，明廷往往会改武力镇压为军事震慑和发展社会经济并用的策略。以广东瑶区为例，这种相对灵活的民族首先是由隆庆年间两广总督殷正茂（字养实，歙县人）提出的，而政策的真正决策者和主持者则是万里之外的首辅张居正。隆庆六年（1572年），殷正茂提出："岭海兵机，议事者主剿，黜

---

① 《明神宗实录》卷123"万历十年四月戊戌"条，第2293页。
② 《明神宗实录》卷123"万历十年四月戊戌"条，第2293页。
③ 《明神宗实录》卷123"万历十年四月戊戌"条，第2293页。
④ 《明神宗实录》卷64"万历五年七月戊子"条，第1416页。
⑤ 《明神宗实录》卷64"万历五年七月戊子"条，第1416页。
⑥ 《明神宗实录》卷64"万历五年七月戊子"条，第1416页。
⑦ 《明神宗实录》卷64"万历五年七月戊子"条，第1416页。

为事者,则权宜于抚剿之间。"①即不单是以征剿来对付瑶民起事,而更重要的是通过安抚和发展瑶区经济来平息瑶民起事。但是,由于殷正茂的建议损害了那些试图借征剿广东谋求私利的官员的利益,因而遭到他们的反对。对此,张居正分析说:没有战事,官军只有"株守穷荒,升斗之粟,不足以糊口",只有挑起事端,制造矛盾,才能"有掳获之利,功成有升赏之荣"②。于是,张居正及时给殷正茂回信,指出:"广事之坏,已非一日,今欲振之,必宽文法、假便宜乃可",并说:"近来议者纷然,朝廷既以阃外托公,任公自择便宜行之,期于地方安宁而已,虽弹章盈公车,终不为摇也。"③正是张居正这一态度,使殷正茂的建议得到了强有力的支持,也为安抚政策的顺利推行铺平了道路。万历四年(1576年),凌云翼接替殷正茂出任两广总督。凌氏在罗旁之役后,向张居正报捷,居正复函指出:"宜乘此势,多方招徕,开其生路,随宜处置,务绝后患,则一劳永逸之策也。"④并采纳凌云翼关于开发瑶区经济的一系列建议,调拨财力物力,并督促中央部院予以支持。七年(1579年),刘尧诲出任两广总督,张居正致书刘氏,提出了"辟除草莱,开通径路","以衣冠之旧族处邑之近地"等开发瑶区的建议⑤,刘尧诲较好地贯彻了这一意图。经过殷正茂、凌云翼、刘尧诲等人的大力经营,张居正改革期间广东瑶区社会经济的开发进入了新时期。

此外,为了保证少数民族地区经济的恢复发展,免除征纳也是按抚政策的重要内容,这一措施在军事镇压之后,或遭逢灾祸时较为常用。例如,镇压罗旁起义后,由于该地区"连岁多事,耕牧尚鲜,承佃者又多隔郡之人",明廷打破原来三年起科的先例,对当地的田赋"调停少宽之",以使"招来之民,得有定居"。⑥ 如前所述,在平定民族起义之后,明廷即通过各种措施加以按抚,应该说这与张居正的倡导密切相关,他经常说道:"贼首已首服,宜宣布威信,许

---

① 《明神宗实录》卷8"隆庆六年十二月癸丑"条,第277页。
② 张居正:《张太岳集》卷31《答两广刘凝斋言贼情军情民情》,第384页。
③ 张居正:《张太岳集》卷24《答两广殷总督》,第290页。
④ 张居正:《张太岳集》卷29《答两广凌洋山》,第348页。
⑤ 张居正:《张太岳集》卷31《答两广刘凝斋言贼情军情民情》,第384页。
⑥ 张居正:《张太岳集》卷33《答两广总督刘凝斋》,第412页。

其自新,不宜轻调兵动众,从容以计取之。"①张居正是这样说的,也是这样做的。如,在平定云南"侬贼"起事后,张居正在给云南巡抚王凝的信中说:"自宜相机抚处,黾勉狐狸之区,得其地不可耕,得其民不可使,因俗为制,使不为大害而已,何为轻动大众,以事无益耶。简静行事,协和总戎,此二言者望公终纳之。"②

3.在南方少数民族地区发展文化教育。继承本朝在少数民族地区"励名教以变夷俗"③的基本方针,设立学校,任命学官,广兴教化同样是张居正改革时期采取的主要措施。如万历四年(1576年),规定广西、四川、云南等处,凡改土归流的州县设有学校的,提学官员要严查学籍,只有"土著之人"方可入学,而不许各处士民冒籍滥入。④ 在设立学校方面,自明初以来,明朝已经在南方少数民族地区先后建立了儒学、卫学、庙学、医学、阴阳学等多层次学校。张居正改革仅十年,限于时间,其间新建的学校较少,而多是修复原有的儒学、卫学等。如二年(1574年),按照两广督抚殷正茂的题奏,在"改流"不久的广西左州(今崇左市江州区)、新宁(今扶绥县新宁镇)二州建立儒学,各设学正一员。⑤ 临安府(今云南建水县)的庙学,元至元二十二年(1362年)由宣抚使张立道创建,此后遭到破坏。万历三年(1575年)知府昌应时进行了修筑,并建立了文星阁。⑥ 曲靖府(今云南曲靖市)的庙学,创建于洪武十七年(1384年),永乐、景泰间先后重修。万历七年(1579年),巡按刘维再加修葺,并补建了一个进贤楼。⑦ 凡此,皆意在通过向土司官民灌输儒家思想,使少数民族人民渐被"德化",渐染"中华之教",进而"用夏变夷"⑧,以达到长期统治少数民族的目的。

---

① 张居正:《张太岳集》卷 21《答湖广抚院刘唐官》,第 261 页。
② 张居正:《张太岳集》卷 27《答云南巡抚王毅菴》,第 328 页。
③ 张廷玉:《明史》卷 301《列女一》,第 7707 页。
④ 俞汝楫:《礼部志稿》卷 24《学校·儒学》,《文渊阁四库全书》本。
⑤ 《明神宗实录》卷 25 "万历二年五月癸未"条,第 629 页。
⑥ 鄂尔泰,等:(乾隆)《云南通志》卷 7《学校》,《文渊阁四库全书》本。
⑦ 鄂尔泰,等:(乾隆)《云南通志》卷 7《学校》。
⑧ 如《明神宗实录》卷 25 "万历二年五月癸未"条载:"建左州新宁州儒学各设学正一员。从两广督抚殷正茂等题称二州改土为流,正用夏变夷之机也。"(第 629 页)

　　通过上述分析,我们认为,社会经济发展的巨大差距和对中原社会经济的依赖是南方少数民族顺服明朝的根本原因,也是明廷招抚措施往往能够实现并取得显著成效的主要缘由。和中原地区相比,南方少数民族地区经济发展迟缓,生产力水平低下,但这种差距不仅不会成为少数民族与中原汉族接近的障碍;相反,还会成为拉近二者距离的强大力量。在少数民族地区,要发展社会经济,除了自我发展而外,还必须仰赖于中原地区的支持和影响,而中原王朝亦不时利用自身的优势来吸引周边落后的少数民族,以达到巩固政权统治的目的。在民族融合的历史过程中,某些南方少数民族因多种原因发生了叛乱、起事或隔离现象,这只是偶然因素;长远来看,在明王朝强大的政治权力和军事力量的威慑下,小规模的民族叛乱和短期的民族隔离,一般都会得到顺利解决,而解决的方式无非镇压抑或招降。而且,镇压与招降的选择决定于明王朝对民族问题"严重性"的估量和对双方利益的权衡,一旦民族问题危及统治者的利益,军事镇压是首选方式,否则怀柔的招抚就会派上用场。当然,"抚"是以"降"为前提的,降则抚,不降则杀。如万历六年(1578年),昭平等"蛮贼"二百三十七村,计男妇二万二千六百余人投降,明廷"俱经编甲当差",进行安抚;而对于那些"负固不悛者",则擒斩首级三百四十一名颗,俘获一百五十二名。① 无疑,招抚怀柔自然较之军事镇压更具积极意义,但通过前文分析可知,在张居正改革时期,针对南方少数民族的各种政策中间,军事镇压似乎更占主导地位,反映了张居正在处理南方少数民族问题的局限性。客观地说,张居正改革期间推行的招抚政策,促进了南方少数民族社会政治、经济、文化的持续发展,缩短了南方少数民族地区与内地之间的差距,加强了南方少数民族地区与王朝中央的交往关系。在短短十年的改革期间,尽管民族矛盾、民族冲突时有出现,甚至时常发生血与火的斗争,但在长时期,大幅度"夷汉杂居"的社会环境中,汉族和各少数民族通过生产、生活的接触、交往,对经济、文化领域发生了广泛交融产生了深刻的影响;同时,南方各族的生产、生活视野大大拓扩展,从而为南方多元民族文化的形成与彰显起到了历史性的整合作用。

---

① 《明神宗实录》卷84"万历七年二月乙未"条,第1769页。

三、调整贡赋制度,试行改土归流

(一)调整贡赋制度

在明代,南方土司的贡赋是土司制度的重要内容之一。一方面,通过贡赋,明廷可以从各民族地区获取一定的财物;另一方面,又可以从政治角度考察土司土官是否忠于朝廷,可谓一举两得。

明朝对土司土官的贡期、贡物、进贡人数、回赐等有详细规定。一般而言,土司的贡期多为三年一次①,也有一年或二年一次的,如"长河西等处军民安抚司,一年一贡"②。贡物多为珍宝和方物,如马、象、犀角、孔雀尾、象牙、象钩、象鞍、象脚盘、蚺蛇胆、金银器皿、宝石、围帐、花藤席、降香、黄蜡、槟榔等。③ 还规定了贡物的数目,并对某地某土司贡某种器物都有规定。对于朝贡人数,根据各土司的不同情况,规定了不同的入贡人数。如在湖广地区,"湖广土官袭授宣慰、宣抚、安抚职事者,差人庆贺,每司不许过三人。其三年朝觐,每司止许二人,大约各司共不过百人,起送到京者不过二十人,余俱存留本布政司听赏。"④如有超者,即令减少,按规定人数进京。如嘉靖七年(1528年),"容美宣抚司、龙潭安抚司每朝贡率领千人。……礼部按旧制,进贡不过百人,赴京不过二十人"⑤。另外,为招徕各民族来朝,凡进贡者,明廷必给予赏赐,赐物数量多少不一,一般根据土官品级高下,赐给钞、彩缎等物。

张居正改革时期,一方面承袭旧制,一方面鉴于民族形势的变化,在某些方面作了细微调整。主要表现在:

1.从进贡次数来看,不再有严格的规定。进贡次数趋于增多,其中以四川

① 据《明史》卷310《湖广土司》载:按规定,"凡诸番国及四夷土官人等,或三年一朝";又"永顺宣慰彭添保遣其弟义保等贡马及方物,赐衣币有差。自是,每三年一人贡"(第7991页)。同书卷311《四川土司》亦载:乌撒、乌蒙、芒部、东川"诸土知府三年一人贡,以为常。"(第8005页)

② 万历《明会典》卷108"礼部",第581页。

③ 万历《明会典》卷108"礼部",第581—585页。

④ 万历《明会典》卷108"礼部",第581页。

⑤ 张廷玉:《明史》卷310《湖广土司》,第7989页。

各土司最为典型。仅据《明神宗实录》统计,自万历元年(1573 年)至十年(1582 年),四川达思蛮长官司、长宁安抚司、万里箐寨、马湖府蛮夷长官司、九姓长官司、酉阳宣抚司、乌蒙军民府、朵甘思宣慰司、播州宣慰司、杂谷安抚司等,进贡次数多达二十次,平均每年两次,其中万历元年一年就达八次,长宁安抚司在万历元年(1573 年)九月、十月就先后两次入贡。相形之下,其他各省土司进贡次数则较少。如贵州各土司进贡仅四次,分别是万历元年(1573 年)九月,贵州宣慰使司进贡;①二年(1574 年)正月,贵州各宣抚、安抚、宣慰等各差土舍、族目等进贡马匹等物;②三年(1575 年)九月,贵州宣慰司宣慰使宋德懋、宣慰土舍安民等各差人赴京庆贺万寿圣节;③九年(1581 年)九月,贵州宣慰司土舍安国亨差舍人安乐等三人,进京贡马。④ 广西土司更少,仅进贡两次,且皆为广西泗城土官岑承勋所贡,一次是二年(1574 年)正月贡马及香炉等物;⑤一次是万历五年(1577 年)八月,知州岑绍勋及所属程县上林长官司差岑海等赴京进贡马匹、银器等物。⑥ 而云南、湖广各土司,在《明神宗实录》、《明史》中没有进贡的相关记载。之所以会有上述不同,其原因主要在于:在张居正改革期间,四川土司基本与明廷保持着和平交往,少数民族起义叛乱、起义事件较少,加之距离中原较近,长期以来与中原的各种交往已经密切,对中原的依赖逐渐加强,所以进贡次数相对较多。相反,贵州、广西、云南等处,隆、万之际多次发生民乱,很多土司应明廷征召出兵征讨,而无暇顾及进贡事宜;同时,例行进贡的财物和交纳的赋税,更多地被用作军饷来支持明朝的军事行动,而未能进京入贡。

2.从进贡的规模来看,各土司进贡人数相差较大,其中仍以四川土司为多。如万历元年(1573 年)九月,四川长宁安抚司差番僧被只等三百人入贡珊

---

① 《明神宗实录》卷 17"万历元年九月戊寅"条,第 493 页。
② 《明神宗实录》卷 21"万历二年正月丁酉"条,第 569 页。
③ 《明神宗实录》卷 43"万历三年九月癸未"条,第 976 页。
④ 《明神宗实录》卷 116"万历九年九月壬戌"条,第 2187 页。
⑤ 《明神宗实录》卷 21"万历二年正月丁酉"条,第 569 页。
⑥ 《明神宗实录》卷 65"万历五年八月丁巳"条,第 1142 页。

瑚等物。① 这一数量大大超过各土司进贡"多不过一百人"②的规定。比较而言,其他各省土司的进贡规模较小,甚至出现了每次进贡人数只有几人的情形。如前述万历九年(1581年)九月,贵州宣慰司土舍安国亨仅派遣舍人安乐等三人入贡。③

3.从进贡者的身份来看,宗教首领入贡的现象较为普遍。如万历元年(1573年)二月,四川金川寺渲化禅师派遣都纲、头目二百七十五人,进贡珊瑚等物。④ 此后,又先后三次进贡。又如,乌思藏阐化王先后派遣僧人进贡三次,其中规模较大的一次是四年(1576年)五月,四川乌思藏阐化王差国师短行藏卜、番僧藏卜等,大宝法王差国师喃哈锁南、番僧喃哈等,各备铜佛、珊瑚等,赴京进贡。⑤ 另外,四年(1576年)正月,弘化寺番僧锁南星吉等进贡马驼、番犬、铜佛、舍利、酥油等物。⑥ 这些都表明:万历初年,明朝与西南少数民族在宗教领域的交流是积极有效的。

由上可见,在张居正改革时期,南方土司的进贡已经打破旧例,在入贡次数、规模、方式上都有所调整,宽松。但在朝贺等特殊情况下,各土司则必须严格按照规定履行义务。如万历元年(1573年)九月,贵州宣慰使司由于入京朝贺超过期限,对其赐赏减半,并且布政使司等官各夺俸一月。⑦

除了朝贡而外,缴纳赋税也是南方少数民族土司向明廷承担的一项重要义务。明朝将土司所纳赋税称之为"差发","认纳粮差"⑧或"岁各出差发银"⑨。明初,土官纳赋"听自输纳",后来才逐渐规定数额,"自今定其数以为常"。⑩ 总体上,明朝对土司所征差发银是较轻的,"多不过二千五百两,少者

---

① 《明神宗实录》卷17"万历元年九月戊子"条,第479页。
② 万历《明会典》卷108"礼部",第582页。
③ 《明神宗实录》卷116"万历九年九月壬戌"条,第2187页。
④ 《明神宗实录》卷10"万历元年二月壬戌"条,第346页。
⑤ 《明神宗实录》卷50"万历四年五月乙巳"条,第1153页。
⑥ 《明神宗实录》卷46"万历四年正月壬寅"条,第1035页。
⑦ 《明神宗实录》卷17"万历元年九月戊戌"条,第508页。
⑧ 《土官底簿》卷下"南丹州知州"条,《文渊阁四库全书》本,第599册,第402页。
⑨ 毛奇龄:《蛮司合志》卷8《云南一》,第400页。
⑩ 张廷玉:《明史》卷316《贵州土司》,第8168页。

四十或五十两"①。并且,遇上灾害或土司有功等情形,还会酌情予以蠲免。②张居正改革时期,在差发方面的政策较为灵活,如在新内附的少数民族地区,一般会在开始几年免除差发,而对原来的土司则根据情况贯彻差发制度。实际上,诚如马克思指出的那样:"捐税体现着表现在经济上的国家存在。"③明朝向南方少数民族征收贡赋,目的不在经济上的所得,而是注重在政治上的影响,完全体现的是一种国家制度的赋税义务,也说明了南方等少数民族地区接受明廷的有效管辖,二者是一种无可辩驳的"君臣"关系。

(二)试行改土归流

自元代始,土司制度行于西南地区的贵州、四川、云南,还推广于中南地区的湖南、湖北以及广西等省的少数民族地区。相较元代土司制度,明代的土司制度日臻完备,土流有别,文武有序,官品略与流官比同,袭替参照流官任免之例,兴教化以变其俗,定贡赋以传声教,供调遣以为朝廷驱使,在政治、军事、经济、文化、思想各方面都纳入国家统一制度,成为中央王朝对少数民族进行统治的工具。但在其发展过程中,土司制本身存在的缺陷日益暴露出来。所以,自明初始,明廷就陆续推行"改土归流"政策或"土流合治"政策④。张居正改革时期,"改土归流"仍在进行,虽次数较少,规模不大,但也代表了张居正改革集团在"归流"问题上的基本倾向,而且为万历后期"改土归流"新高潮的到来奠定了基础。

1.从"改土归流"的规模上来看,由于张居正改革时间仅十年,限于时间,在西南的民族政策主要是平定长期以来的民族起义,而在"改流"政策上规模较小,次数不多。见诸史籍者主要有:

---

① 毛奇龄:《蛮司合志》卷8《云南一》,第400页。
② 张廷玉:《明史》卷316《贵州土司》,第8168页。
③ 马克思:《道德的批判和批判化的道德》,《马克思恩格斯选集》第1卷,人民出版社1995年版,第619页。
④ 明代在西南地区推行"改土归流"始于明建之初,但各地开始时间有又不同。最早是从广西开始的,例如洪武元年(1368年)将忻成土司改为流官知县。贵州地区的"改土归流"是永乐年间开始,永乐十一年(1413年),废思南、思州二宣慰司,并邻境之地设思州、思南、镇远、铜仁、石阡、黎平、乌罗、新化八个流官府。在云南的"改土归流"是从正统年间开始的,正统八年(1443年),改鹤庆土府为流官知府。在四川的"改土归流"是从弘治年间开始的年,弘治八年(1495年),改马湖土府为流官知府,但知府驻地以外的泥溪、沐川、平夷、蛮夷4长官司仍然是土司的势力范围。

一是万历二年(1574年),明军剿平定四川都掌蛮起义后,改戎县为兴文县,改土官县为流官县。①

二是隆庆六年(1572年)分宣化及忠州、江州地而置新宁州(今广西扶绥县),设流官②;万历二年(1574年),又在新宁州建立儒学。③

三是广西养利州(今大新县),元代时属太平路。洪武初,土官赵日泰归附,授知州,以次传袭。自宣德始,屡侵其邻境,大肆杀掠。万历三年(1575年)讨平,改设为流官。④ 明年,又在养利州建立学校,并规定,以后云南、四川凡改土为流州县及土官地方建学者,都按照养利州为例。⑤

四是万历八年(1580年)五月,由于贵州麻哈州土同知管州事宋珠纵容其子犯了大辟之罪,以此为借口,明廷革其职任,改为流官,并令其子孙只能以州同知职衔在都司府办事,而不允许干预州事。⑥

凡此之类,可见万历初年还没有形成改土归流的高潮。其中原因,除限于时间外,更主要的是因为当时还不具备大规模进行改土归流的条件。例如,万历初,云南临安(今建水县)土官普崇正勾引"侬贼"起事,抚臣邹应龙兵剿削平之后,建议改土为流。针对此事,万历三年(1375年),兵部提出反对意见,以为普崇正等猖乱弄兵,应该剿灭,以绝祸根,但推行改土为流似不合事宜,并指出"祖宗时,平定寰区,力屈群雄,岂不尽天下土宇而郡县之,而不尽然者,良有深意,譬之蜂蚁,令之以类相从,亦王者不深治之意"⑦。这一事例从侧面

---

① 张廷玉:《明史》卷290《张振德传》,第7442页。按,关于改县名的时间,《大清一统志》卷301载:"万历三年,改名兴文县。"(和珅,等:《大清一统志》卷301,第195页)雍正《四川通志》卷2则作"四年",(张晋生,等:雍正《四川通志》卷2,《文渊阁四库全书》本,第559册,第83页)皆误。

② 和珅,等:《大清一统志》卷364,第474页。

③ 谈迁:《国榷》卷69"万历二年五月癸未"条,第4247页。

④ 张廷玉:《明史》卷318《广西土司二》,第8233页。

⑤ 《明神宗实录》卷50"万历四年五月乙未"条,第1145页。

⑥ 《明神宗实录》卷100"万历八年五月辛卯"条,第1989—1990页。

⑦ 《明神宗实录》卷39"万历三年六月庚寅"条,第912页。王阳明亦曾言称:"盖蛮夷之性,譬犹禽兽麋鹿,必欲制以中土之郡县,而绳之以流官之法,是群麋鹿于堂室之中,而欲其驯扰帖服,终必触樽俎,翻几席,狂跳而骇掷矣。故必放之闲旷之区,以顺适其犷野之性,今所以仍土官之旧者,是顺适其犷野之性也。"(王阳明:《王阳明全集》卷14《处置平复地方以图久安疏》,上海古籍出版社1992年版,第480页)

反映出在张居正改革期间关于改土归流政策是存在争议的,也说明当时尚缺乏大规模改土归流的契机和条件。对此,王钟翰在论述明代"改土归流"时有精辟分析,他说:"这是因为明代土司制度还处在全盛时期,一方面土司制度对明王朝的统治还能起到一定的作用;另一方面土司势力还比较强大,可以利用群众的力量起来反抗改流。同时明代改流的土司地区,大部分处于地主经济兴起的时期,还未能彻底战胜领主经济,就是说土司统治的社会基础还没有受到根本的破坏,明王朝也没有力量对改流地区进行完全的控制,决定了明代"改土归流"的不彻底性和反复性①。所以,"改土归流"就只有在条件完全成熟的清朝才能彻底进行。

2.从"改土归流"的目的言之,张居正改革时期推行"改流"的直接动因在于:在政治上,除去土司的世袭制;在经济上,取消奴隶制和封建领主制的残余,变土司对土民的剥削为中央王朝直接进行粮赋的剥削;在军事上,解除土司的武装和收缴土司的武器,加强对民族地方的直接军事控制。这些与以前"改土归流"并无二致,最终目的都是要对土司统治的各民族地区实行直接的统治。

3.从"改土归流"的实际效果和长远意义来看,主要有:

一是对于普通土民而言,"改土归流"似乎更符合他们的切身利益。其关键在于:土司统治时期,土民分别承受着土司领主、奴隶主等地方政权和中央王朝的多重压迫,而改流后,领主、奴隶主政权皆被废除,土民只承担了政府方面的压迫,负担大大减轻。正因为此,所以在"改土归流"的过程中,很多土民表现得颇为积极,甚至请求明廷改土为流。例如万历末,贵州邛水(今三穗县)长官司杨光春等人贪暴,苗民不堪忍受,遂上诉改设流官,按照所请,明廷就任用汉经历刘试到邛水管事。②

二是开启了此后"改土归流"高潮的到来。例如,万历二十五年(1597年),云南顺宁(今凤庆县)土知府猛廷瑞与其兄争夺土司职位,被诬告为反叛

---

① 王钟翰:《中国民族史》,中国社会科学出版社 1994 年版,第 883—884 页。
② 毛奇龄:《蛮司合志》卷三《贵州二》,第 367 页;张廷玉:《明史》卷 316《贵州土司》,第 8168 页。

朝廷,"官兵悉剿除之"①,改为流官知府,并改大侯土州为云州流官州,隶属顺宁府。万历二十八年(1600年),明朝在镇压了播州(今贵州遵义市)宣慰使杨应龙的反叛后,"分播地为二:属蜀者曰遵义府,属黔者为平越府"②,原属播州宣慰司的按抚司、长官司亦同时改设流官。万历四十年(1612年),金筑安抚司土舍金大章请求改流,改金筑安抚司为广顺流官州。另外,万历年间在贵州"改土归流"的事例还有:改铜仁长官司为铜仁县,改龙泉坪长官司为九泉,改水德江长官司为安化县,等等。

三是客观上,改土归流加强了中央集权的统治,使各民族地区的基层政权与内地汉族完全趋于一致,各民族地区与汉族地区政治上的统一向前发展了,巩固了中央王朝对各民族地区的统治,也使多民族统一国家得到进一步的巩固。其结果是促进了"改流"地区各民族社会经济文化的发展。

当然,一些地方改土归流后,土司在当地少数民族中仍有一定的影响,而汉族流官往往不注意民族特点,忽视少数民族与汉族的差别,在催征赋役等各种事项时,肆意对土官、土民威逼勒索,掠夺土地,甚至侮辱,激起全民族的愤怒,加深了对流官、汉族地主及商人的民族仇恨。所以,万历初年,在改土归流的过程中,依然存在土官反对朝廷改流之举,甚至不惜发动武装叛乱。例如,万历三年(1375年),广西忠州(今属南宁)土官因历年仇杀,明廷议改直隶布政司,结果土官黄贤相等发动叛乱,不得已,只好按照提督两广殷正茂的建议,将忠州就近改属南宁府,仍实行土司制度。

综上,张居正改革期间,在南方少数民族推行的民族政策是不同于与北方蒙古族的政策的。以张居正为首的改革集团基本未改变自明建国以来,针对北方蒙古与南方少数民族的基本看法:即认为蒙古是"心腹之患",所以在政策推行"以守备为本"的防御政策,但没有将蒙古族的广大疆域纳入王朝的统治之下;而南方少数民族,已经纳入"职方",成为明王朝的臣民,正如太祖朱元璋所言:"天下守土之臣,皆朝廷命吏,人民皆朝廷赤子。"③所以,对于南方

① 张廷玉:《明史》卷313《云南土司一》,第8080页。
② 张廷玉:《明史》卷312《四川土司二》,第8049页。
③ 张廷玉:《明史》卷316《贵州土司》,第8168页。

少数民族,明朝的民族政策基本在土司制度的框架内,采取"以夷治夷","用夏变夷",使少数民族"畏威向化"①等民族理念和统治思想。同时,在张居正改革期间,同历代专制王朝一样,它的民族政策归根到底仍是一种压迫和歧视政策。因此,当它借助土司制度和军事镇压稳固了对南方少数民族的统治之后,便力图向土司地区榨取更多的贡纳,并尽可能的借机进行改土归流,以便实现对该地区的直接统治。为此,明王朝经常玩弄"以夷攻夷"的手段,挑拨各土司之间的关系,甚至利用这个土司的军队去镇压另一个土司的反抗,可以说,张居正改革期间在镇压南方少数民族起义时,征用土兵伴随始终。同时,与前代一样,整个张居正改革的十年间,一方面是朝廷借助土司巩固其在西南的统治,另一方面又屡次兴军平息来自西南民族的反抗斗争。但到了明朝末期,政治腐败不堪,阶级矛盾和民族矛盾尖锐,农民大起义,东北女真人兴起,西南边外缅甸洞吾王朝发难进攻。面对这种内困外焦、土崩瓦解的局势,明朝统治者不仅在内地加强了对人民名目繁多的征派和掠夺,而且在南方少数民族地区,同样加紧进一步对各族人民的压迫和掠夺。因此,明朝末年,南方地区的民族矛盾急剧尖锐,民族关系呈现出十分紧张的态势。从这个意义上讲,张居正改革时期对南方少数民族地区的民族政策实际上只是解了燃眉之急,并未产生持久长远的效果。

---

① 《明神宗实录》卷3"隆庆六年七月丙申"条,第88页。

第 五 章

张居正改革时期对女真族的民族政策及失误

张居正改革时期,辽东女真族的社会经济已经得到长足发展,原始的奴隶制走向瓦解,较之蒙古族,女真族表现出更为强劲的发展势头。在此情形之下,如何解决好与女真的关系,巩固国家的大一统局面,是张居正集团所要面对和解决的重大问题。但历史最终表明:张居正改革期间并未根据女真族发展的新形势,采取积极有效的民族政策,致使女真族在逐渐强大的过程中,与明的矛盾日渐加深,最终成为心腹之患。有鉴于此,以下在回顾和总结明初以来对女真族的民族政策演变的基础上,着重分析张居正改革时期应对女真族的民族政策及其失误。

一、张居正改革以前对女真族的民族政策

满族先民在明代被泛称为"女直"[1],依其社会发展水平以及地理分布,又分称为建州女真、海西女真、野人女真。[2] 明朝对女真人的统治问题,亦即对

---

[1] "女直"一词在宋、元时被广泛使用,明初偶尔称为"女真",例如《明太祖实录》卷142"洪武十五年二月壬戌"载:"故元鲸海千户速哥帖木儿、木答哈千户完者帖木儿、牙兰千户皂化自女真来归。"(第 2235 页)《明太宗实录》卷34"永乐二年九月壬子"条载:"女真野人头目鹿坛等三百七十五人来朝贡方物。"但明代文献亦多载为"女直",如"建州女直"、"海西女直"、"野人女直"等。

[2] 罗日褧:《咸宾录》卷2《女直》载:"种类不一,建州居中最强,地最险,房人视为咽喉,本

女真的民族政策问题。迄今为止,史界论及这一问题,多论述敕贡体制、马市贸易、明代女真族的社会性质以及明初、明末与女真的关系等,而没有通贯一代,对明朝在女真地区民族政策的发展演变作一纵向动态的考察。因之,为准确分析、把握张居正改革时期对女真族的民族政策及其得失,以下首先对明初以来对女真族的民族政策略作梳理。

(一)洪武至宣德:招抚各部,众建卫所

明朝建立伊始,即着手加强对女真地区的统治和经营。洪武二年(1369年),朱元璋诏谕元朝旧将纳哈出及辽阳等处官民,招抚其归降。四年(1371年)七月,明朝在辽阳设置定辽都卫指挥使司,总辖辽东诸卫军马,修治城池,以镇边疆。六年(1373年)六月,又设置辽阳府、州、县。① 八年(1375年),改定辽都卫为辽东都指挥使司,其属下先后设置了定辽、广宁、义川、宁远、沈阳、铁岭、三万、辽海、东宁等二十五卫。辽东都司名义上隶属山东布政使司,但因辽东"三面濒夷",为"神京左臂,最要害"②,所以明廷不以内地之治治之,并在十年(1377年)罢辽阳府州县。③ 在此过程中,明朝一直对女真各部多方招抚,来附者赓续不绝,各部酋长甚至表示,"愿往谕其民,使之来归"④。洪武二十年(1387年),明军进取金山(在今辽宁昌图西)等地,降服纳哈出势力。随后,明廷即派指挥使事刘显"招抚鸭绿江以东夷民",拟于"铁岭立站";同时又派指挥金事侯史家奴"领步骑二千抵斡朵里立卫",⑤只因粮饷难给,未久即撤兵。朱元璋撤州置卫,加强了辽东军事防御,适应了当时东北大部分地区还未

渤海遗孽,喜耕种缉纺,饮食衣服颇有华风,其近松花江者曰山夷,皆山居,即黄头女直。又北抵黑龙江曰江夷,即生女直,亦有室庐。海西山夷即熟女直,金人之遗种也。"(第46—47页)《山中闻见记》卷9《东人志·女直考》载:"自汤站东抵开原居海西者为海西女直,居建州、毛怜者为建州女直,极东为野人女直。"(第139页)万历《明会典》卷107《礼部六十五》载:"盖女直三种,居海西等处者为海西女直,居建州、毛怜等处者为建州女直,极东为野人女。"(万历《明会典》卷107《礼部六十五》,第579页)

① 《明太祖实录》卷83"洪武六年六月戊戌"条,第1485页。
② 《明神宗实录》卷383"万历三十一年四月戊申"条,第7216页。
③ 田汝成:《辽纪》,《辽海丛书》本,第2567页。
④ 《明太祖实录》卷142"洪武十五年二月壬戌"条,第2236页。
⑤ 《明太祖实录》卷189"洪武二十一年三月辛丑"条,第2857页。

归附的形势。

逮至永乐间,内外形势骤变。境外北元分裂,明蒙相持局面形成;境内政局稳定,经济复苏,明朝开始全面经略女真地区。明成祖为达到"藉女直制北虏"①的目的,大力招抚女真各部,实行安抚政策。一方面,陆续派遣官员前往女真地区,敕谕各部酋长:"等若能敬顺天意,诚心来朝,各立分卫给印信,授以名分、赏赐,俾而世居本土,自相统属,打围牧放,各安生理,经商买卖,从其往来,共享太平之福。"②另一方面,鼓励女真族民归附,宣谕:"女直野人来朝及互市者,悉听其便。"③明朝这一政策,得到女真各部酋长、族民的积极响应,归服者络绎不绝。④ 为此,明廷设置了羁縻卫所进行安置。永乐元年(1403年),"女真野人头目阿哈出等来朝,设建州卫军民指挥使司,以阿哈出为指挥使,余为千百户,所镇抚,赐诰印、冠带、袭衣及钞币有差"⑤。其后,又先后设置建州左卫、右卫。七年(1409年),东旺佟等四酋率众降,设奴尔干都司⑥,以四酋为都指挥,赐敕印;又自开原东北至松花江以西置卫一百八十四,所二十,诸小酋、头目为指挥、千百户、镇抚官。⑦ 迄止万历间,明廷根据统治的需

① 《明神宗实录》卷444"万历三十六年三月丁酉"条,第8431页。

② 《李朝实录抄》卷3"太宗五年四月庚寅"条。

③ 《明太宗实录》卷64"永乐五年二月己丑"条,第910页。

④ 如,永乐元年(1403年),"招谕奴尔干诸部野人酋长来朝,因悉境附"(管葛山人(彭孙贻):《山中闻见录》卷9《东人志·女直考》,《清入关前史料选辑》(第3辑),中国人民大学出版社1991年版,第139页)。"行人邢枢偕知县张斌往谕奴尔干,至吉烈迷诸部招抚之","于是海西女直、建州女直、野人女直诸部酋长悉境来附"。"女直野人头目买里的平住等二十九人来朝,赐之钞币","女直野人归秃等二十二人来朝,赐钞及织金丝袭衣","女直野人头目阿哈出等来朝。设建州卫军民指挥使司,阿哈出为指挥使,余为千百户、所'镇抚'赐诰印、冠带、袭衣及钞币有差"。永乐元年(1403年)十一月,"女直野人头目阿哈出等来朝,设建州卫军民指挥使司"(《明太宗实录》卷25"永乐元年十一月辛丑"条,第460页);同年十二月,"忽剌温等处女直野人头目西阳哈、锁失哈等来朝……置兀者卫"。(《明太宗实录》卷26"永乐元年十二月辛巳"条,第479页)

⑤ 《明太宗实录》卷25"永乐元年十一月辛丑"条,第460页。

⑥ 据《黑龙江乡土录》载:"奴尔干都司为朵颜、虎尔文卜颜、木兰诸卫。奴尔干之名,始见于《元史英宗本纪》及《地理志》。明洪武、永乐年间,边外归附,故设奴尔干都司以统属之,辖境至广,所属又朵颜卫,洪武时置。虎尔文卫,永乐三年置,卜颜卫,四年置。木兰河卫,五年置。卜颜为巴颜之对音,木兰河即今木兰笤河,三年所置之虎尔文疑即今史之胡剌温。《明统志》之忽剌温而今之呼兰河也。"(《黑龙江乡土录》第一篇《方舆志》第四章《绥兰道》,中国方志丛书本,第33页)

⑦ 严从简:《殊域周咨录》卷24《女直》,第734页。

要,陆续在女其地区设立了建州、毛怜等三百八十多个卫。这些都司、卫所的设置,成为明中央政府设在东北地区的带有军事性质的地方行政机构,进一步密切了女真各部和明王朝之间的联系,加强了明廷对女真各部的统治;同时,又使女真各卫所"各自雄长不相归一","中国之于夷狄,必离其党而分之,获其群而存之"①,达到了分化瓦解的目的。此外,对于来归女真各部,有"愿居中国者",专门在开原设安乐州,在辽阳设自在州加以安置,并量授以官,"任其耕猎"②。而对于生计困难者,明廷亦积极予以安抚赈济。如永乐十年(1412 年)六月,建州卫塔温新附女真人缺少食物,成祖道:"薄海内外,皆吾赤子,远人归化,尤宜体惜。其即遣人发粟赈之,毋令失所。"③

洪、宣时期,承永乐民族政策,积极招抚女真,鼓励朝贡。所以女真人内附、内迁之势更盛。如洪熙元年(1425 年),"弗提等卫指挥同知察罕帖木儿等,率妻子五百七十二人来归,奏愿居京自效,赐以丝、绸、绢、袭衣有差,仍命有司给房屋器物加例"④。宣德元年(1426 年),明廷派遣亦失哈等赴奴儿干等处招谕。另外,笔者据《明宣宗实录》卷 13 至卷 115 初步统计,宣德元年至九年(1426—1434 年),奴儿干各卫所朝贡达 180 余次,具体如表所示:

表 5.宣德年间奴儿干各卫所朝贡系年简表

时间	朝贡史实	史料来源
元年正月癸丑	赐建州左卫土官都督金事猛哥帖木儿及东宁卫指挥使金声等二百八十四人钞、绢等。	《宣宗实录》卷 13
元年正月甲寅	赐毛怜卫土官都督金事莽哥不花等三百八人等钞、彩币等。	《宣宗实录》卷 13
元年正月丁巳	撒只剌河等卫野人头目火罗火逊等来朝贡方物。	《宣宗实录》卷 13
元年正月己未	福余卫指挥使忽剌赤等来朝贡马。	《宣宗实录》卷 13
元年正月庚申	撒力等卫鞑官指挥金事桑果奴等来朝贡马。	《宣宗实录》卷 13

---

① 陈子龙:《明经世文编》卷 453 杨道宾《海建夷贡补至南关北部落未明谨遵例奏请乞赐诘问以折狂谋事》,第 4984 页。

② 严从简:《殊域周咨录》卷 24《女直》,第 734 页。

③ 《明太宗实录》卷 129"永乐十年六月辛酉"条,第 1598—1599 页。

④ 《明宣宗实录》卷 12"洪熙元年十二月甲午"条,第 341 页。

续表

时间	朝贡史实	史料来源
元年正月癸亥	赐弗提卫故指挥佥事秃僧哈母佟氏、撒只剌河卫野人头目火罗火逊等钞等。	《宣宗实录》卷13
元年正月甲子	木速河等卫指挥同知捏哈卜忽秃河等卫头目牙失哈等来朝贡马及方物。	《宣宗实录》卷13
元年二月丁卯	建州等卫指挥佥事塔阿等来朝贡马及方物。	《宣宗实录》卷14
元年二月庚午	泰宁等卫伯颜着儿等三人来归,察剌兀山卫头目撒里本加等来朝,皆奏愿居京。 建州等卫指挥佥事连台等五人来朝,奏愿居辽东东宁等卫。	《宣宗实录》卷14
元年二月甲戌	赐木速河等卫指挥同知捏哈等四十人,卜忽秃河等卫头目牙失哈等一百六十四人钞等。	《宣宗实录》卷14
元年二月甲戌	赐亦马忍山等卫指挥佥事完者秃等钞、金等有差。	《宣宗实录》卷14
元年二月丙子	福余卫都指挥喃卜花子卜剌歹等来朝贡马。	《宣宗实录》卷14
元年二月壬午	赐建州等卫指挥佥事塔阿等及沙州卫千户兀鲁思帖木儿等八十七人彩币等。	《宣宗实录》卷14
元年三月丁酉	赐福余卫都指挥舍人卜剌歹等钞币。	《宣宗实录》卷15
元年三月丁酉	毛怜卫指挥佥事兀罕出等八人至京,赐钞及彩币、表里、袭衣等物。	《宣宗实录》卷15
元年三月丁未	葛林卫头目板塔等来朝,奏愿居京;毛怜等卫指挥佥事亦令合等、亦马山卫试百户委剌来朝,奏愿居辽东东宁卫。	《宣宗实录》卷15
元年七月壬寅	辽东安乐等州正千户孛罗奴儿干都指挥佥事王肇舟子贵等来朝贡马。	《宣宗实录》卷19
元年九月壬辰	忽鲁爱等卫指挥佥事哈剌等来朝贡马及方物。	《宣宗实录》卷21
元年九月壬寅	考郎兀等卫指挥阿儿帖木等来朝贡马及方物。	《宣宗实录》卷21
元年九月辛亥	亦马剌等处女直野人木刀兀等二百二十九人来朝贡马。	《宣宗实录》卷21
元年九月壬子	忽鲁爱等卫指挥佥事阿剌哈等来朝贡马及方物。	《宣宗实录》卷21
元年十月甲申	朵儿必河卫百户安出哈来朝,奏愿居京。	《宣宗实录》卷22
元年十月壬辰	福余卫火你赤来朝,奏愿居京。	《宣宗实录》卷22
元年十月丙申	可令河等卫指挥佥事凡察,兀的河卫头目卜郎乞等来朝贡马。	《宣宗实录》卷22
元年十二月壬戌	泰宁卫指挥佥事八里颜来朝,奏愿居京。	《宣宗实录》卷23

续表

时间	朝贡史实	史料来源
元年十二月乙丑	赐建州左等卫归附官军镇抚佟教化等。	《宣宗实录》卷23
元年十二月庚午	赐亦里察河等二十二卫野人头目革忒兀等百二十八人钞等。	《宣宗实录》卷23
元年十二月癸酉	福余卫不兰乞弟乞札阿歹来朝,奏愿居京。	《宣宗实录》卷23
二年二月甲子	依木河等卫指挥佥事朵多等来朝贡马。	《宣宗实录》卷25
二年二月壬申	建州卫头目桑果奴来朝,奏愿居京。	《宣宗实录》卷25
二年二月丁亥	毛怜等卫掌卫事都督同知猛哥不花等进马及银器。	《宣宗实录》卷25
二年三月丁未	赐毛怜等卫掌卫事都督猛哥不花等八十五人等钞等。	《宣宗实录》卷26
二年三月辛亥	建州卫舍人弗哥来朝,奏愿居辽东海州卫。	《宣宗实录》卷26
二年四月乙亥	建州卫头目咬失来朝,奏愿居京。	《宣宗实录》卷27
二年五月乙巳	泰宁卫把秃不花等来归,奏愿居京。	《宣宗实录》卷28
二年五月丁卯	福余卫鞑靼小厮等来归,奏愿居京。	《宣宗实录》卷28
二年七月乙巳	福余卫鞑官指挥佥事脱欢等来朝贡马。	《宣宗实录》卷29
二年八月戊午	秃都河等卫指挥佥事脱你哥,福余卫故千户帖木儿子勤克等来朝贡马。	《宣宗实录》卷30
二年八月戊午	朵儿必河等卫指挥佥事阿儿帖木等男妇二十五人来朝,奏愿居京。	《宣宗实录》卷30
二年八月庚申	辽东都司都指挥同知康旺、考郎兀等卫指挥佥事克彻、屯河等卫指挥佥事不颜秃等来朝进马及方物。	《宣宗实录》卷30
二年八月丙寅	阿木河等卫指挥佥事散替等来朝贡马及方物。	《宣宗实录》卷30
二年八月丙子	命奴儿干等处来朝野人女直头目者得兀为可令河卫指挥佥事,偿卜为弗提卫指挥佥事,俱袭父职。	《宣宗实录》卷30
二年八月丁丑	弗提卫指挥佥事三哈、秃都河卫指挥佥事莽加及其母来朝。	《宣宗实录》卷30
二年八月癸未	赐阿木河等卫指挥佥事散撒、剌儿等卫指挥佥事卜也哈等钞等。	《宣宗实录》卷30
二年八月癸未	可木河等卫指挥佥事亦令加等、喜申卫百户能哥等、屯河卫女直头目答必纳等来朝。	《宣宗实录》卷30
二年九月丙申	福余卫舍人勒克木等来朝,皆奏愿居。	《宣宗实录》卷31

时间	朝贡史实	史料来源
二年九月乙巳	泰宁等卫指挥同知安忽里、指挥佥事把秃不花等来朝贡马。	《宣宗实录》卷31
二年十月己未	泰宁卫指挥佥事脱火赤等来朝贡马。	《宣宗实录》卷32
二年十月庚午	朵颜卫百户把孙等来朝贡马。	《宣宗实录》卷32
二年十月甲戌	福余等卫指挥佥事俺失塔木儿等来朝贡马。	《宣宗实录》卷32
二年十一月丙戌	朵颜卫头目把孙伯颜泰宁卫头目也先不花来朝,皆奏愿居京。	《宣宗实录》卷33
二年十一月辛卯	赐福余卫指挥佥事俺失塔木儿等钞彩币、表里、纻丝、绢有差。	《宣宗实录》卷33
二年十二月丁巳	朵颜等卫指挥佥事阿失帖木儿等来朝贡马。	《宣宗实录》卷34
二年十二月甲戌	福余卫鞑靼速昇哈来归,奏愿居京自效命。	《宣宗实录》卷34
三年正月己亥	双城卫指挥佥事兀丁哥阿、剌山卫舍人阿剌孙等来朝,奏愿居辽东自在州。	《宣宗实录》卷35
三年正月庚子	女直野人头目女隆加安成哥等来朝贡马。	《宣宗实录》卷35
三年正月癸卯	建州左卫都督佥事猛哥帖木儿遣千户答答忽等来朝贡马。	《宣宗实录》卷35
三年正月甲辰	赐福余等卫都指挥安出弟孛斋等钞等物。	《宣宗实录》卷35
三年二月戊午	赐建州左等卫千户答答忽等钞、彩币、表里并纻丝、袭衣有差。	《宣宗实录》卷36
三年二月壬戌	兀者等卫指挥佥事木答兀等来朝贡马。	《宣宗实录》卷36
三年三月癸卯	古里河等卫指挥佥事鬼迷等来朝,奏愿居辽东自在州。	《宣宗实录》卷40
三年四月丁巳	东宁卫鞑官指挥佥事者龙哥等来朝贡马。	《宣宗实录》卷41
三年四月丙子	兀者等卫指挥佥事劄剌等来朝贡马。	《宣宗实录》卷41
三年闰四月戊子	乞塔河卫指挥同知脱因不花、屯河卫舍人木秃纳等来朝贡马及方物。	《宣宗实录》卷42
三年闰四月戊子	赐纳剌吉河等卫野人女直指挥佥事沙隆葛等钞、绢等物。	《宣宗实录》卷42
三年闰四月己丑	赐辽东兀者卫指挥佥事劄剌等钞、彩币、绢、纻丝、袭衣有差。	《宣宗实录》卷42
三年八月庚寅	阿伦等卫女直指挥佥事亦省哥等来朝贡马及方物。	《宣宗实录》卷46
三年九月乙亥	建州卫女直僧绰失班等来朝贡马。	《宣宗实录》卷47

续表

时间	朝贡史实	史料来源
三年九月丙子	朵林山等卫指挥佥事兀儿帖木、兀者等卫指挥佥事把思塔等来朝贡马。	《宣宗实录》卷47
三年九月癸未	没伦河等卫指挥佥事卜颜不哈等来朝贡方物。	《宣宗实录》卷47
三年九月甲申	玄城等卫指挥佥事乃塔哈、兀者前等卫女直指挥佥事安同等来朝贡方物。	《宣宗实录》卷47
三年十一月丙寅	东宁卫女直指挥佥事赛因塔等来朝贡马及方物。	《宣宗实录》卷48
三年十二月壬午	赐建州卫舍人阿里因纳等钞等物。	《宣宗实录》卷49
三年十二月乙巳	建州卫都督同知猛哥帖木儿遣指挥佥事苦秃、毛怜卫指挥同知哈儿委等来朝贡马及方物。	《宣宗实录》卷49
四年正月乙亥	赐建州卫指挥佥事苦秃等钞、彩币、表里等物有差。	《宣宗实录》卷50
四年正月丙子	赐建州卫头目忽牙奴等钞、彩币等物有差。	《宣宗实录》卷50
四年二月庚寅	建州等卫副千户咬纳、所镇抚管肆来朝。	《宣宗实录》卷51
四年二月甲午	亦马喇、兀者、弗提屯河等卫指挥亦里伴哥等遣人来朝。	《宣宗实录》卷51
四年二月甲午	赐朵颜卫指挥佥事脱鲁火绰儿子完者帖木儿等六十三人钞等物有差。	《宣宗实录》卷51
四年二月丁酉	赐兀者右等卫女直指挥佥事恍果等九人等钞、彩币等物有差。	《宣宗实录》卷51
四年三月戊申	朵颜等卫头目完者帖木儿等来朝贡马。	《宣宗实录》卷52
四年六月壬寅	东宁等卫女直千户朵罗不纳等贡方物。	《宣宗实录》卷55
四年七月壬子	兀者左等卫女直指挥佥事柳温哥等来朝贡方物。	《宣宗实录》卷56
四年九月丁未	吉河卫指挥木刀兀、温河卫指挥阿哈出、察剌秃山卫指挥咬秃、建州卫指挥卜颜秃、亦马忽山卫指挥伯成哥等来朝贡马及方物。	《宣宗实录》卷58
四年九月壬子	察剌秃山卫指挥佥事咬秃来朝,奏愿居辽东安乐州。	《宣宗实录》卷58
四年九月甲寅	把忽儿河卫指挥佥事阿隆加、撒只剌河卫指挥佥事者令加、弗提卫指挥佥事速不哈、忽石门卫指挥佥事锁那等来朝贡马及方物。	《宣宗实录》卷58
四年十月戊辰	呕罕河等卫指挥同知阿里哥、兀者卫指挥同知保同等来朝贡马。	《宣宗实录》卷59
四年十二月戊寅	弗提等卫女直指挥佥事佛家奴来朝贡马。	《宣宗实录》卷60

时间	朝贡史实	史料来源
五年正月甲辰	兀者等卫女直指挥弗羊加来朝贡马。	《宣宗实录》卷61
五年正月丁巳	弗提卫百户剌里、撒叉河等卫指挥佥事喃都等来朝贡马及方物。	《宣宗实录》卷61
五年正月癸亥	赐秃嘉河等卫女直指挥佥事莽哥、兀者等卫指挥阿剌孙等钞等物有差。	《宣宗实录》卷61
五年二月戊子	赐屯河卫指挥佥事都伦帖木等来朝。	《宣宗实录》卷63
五年三月壬子	毛怜卫故都督莽哥不花子官保奴等来朝贡马。	《宣宗实录》卷64
五年三月甲寅	建州等卫都指挥佥事李满住来朝贡马。	《宣宗实录》卷64
五年三月甲寅	爱河等卫女直指挥佥事可因帖等四人来朝,奏愿居京。	《宣宗实录》卷64
五年四月乙亥	辽东等处居住女直副千户开原保等来朝贡马及方物。	《宣宗实录》卷65
五年六月己卯	东宁卫女直指挥佥事亦失哈等来朝贡马。	《宣宗实录》卷67
五年六月丁酉	赐东宁卫女直指挥佥事亦失哈等钞彩币表里。	《宣宗实录》卷67
五年八月癸巳	兀者前等卫女直指挥佥事阿剌秃等来朝贡方物。	《宣宗实录》卷69
五年九月庚子	海西失里木等卫女直指挥同知木哈连、阮里河等卫指挥同知孙保等、辽东自在等州指挥佥事马儿孙等来朝贡马及方物。	《宣宗实录》卷70
五年九月庚戌	吉河卫女直指挥同知打牙等来朝,皆奏愿居京。	《宣宗实录》卷70
五年十月壬申	辽东撒义河卫指挥同知长加等来朝贡马。	《宣宗实录》卷71
五年十月癸巳	赐撒剌儿卫指挥同知卜也哈、屯河卫指挥佥事忽失八等彩币、表里、有差。	《宣宗实录》卷71
五年十二月庚辰	把忽儿卫女直指挥同知失里并加双城卫女直头目阿桑加等来朝贡方物。	《宣宗实录》卷73
五年十二月壬午	考郎兀卫指挥同知速苦等来朝贡方物。	《宣宗实录》卷73
五年十二月甲午	泰宁卫指挥佥事把秃不花等贡马。	《宣宗实录》卷73
六年正月壬申	把河等卫女直指挥佥事哈剌等来朝贡马。	《宣宗实录》卷75
六年正月辛巳	建州卫故都指挥佥事李显忠妻康氏及指挥佥事金家奴等来朝贡马及方物。	《宣宗实录》卷75
六年正月己丑	建州等卫指挥佥事张加等来朝贡马及方物。	《宣宗实录》卷75
六年二月庚子	毛怜等卫女直土官都督佥事撒满答失里等来朝贡驼马及方物。	《宣宗实录》卷76

续表

时间	朝贡史实	史料来源
六年二月壬寅	赐建州等卫指挥佥事张加等钞、彩币、表里、绢有差。	《宣宗实录》卷76
六年二月壬寅	把河卫指挥佥事哈剌来朝,奏愿居辽东安乐州。	《宣宗实录》卷76
六年二月丁未	赐毛怜卫土官都督佥事撒满答失里等九十九人钞、彩币等。	《宣宗实录》卷76
六年三月戊辰	毛怜卫所镇抚忽失剌来朝,奏愿居辽东东宁卫。	《宣宗实录》卷77
六年四月壬子	东宁卫女直指挥使亦失哈等来朝贡马。	《宣宗实录》卷78
六年六月乙未	赐福余等卫来朝镇抚土木得儿等彩币、表里等物有差。	《宣宗实录》卷80
六年六月戊戌	海西老哈河卫头目桑果奴、木兰河卫头目咬纳等来朝贡马。	《宣宗实录》卷80
六年六月丙午	嘉河卫指挥同知教化来朝贡马及方物。	《宣宗实录》卷80
六年七月癸亥	兀者前卫女直指挥司知阿剌秃等来朝贡方物。	《宣宗实录》卷81
六年七月癸酉	阮里河卫女直指挥佥事弗鲁忽秃来朝贡马及方物。	《宣宗实录》卷81
六年七月乙亥	海西阮里沙等卫头目答安出等来朝贡马。	《宣宗实录》卷81
六年七月壬午	童宽山卫女直指挥同知失令等以奏事至赐彩币及绢。	《宣宗实录》卷81
六年七月丁亥	亦马忽山等卫指挥佥事木刀兀等来朝进方物。	《宣宗实录》卷81
六年七月壬辰	福余卫头目咬纳等贡驼马。	《宣宗实录》卷81
六年八月甲午	哥吉河等卫指挥佥事木列忽等来朝贡马及方物。	《宣宗实录》卷82
六年八月乙未	泰宁等卫都督脱火赤遣指挥同知安忽等来朝贡驼马。	《宣宗实录》卷82
六年八月丙申	察剌秃河卫头目者英哥等来朝贡驼马方物。	《宣宗实录》卷82
六年八月己亥	建州左卫指挥佥事卜颜秃、兀列河卫指挥佥事阿里哥、塔山卫指挥佥事打隆加等来朝贡方物。	《宣宗实录》卷82
六年八月庚子	海西兀里奚等卫指挥佥事孛罗哥等来朝贡马。	《宣宗实录》卷82
六年八月辛丑	亦马剌卫指挥佥事稳察撒剌儿尝、也速儿卫指挥佥事伯思罕等来朝。	《宣宗实录》卷82
六年九月癸亥	右城等卫女直指挥佥事阿里吉纳等来朝贡马及方物。	《宣宗实录》卷83
六年九月丁卯	兀者前卫女直头目巴领葛坤城使臣者马里丁等来朝奏愿居京。	《宣宗实录》卷83

续表

时间	朝贡史实	史料来源
六年九月庚辰	弗提卫女直指挥同知字罗托等来朝贡方物。	《宣宗实录》卷83
六年十月甲午	阿者迷河卫指挥金事咬哈等来朝，奏愿居京。	《宣宗实录》卷84
六年十月己未	弗提卫女直指挥金事哈剌帖木来朝皆愿居京。	《宣宗实录》卷84
六年十月丙子	兀者等卫女直指挥金事苦赤等来朝贡马。	《宣宗实录》卷84
六年十月乙酉	福余卫辖官所镇抚土木得儿等来朝贡马。	《宣宗实录》卷84
六年十二月甲辰	毛怜卫土官都督金事撒满答失里等遣女直指挥金事歹羊加等来朝贡马。	《宣宗实录》卷85
六年十二月庚戌	建州左卫女直指挥同知佟塔察儿来朝贡马。	《宣宗实录》卷85
七年正月甲子	阿伦卫女直指挥同知亦省哥等来朝贡方物。	《宣宗实录》卷86
七年二月乙未	玄城卫女直舍人恼答来归,奏愿居京。	《宣宗实录》卷87
七年二月丁酉	建州左卫土官都督金事猛奇帖木儿遣弟指挥金事凡察等贡马及方物。	《宣宗实录》卷87
七年二月壬子	建州左卫千户住出等来朝贡方物。	《宣宗实录》卷87
七年四月丙午	建州卫女直僧人绰失班来朝贡马。	《宣宗实录》卷89
七年四月辛亥	辽东自在州指挥金事偿卜等来朝贡方物。	《宣宗实录》卷89
七年五月癸亥	泰宁卫辖官都督金事脱火赤等遣指挥金事哈剌罕来朝贡马。	《宣宗实录》卷90
七年十月丙子	泰宁等卫都督金事脱火赤遣指挥金事猛可帖木儿等来朝贡马。	《宣宗实录》卷96
八年二月丙戌	建州左卫野人女直都督金事猛哥帖木儿等来朝贡马。	《宣宗实录》卷99
八年三月丁卯	建州左卫头目早哈来朝,奏愿居京。	《宣宗实录》卷100
八年三月丁卯	肥河等卫女直指挥令事咬失等五人奏事至京。	《宣宗实录》卷100
八年三月庚辰	福余卫等处辖粗锁的革等来归,奏愿居京。	《宣宗实录》卷100
八年三月壬午	嘉河女直指挥金事卜颜秃等来朝贡驼马方物。	《宣宗实录》卷100
八年三月癸未	东宁卫辖官指挥同知牙令哈来朝贡马。	《宣宗实录》卷100
八年五月辛未	福余卫镇抚暖朵儿率家属来归奏愿居京。	《宣宗实录》卷102
八年六月癸未	毛怜等卫都督金事撒满答失里等十五人来朝。	《宣宗实录》卷103
八年六月己亥	建州卫遣指挥金事扎剌答等二人奏事赐彩币表里等物。	《宣宗实录》卷103

续表

时间	朝贡史实	史料来源
八年六月甲辰	泰宁等卫指挥佥事把都儿狭西临洮府剌麻那噜补藏卜等来朝贡马。	《宣宗实录》卷103
八年八月辛卯	亦麻河等卫野人指挥佥事抄剌你等来朝贡方物。	《宣宗实录》卷104
八年八月甲午	奴儿干都司都指挥同知康福等贡马。	《宣宗实录》卷104
八年八月庚子	兀也右等卫指挥同知忽失秃等来朝贡方物。	《宣宗实录》卷104
八年八月丁未	嘉河等卫女直指挥同知阿里不花等来朝贡方物。	《宣宗实录》卷104
八年闰八月乙亥	奴儿干喜申卫吉列迷车卜来朝,奏愿居辽东东宁卫。	《宣宗实录》卷105
八年九月甲寅	建州卫指挥佥事哈剌来朝,奏愿居辽东安乐州。	《宣宗实录》卷106
八年九月戊辰	泰宁卫都指挥使火脱赤兀者左卫指挥佥事阿哥等来朝贡马。	《宣宗实录》卷106
八年九月丁丑	泰宁卫都督佥事拙赤遣指挥佥事来朝贡马。	《宣宗实录》卷106
八年十一月甲申	建州卫僧出思班等来朝贡马。	《宣宗实录》卷107
八年十一月甲戌	辽东自在州指挥佥事阿剌孙等来朝贡马及方物。	《宣宗实录》卷107
九年正月戊子	益实卫指挥佥事失真奇等来朝贡马及方物。	《宣宗实录》卷108
九年正月壬戌	兀者卫指挥佥事纳哈出、亦马忽山卫指挥佥事伯乞纳等来朝贡驼马。	《宣宗实录》卷108
九年正月癸酉	赐右城等卫指挥佥事木答哈等彩币、绢布、及纻丝、袭衣有差。	《宣宗实录》卷108
九年三月戊子	阿伦卫指挥佥事亦省奇、亦里察河卫指挥同知哈剌等来朝贡方物。	《宣宗实录》卷109
九年四月辛亥	毛怜卫都督佥事来朝贡马。	《宣宗实录》卷110
九年六月丁卯	建州左卫指挥使塔察儿、木速河卫指挥同知捏哈等来朝贡马。	《宣宗实录》卷111
九年六月癸未	辽东自在等州女直指挥佥事鬼迷等贡马。	《宣宗实录》卷111
九年六月甲申	赐建州左卫指挥使塔察儿等钞等有差。	《宣宗实录》卷111
九年六月壬辰	吉河等卫指挥佥事阿里哥等来朝贡马。	《宣宗实录》卷111
九年六月丙申	肥河等卫指挥佥事凡察、兀鲁罕河等卫指挥佥事脱木哈等来朝贡马。	《宣宗实录》卷111
九年六月丙申	可令河卫指挥佥事伯里哥秃来朝,奏愿居辽东东宁卫。	《宣宗实录》卷112
九年八月庚申	泰宁卫指挥同知忽秃不花等二人奏事至京。	《宣宗实录》卷112

续表

时间	朝贡史实	史料来源
九年八月癸亥	嘉河等卫野人乃剌秃遣使来朝贡马及方物。	《宣宗实录》卷 112
九年八月戊辰	右城卫野人末朵斡遣使来朝贡马。	《宣宗实录》卷 112
九年八月丙子	赐益实卫指挥同知得隆哥、嘉河卫指挥金事忽申八、右城卫指挥金事安苦等钞、币等物有差。	《宣宗实录》卷 112
九年十月丁巳	没伦河卫指挥金事马儿等四人奏边事。	《宣宗实录》卷 113
九年十月癸亥	依木河等卫指挥同知朵多、卜忽秃河卫指挥同知忒等吉来来朝贡方物。	《宣宗实录》卷 113
九年十一月壬寅	辽东右城卫女直指挥同知歹羊加等三人奏事至京。	《宣宗实录》卷 114
九年十二月乙卯	忽鲁爱卫故指挥金事哈剌子创加、兀剌忽卫故指挥金事纳吉答子土木来朝。	《宣宗实录》卷 115

为了招徕女真人,明廷对于那些因贪暴、苛刻和贱视、残杀女真人,进而影响女真与明关系的将官,严惩不贷。例如,宣德十年(1435 年),太监阮尧民、都指挥刘清领兵于松花江造船,"因与女直市,辄杀伤其人",被"下狱鞠之"。① 正因为政策得当,所以在这一时期出现了"其来之不绝者,中国诱之也,诱之不衰,则来之愈广"②的大好局面。

明初,还通过贡市形式与女真人进行贸易交往。首先,在朝贡方面,令女真各酋长"各统其属,以时朝贡"③,并在朝贡人数、时间等方面作了具体规定。朝贡人数,一般"建州五百,海西一千,共一千五百人"④,"野人女真"因离京师太远,朝贡无常,尚不包括在内。朝贡时间,规定或一岁一贡,或三岁一贡,一般是"岁以十月入贡"⑤。但实际上,明初女真人朝贡次数频繁,远远超过规定次数。据《明实录》和《李朝实录》所载,努尔哈赤的六世祖猛哥帖木儿,除多次派人进京朝贡外,他还曾在永乐十年(1412 年)、十一年、十四年、二十年、

---

① 《明英宗实录》卷 4"宣德十年夏四辛酉"条,第 89 页。
② 《明英宗实录》卷 25"正统元年十二月乙丑"条,第 512 页。
③ 严从简:《殊域周咨录》卷 24《女直》,第 734 页。
④ 陈子龙:《明经世文编》卷 453 杨道宾《东夷并贡宜等西戎领赏有例乞酌定入京留边之数以怀远安内事》,第 4984 页。
⑤ 陈子龙:《明经世文编》卷 453 姚希孟《建夷授官始末》,第 5527 页。

二十二年、洪熙元年(1425年)、八年(1433年)七次亲自入京进贡。① 对于朝贡,明廷同样要按照进贡者的身份贵贱和职官的高低予以赐赏。②

其次,在互市方面,明初国力昌盛,与女真人的互市贸易直抵辽东开原、广宁等市,女真人前来贸易来者众多。在市上,女真人以皮毛、松子、蘑菇、人参、蜂蜜、牲畜等产品易换中原地区的农器、耕牛、米盐等。两个不同类型的经济地区,以交换为媒介开始紧密联系起来,且对于明廷而言,通过互市还达到了安抚女真的目的,即所谓"置马市羁縻之"③。同时,为建立一种臣属关系,明廷任命各部酋长为都督、都指挥、指挥、千百户、镇抚等可以世袭的官职,并赐予敕书、印信、冠带、袭衣等信物,使其"俾仍旧俗,各统其属"④,充当明廷在女真地区实行统治的代理人。而各部落酋长又对明廷必须履行自己的职责,如守御边境,缴纳贡赋,安分守法,"擒捕叛亡"⑤等。对于这些职责,各卫酋"闻命即从,无敢违期"⑥。

总之,明初根据明蒙关系的发展需要,确立对女真采取有别于蒙古的防御、抚辑和优养政策,而是一种相对宽松的民族自治政策,这一政策在对于牵制蒙古人⑦,巩固辽东统治,稳定东北局势发挥了重要作用;并且设卫、敕贡、互市等政策被此后的统治者所继承和恪守,东北地区之所以能长治久安也得益于这一政策的贯彻执行。

(二)正统至成化:限制贡市,征讨董山

从正统至成化时期,明朝对女真的民族政策趋于保守,控制力逐渐减弱,

---

① 周远廉、谢肇华:《明代女真与汉族的关系——明代辽东档案研究之四》,《中央民族学院学报》1981年第2期。

② 赐赏大体包括四种:一是赏给所进贡物品本身之所值,即贡品的价值;二是按进贡者的不同身份职官的高下颁给赏物;三是加赏,即在循例接受赏赐后受赏者再讨赏时给予赏赐;四是赐宴。女真人进贡,明廷颁赏后在礼部会同馆设宴款待。

③ 罗曰褧:《咸宾录》卷2《女直》,第139页。

④ 严从简:《殊域周咨录》卷24《女直》,第734页。

⑤ 《明太宗实录》卷197"永乐十六年二月庚戌"条,第2064页。

⑥ 严从简:《殊域周咨录》卷24《女直》,第734页。

⑦ 史谓"金元世仇",故利用以为"牵制之计"。(《明经世文编》卷453杨道宾《海建二酋逾期违贡疏》,第4977页)

加之蒙古势力进入东北,民族格局发生了变化。所以这一时期女真各部对明朝的态度亦变化不定,大体表现为朝贡、互市和武力入犯交相进行。

这一阶段,皇帝怠政,宦官擅权,边吏"廉勤者少,贪惰者多"①,尤其是辽东边将利用马市各饱私囊、亏少马价、偷窃货物、诱取财贸、苛求黑貂、赏赐恶滥、无故索钱、谋杀贡使、掩罪冒功、殴打市人、罢市绝赏,加上"禁货兵器、铜铁"②,致使女真人"盐不得吃、布草不得穿",袄子等生活用品无所求,③怀怨殊深。与此同时,由于国力渐衰,明朝对女真的招抚日趋消极,对其朝贡人数、时间等也逐渐加以限制。

正统初,建州女左卫都督猛哥帖木儿之子董山与叔父凡察争夺卫印,正统七年(1442年),为调节争端,明朝在建州左卫三土河(今海龙附近三屯河)一带置建州右卫,给董山新印领左卫,凡察持故印领右卫。同时,此期瓦剌蒙古势力进入辽东地区,受此影响,明廷与女真人的关系也发生了变化。先是,正统十二年(1447年),瓦剌侵袭海西、"野人"女真。④ 十四年(1449年),当也先(蒙语称额森)举兵进攻的同时,脱脱不花率军三万余人侵入辽东,攻破驿站、土堡、村庄八十余处,掳走官民一万三千二百八十余口,牲畜数万,海西、"野人"诸部被杀掠尤盛,走向衰微。⑤ 在此形势下,女真地区出现了群雄角逐的复杂局面,建州等卫由于受蒙古人兵祸较少,逐渐发展起来。⑥ 至景泰时,辽东始克宁谧,但经过蒙古人的杀掠,女真诸卫的主要酋长多数被杀,明廷所赐的玺书亦被蒙古人掠去,而明廷又没有及时补赐玺书,致使女真子孙"以无祖父授官玺书不复承袭",每遣使入贡,只能称为"舍人","在道不得乘驿传,赐宴不得预上席,赏赐赉视昔有薄"⑦;同时,明廷大量削减建州女真的贡使人

---

① 《明经世文编》卷49王崇古《辽阳时政疏》,第380页。
② 《明英宗实录》卷41"正统三年四月癸未"条,第812页。
③ 陈子龙:《明经世文编》卷101李承勋《陈言边务疏》,第894页。
④ 《李朝实录抄》卷116"世宗二十九年六月戊子"条,第9页。
⑤ 严从简:《殊域周咨录》卷24《女直》,第734页。
⑥ 管葛山人(彭孙贻):《山中闻见录》卷9《东人志·女直考》,第140页。
⑦ 《明英宗实录》卷183"正统十四年九月乙酉"条,第3566页;严从简:《殊域周咨录》卷24《女直》,第735页。

数和赏赐品，"旧时入贡人数以数百，天顺中裁之五过五十"①，所以女真各部
"皆愤怨思乱"②。为了达到掠夺人畜与财富的目的，建州卫都督董山协同都
指挥李满住、建州右卫都督纳郎哈等多次犯边，"辽东为之困敝"③。天顺三年
（1459 年），董山联合朝鲜图谋入寇，后来迫于明廷兵威，董山复贡马谢罪，④
但对明廷的积怨并未完全消弭。

成化年间，在与女真人的贡市过程中，明朝边臣贪暴刁横，常常启衅。如
成化二年（1466 年），都御史李秉指出："建州、毛怜、海西等诸部落野人女直来
朝贡，边臣以礼部定名数，验其方物，貂皮纯黑马肥大者，始令入贡，否则拒
之。"⑤这件事情让董山极为愤怒，遂联合海西女真、兀良哈三卫不断寇边，甚
为猖獗。例如，成化三年（1467 年）正月、二月、三月，建州、海西女真连续侵扰
辽东地区⑥，出现了"一岁间入寇九十七次，杀虏人口十余万"⑦的局面，致使
"自开原以及辽阳六百余里，数万余家，率被残破"⑧。不得已，明朝采取了军
事行动，联合朝鲜军征讨建州女真，擒杀董山、李满住等人。⑨ 另外，明朝边臣
还随便拘禁女真人，如成化中，建州贡使即秃等六十余人，路过广宁前屯卫，遇

---

① 何乔远：《名山藏》卷 109《王享记五·东北夷》，《续修四库全书》本，第 427 册，第
663 页。

② 严从简：《殊域周咨录》卷 24《女直》，第 735 页。

③ 《明英宗实录》卷 209"景泰二年十月乙酉"条，第 4500 页。

④ 严从简：《殊域周咨录》卷 24《女直》，第 735 页。

⑤ 《明宪宗实录》卷 35"成化二年十月甲寅"条，第 698 页；严从简：《殊域周咨录》卷 24《女
直》，第 735 页。

⑥ 《明宪宗实录》卷 38"成化三年正月庚午"条，第 751 页；卷 39"成化三年二月己亥"条，
第 774 页；卷 40"成化三年三月戊寅"条，第 811 页。

⑦ 《李朝实录抄》卷 100"中宗三十八年正月丁未"条，第 286 页。例如，成化二年（1466
年）五月，"入开原境抢掠人畜"（《明宪宗实录》卷 30"成化二年六月庚寅"条，第 602 页）。六月，
"入灰山等处剽掠人畜"（《明宪宗实录》卷 31"成化二年六月戊申"条，第 615 页）。九月，建州右
卫女真"拥众六千分掠开原、抚顺、沈阳、辽阳等处"（《明宪宗实录》卷 34"成化二年九月丁酉"
条，第 688 页）。成化三年（1467 年），三月，据朝鲜文献："海西卫千余兵屯于白塔，毛怜卫千余兵
屯于连山，建州卫五百兵余兵屯于通辽堡"（《李朝实录抄》"世祖十三年三月戊子"条，第 484 页），
杀掠甚众。同月，镇守辽东太监李良等也报称："达贼屡入边境，系虏官军人畜及器械财物"（《明
宪宗实录》卷 40"成化三年三月戊辰"条，第 806 页）。四月，建州左卫都督董山等又"纠台毛怜等
处夷人侵犯边境，掳掠人畜"（《明宪宗实录》卷 41"成化三年四月癸亥"条，第 852 页）。

⑧ 《明宪宗实录》卷 44"成化三年七月甲子"条，第 898 页。

⑨ 严从简：《殊域周咨录》卷 24《女直》，第 735 页；罗曰褧：《咸宾录》卷 2《女直》，第 47 页。

上太监汪直,汪直以为其为"寇伺",轻易拘囚之。结果引起建州诸酋不意,遂"大兵猝至"①。除了挑剔刁难,边臣还常常乘机勒索,甚至进行贱视和残杀。如,成化十五年(1479 年)"征建州"一事,即为显例。当时辽东巡抚陈钺与太监汪直为了邀功,通同作弊,"虚张边警"而出师,抓来朗秃等六十命名进贡的女真头人,"或杀或系,献俘升赏",结果导致"建州女真以复仇为词,深入犯瑷阳(今辽宁凤城瑷阳)、清河(今辽宁抚顺东南)等堡,长驱四百余里,其势甚猖獗,所略男女皆支解,或确舂火蒸"②。

可见,这一时期女真人入边抢掠的主要原因在于明廷民族政策上的失误,明廷视女真为"野人"、"犬羊",边臣肆意刁难、欺侮,更重要是的随便限制贡市,尤其是禁止女真人向中原地区购买农器等,"禁不与农器交易故也"③。所以,当有限的交易不能满足女真社会发展的需要,女真人为了生产和生活,就要抢掠。如成化十三年(1477 年),海西女真头目纠建州三卫入寇,声言:"禁制我市买,使男无铧铲,女无针剪,因是入寇。"④在此情况下,为了阻止女真入犯,明朝又不得不进行武力"灭讨",而女真人的民族复仇心理,又诱发了其更大的仇恨。如此在明朝与女真关系上形成了一种循环不断的仇杀关系,给广大女真人带来了深重的灾难,也给女真与汉族的关系带来了消极的影响。

为了防止女真人的入犯,这一时期明廷开始加强辽东地区的军事防务,建立城堡,修筑边墙。例如正统三年(1442 年),首先修筑了起自山海关外的宁远北境,经义州(今辽宁义县)、广宁(今辽宁北镇)、白土厂(在今辽宁省黑山县白土厂乡),南折至牛庄(今辽宁海城市牛庄镇),又由牛庄北至开原的边墙。成化五年(1469 年),辽阳副总兵韩斌在"建州东(抚顺东南三十里)、马根单(东州之南,今马群丹)、清河(太子河上游)、碱场(今清河东南碱场)、瑷阳、凤凰(今凤城)、汤站(今丹东西北汤山城)、镇东(今雪里站)、镇夷(今通远堡 1 带)、草河(今草河)十堡拒守,相属千里。"⑤同年,都指挥周俊又"开拓

---

① 严从简:《殊域周咨录》卷 24《女直》,第 739 页。
② 严从简:《殊域周咨录》卷 24《女直》,第 740 页。
③ 严从简:《殊域周咨录》卷 24《女直》,第 738 页。
④ 《明宪宗实录》卷 172"成化十三年十一月己丑"条,第 3112 页。
⑤ 李辅,等:《全辽志》卷 4《人物志·韩斌传》,第 662 页。

柴河堡(今辽宁铁岭县柴河堡)抵蒲河界六十余里",改设镇北、清阳(今辽宁昌图县城郊青羊)二堡;同时,在柴河堡,增立烽墩,疏挑河道,"边人得安"①。十五年(1479年),修筑辽东东部开原至鸭绿江的边墙。② 十七年(1481年),为了便于朝鲜使臣的往来和防御建州女真的侵扰,修筑凤凰城(今辽宁凤城县)、镇东、镇夷三堡,自凤凰山之东北至叆阳间筑墩台一十三座,自通远堡(今辽宁凤城县通远堡)东南至沿江间,筑墩台二十二座。③ 至此,辽东边墙初具规模,张居正改革时期继续修筑,辽东边墙终告完成。

当然,这一阶段入犯明边的女真只是其中的一部分,多数女真卫所尚能按期入朝进贡。例如,从正统十四年(1449年)十二月到景泰元年(1450年)三月,如塔山卫、考郎兀卫、哥吉河卫、童宽山卫、朵儿必河卫、斡兰河卫、右城卫、屯河卫、阿塔赤河卫、卜鲁兀卫、木兰河卫、木里吉河卫、克默而河卫、忽石门卫、呕罕河卫、阿者迷河卫、列门河卫、肥河卫、土鲁亭山卫、葛林卫、亦马剌卫、亦里察河卫、随满河、建州右卫、建州左卫、喇鲁卫、兀者卫、益实卫等等,继续入京进贡,或得到物质赏赐,或得到加官袭职。④

(三)弘治至隆庆:通贡互市,以夷制夷

从弘治至隆庆时期,由于政治腐败,各种社会矛盾交激,明朝对女真人的民族政策进一步有所松弛;同时,经过成化年间的常年战争,女真地区凋敝不堪,建州等卫的势力大为削弱,很难与明朝对抗,所以这 时期女真各部与明修好,贡市不绝。

早在成化五年(1469年),董山之子脱罗"悔过来朝",请袭父职。明廷命

---

① 皆引自毕恭嘉靖《辽东志》卷6《人物志·周俊传》,《续修四库全书》本,第646册,第639页。

② 《明宪宗实录》卷191"成化十五年六月甲辰"条,第3401页。

③ 《明宪宗实录》卷216"成化十七年六月癸酉"条,第3757页。

④ 分别见:《明英宗实录》卷186"正统十四年十二月庚戌、戊午、癸酉"条,第3715页、第3730页、第3764页;《明英宗实录》卷187"景泰元年正月庚辰、己丑、癸巳、乙未、庚子"条,第3772页、第3780页、第3785—3786页、第3791页、第3797页;《明英宗实录》卷188"景泰元年闰正月戊申、己酉、庚申"条,第3815页、第3818页、第3837页;《明英宗实录》卷190"景泰元年三月壬子、乙卯"条,第3903页、第3906页。

降袭都指挥同知,"令统束本卫之人民,依前朝贡,再犯不贷"①。次年,建州右卫纳郎哈之叔卜哈秃亦"悔过来朝",令降袭都指挥同知,给印敕,命统束本卫族民。② 自此而后,女真各部基本与明处于和平状态,例如,脱罗受明廷都指挥同知之职以后,对明廷十分恭顺,多次进京朝贡,并以"在边有传报擒送之功",荣升都督金事。弘治十八年(1505 年),脱罗病故,其子脱原保袭父原职,亦贡市不绝。③

这一阶段,明朝与女真的贡市络绎不绝,交往频繁。在朝贡方面,嘉靖年间,明朝规定:每年海西女真入贡千人,建州女真五百人。但实际上,女真各部竞相入贡,远远超过了规定的限额:例如,嘉靖十年(1531 年),海西各部入贡人数"溢其旧几至一倍,嘉靖十五年(1536 年),建州、海西人贡者多达二千余人。至隆庆间,建州女真势力坐大,每入贡千五百人。④ 超过限额三倍,反映了贡市贸易发展的事实。同时,明朝向女真各部颁发的玺书也越来越多,"国初所赐东夷敕一千四百九十八"⑤,但至万历初以前,仅海西女真就持有玺书达九百九十九道,建州三卫四百九十九道,塔鲁木卫夷酋捏哈得敕三百道,总数大大超迈明前、中期。⑥ 而为了争夺朝贡的权利,获得更多的利益,女真各部争夺玺书的现象不断发生。在互市方面,自正统以来,女真各部南迁,接近了社会经济文化都比较发达的辽东地区,进一步通过互市加强了与辽东,乃至中原汉族人民的贸易往来和经济联系,加速了经济的发展,势力不断增强。成化十四年(1478 年)恢复了开原、广宁二市,并规定:"各夷将马匹物货,赴官验收,入市交易,不许通事人等将各夷侮弄,亏少马价及偷盗货物,亦不许拨置夷人以失物为由,诈骗财物。敢有违者,俱问发两广烟瘴地面充军,遇赦不

---

① 《明宪宗实录》卷 69"成化五年七月乙巳"条,第 1371 页。
② 《明宪宗实录》卷 82"成化六年八月戊申"条,第 1595 页。
③ 《明武宗实录》卷 12"正德元年四月癸亥"条,第 377 页。
④ 分别见于:《明世宗实录》卷 123"嘉靖十年三月庚寅"条,第 2948—2950 页;卷 184"嘉靖十五年二月甲辰"条,第 3907 页;卷 185"嘉靖十五年三月戊辰"条,第 3914 页;卷 187"嘉靖十五年五月癸亥"条,第 3955 页;卷 188"嘉靖十五年六月庚子"条,第 3972 页。
⑤ 王在晋:《三朝辽事实录》卷首《总略》,《续修四库全书》本,第 437 册,第 34 页。
⑥ 王在晋:《三朝辽事实录》卷首《总略》,第 39 页。

宥。"①此后，又经过数次调整和整饬，辽东马市重新走向了正规，女真与明朝的马市贸易日渐繁荣。

嘉、隆时期，鉴于女真各部势力彼此消长，明朝采取了"以夷制夷"的民族政策，使各种势力相互牵制，维持各部力量的均衡，从而达到统治的目的。首先，隆庆时，建州三卫经过一百多年的休养生息，建州右卫的王杲、建州卫的王兀堂重新壮大起来，并时常入掠辽东地区，此详见前文。其次，海西女真南迁后，逐渐分化，在嘉靖年间形成四个比较强大的集团，即哈达、叶赫、辉发、乌拉四部，此即清代史料中所谓的扈伦四部。四部之中，在王忠为哈达部长时，"部众强盛，凡建州、海西、毛怜等一百八十卫，二十所，五十六站，皆畏其兵威"②，"听其约束"③；同时，哈达部也最忠于明朝，明朝授以塔山左卫都督之职，借以牵制建州、蒙古的侵扰，"一时开原辽东无一夷敢犯居民者，皆忠之力也"④。嘉靖后期，哈达人叛，王忠被杀，无子，以其侄王台为部长。嘉靖末，王台为哈达部长时，"远者招徕，近者攻取，其势愈盛，遂自称哈达汗。彼时，叶赫、乌拉、辉发及满洲所属浑河部尽皆服之"⑤，哈达处于建州、兀良哈三卫之间，仍然是明朝的重要屏障。

综上，在张居正改革以前，对女真族的民族政策是伴随着明朝社会政治的变化而变化的，表现出一定的阶段性特征。在此过程中，虽然明廷对女真族的民族政策始终存在不足，甚至因此引发了双方的军事冲突，但总体来看，为了维系女真在东北地区的屏障作用，明朝对女真的总政策基本未变：即在政治上是以女真首领治理本部，推行民族自治；在经济上通过"贡赏"、"抚赏"给予财物援助，以笼络人心；在军事上行动慎重，采取"谕之不从，而后诛之"⑥的政策。正因如此，才使得明代东北边陲在很长时期相对安定，保证了女真地区社会经济发展进步，同时也使明朝与女真之间的交流逐渐加强，联系更加紧密。

---

① 毕恭：嘉靖《辽东志》卷3《兵食志》，第559页。
② 王在晋：《三朝辽事实录》卷首《总略》，第34页。
③ 冯瑗：万历《开原图说》卷下《海西夷南关枝派图考》，《玄览堂丛书》（初辑），（台北）"国立"中央图书馆1981年版，第451页。
④ 冯瑗：万历《开原图说》卷下《海西夷南关枝派图》，第451页。
⑤ 《满洲实录》卷1《诸部世系》，中华书局1986年版，第23页。
⑥ 《明宣宗实录》卷58"宣德四年九月丙午"条，第1373页。

二、张居正改革时期女真地区形势的变化

(一)女真社会经济稳定发展

女真南迁以后,在与中原汉族的长期交往中,女真地区的农业、商业、手工业等得到了长足发展,东北地区的经济面貌大为改观,为女真族的兴起奠定了物质基础。

首先,农业经济稳定发展,逐渐占据主导地位。明初,女真人在明廷的招抚安置之下,逐步开始了星星点点的农业耕作。至正统时,女真人"约束所部人,谨守朝廷法度,自在耕牧,安分生理"①,农业生产已经有了一定的推广,但他们仍然不能像从事农业生产的汉人那样定居下来,以农业为主要生产方式,而是大体上处在"稍事耕种,以养马弋猎为生"的农牧渔猎混合经济模式。至明中叶,直到成化、弘治年间,女真人才由"惟知射猎,本不事耕稼"的部族,开始向"颇业耕农"的部族转化,②已处于向以农业为主导的经济的过渡时期,迈入了农业民族的大门。至张居正改革时期,由于汉族地区耕牛和铁器的输入,为开垦荒地、提高农业生产率、改造农业技术,提供了必要的物质手段,从而推动了女真地区农业生产的稳定发展,"屋居耕食,不专射猎"③,"无野不耕,至于山上,亦多开垦"④,耕田积谷,藏于窖中,粮食已有部分剩余。同时,农作物产量有了提高,当地"田地品膏则粟一斗,落种可获八九石,瘠则仅收一石"⑤。女真地区农耕经济的发展,还表现在其粮谷和蔴布的输出方面。例如,万历六年(1578 年)四月至七月,仅建州女真进入抚顺关市就达 24 次,其中入市粮谷8 次,入市蔴布 16 次。⑥ 可见,建州的粮食除自用外尚有余剩,余剩部分作为商品进入了市场交易。相形之下,海西女真的农业发展尤为令人瞩目,族民

---

① 《明英宗实录》卷 71"正统五年九月己未"条,第 1384 页。
② 《李朝实录抄》卷 269"成宗二十三年九月乙未"条,第 495 页。
③ 许论:《九边图论·辽东论》,《四库禁毁书丛刊》本史部第 21 册,第 93 页。
④ 申忠一:《建州纪程图记校注》,《清初史料丛刊》,辽宁大学历史系,1979 年,第 10 页。
⑤ 《李朝实录抄》卷 71"宣宗二十九年正月丁酉"条,第 66 页。
⑥ 辽宁档案馆,等:《明代辽东档案汇编》下册,辽沈书社 1985 年版,第 808—814 页。

"乐住种,善缉纺,饮食服用,皆如华人"①,"户知稼穑,不专以射猎为生"②。海西酋长王台继其主速黑忒之业,"东陲晏然,耕牧三十年",明朝御使张学颜说:"海西、建州夷酋,屋居耕食,密近边墙。"③显然,农耕已是海西女真的主体经济。另外,建州、海西女真农耕的高度发展还表现在对耕牛、铁制农具的大量需求上,他们在马市贸易中常常以其马匹、人参、皮张、山货等换取农耕所需的耕牛、铁铧等。例如,万历元年(1573 年),耕牛入市共 252 次,累计换取耕牛 2494 头。④ 值得一提的是,自 16 世纪初开始,"野人女真"的局部地区,农业经济也在邻境朝鲜人影响下走向振兴,当地田地沃饶,所产粮食除自食外,余粮与狩猎的居民进行交换,使用的农器亦都是用皮物从朝鲜交换来的。

可见,张居改革前后,东北地区的女真人已进入了农耕时代,农业已经成为女真地区的主要生产方式。由于女真社会发展的不平衡,建州女真农耕最为发达,海西女真次之,东海女真则主要从事渔猎采集。

其次,对外交换贸易频繁,与中原地区的经济交往日益密切。在女真社会中,素有贸易交换的传统,早在氏族部落时代,零星的互惠性质的交换活动已经开展,但大规模的开展则在明代后期。主要表现在:

一是互市贸易繁荣。女真与汉族的贸易活动主要是通过马市贸易形式进行的。除官市外,私市则更为繁盛,女真在私市中售出的商品主要有马、牛、羊、驴、猪等牲畜和各种野兽毛皮及人参、木耳、蘑菇、松子、蜂蜜等山货。汉族地区输出的则主要是各种铁制农具和米、盐、布匹、绢绸、铁锅、衣服等生活资料。明代后期,明朝宫廷每年约需貂皮一万张,狐皮六万余张⑤,数量甚巨;同时,女真地区对中原的依赖亦越发紧密,"衣食皆易内地"⑥。适应这一趋势,双方在互市次数、规模和交易物品上都不断增加扩大,极大地推动了女真经济的发展。另外,这一时期,女真地区,尤其是建州三卫与朝鲜民间的互市日渐

---

① 陈子龙:《明经世文编》卷 248 魏焕《巡边总论·辽东边夷》,第 2610 页。
② 李澍田:《海西女真史料》,吉林文史出版社 1986 年版,第 259 页。
③ 《李朝实录抄》卷 49,第 88 页。
④ 辽宁档案馆,等:《明代辽东档案汇编》下册,第 727 页。
⑤ 刘若愚:《酌中志》卷 16《内府衙门职掌》,北京古籍出版社 1994 年版,第 131 页。
⑥ 《明神宗实录》卷 3"隆庆六年七月辛丑"条,第 102 页。

频繁。由于朝鲜王公贵族上层"俗尚奢侈,服饰必须用貂鼠皮","少年妇女,皆服貂裘,无此则羞与为会,数十妇女之会,无一不服者"①,所以对女真地区土特产貂皮、人参、珍珠等需求甚巨;女真则以貂鼠皮与朝鲜交易,输入牛、铁器、农器、军器、谷物等。这种贸易,同样对女真社会产生了积极影响。

二是白银在女真地区开始进入流通领域。据万历《明会典》卷 113 载:嘉靖六年(1527 年)议准,入贡回赐准予折价。嘉靖四十三年(1564 年),明廷应女真酋长的要求,将回赐抚赏全部改为折银。仅此一项,每年就有大批白银流入女真地区。又见《全辽志》卷 2 载:辽东互市税均按银本位计值征敛,说明在大量的民间交易中,交换方式也由简单的以物易物向一般等价物的货币形态过渡。白银在女真地区的流通,加速了商品的流通和交换贸易的发展,进一步将女真人的交换贸易推向更为广阔的领域。

三是女真人在发展商品经济的过程中,引进铁器和铁箭镞,再用铁器改铸其他军事装备,即"锅、铧出关后,尽毁碎融液"②,再加工成箭镞等兵器。这样一来,昔日"屈木为镫,削骨为簇,今日镫、簇皆用铁"③。据当时目睹这一情况的汉人说:女真人"所带盔甲、面具、臂手,悉皆精铁,极是精坚。所用长枪、飞枪、透甲箭,极是锋利"④,甚至比明朝官军的铁盔铁甲还要进步许多。用这些武器装备武装起来的部队,其战斗力得到了空前的提高,诚所谓"铁以利其兵",无疑为女真部形成、发展、统一及其与明对抗中起到了重要的推动作用。

总之,明代后期,女真人与明朝、朝鲜的彼此联系在一起,逐渐形成了西接蒙古、南通明朝、东联朝鲜,将广大女真地区连为一体的贸易网络,这一格局的长期存在,无疑刺激了女真经济的发展,提高了女真社会的综合实力,使女真地区与其他地区的文化有了广泛的交流,吸收了较为先进的农耕文化,同时把自身的渔猎文化带往其他地区,出现了多个民族与多种文化并存互动的局面,赋予女真文化较强的兼容性,从而为以后女真南下中原奠定了经济和人文基础。可以说,在明代后期,女真社会交换关系的发展不是以其社会内部的分工

①　《李朝实录抄》卷 57"成宗六年七月辛酉"条,第 384 页。
②　《明孝宗实录》卷 195"弘治十六年正月甲午"条,第 3601 页。
③　《李朝实录》卷 57"成宗六年二月辛已"条,第 336 页。
④　周远廉:《清朝兴起史》,吉林文史出版社 1986 年版,第 68 页。

为基础的,而是在与外部农业社会形成的区域性分工基础上繁荣起来的。因此长远来看,这种交换关系成为女真社会私有制发展的有力杠杆,刺激了人们的物质贪欲,当这种欲望得不到满足时就将掀起冲突和战争;同时,它也使个体家庭独立经营成为现实。

再次,手工业的初步发展。16世纪后期,女真地区农业和商品经济的发展,带动了女真地区手工业的发展,如冶铁业、缉纺业、造酒业及制造业等。就冶铁而言,早在成化年间,女真人铁制手工业技术已有一定程度的提高,开始广泛使用各种铁制农具。至张居正改革前后,女真人已能开采铸炼,当时设在开原的三万卫、辽海卫,都设置有炼铁千户所,拥有大量的冶铁工匠,这些汉工匠被掳到女真地区,传播了铸铁技术,制造出了农具等大量的生产工具和生活用品,促进了经济的发展,改善了生活,也大大增强了女真的军事力量。与此同时,纺织技术及其他手工工艺也得以传播。如建州女真"善辑纺",纺织业以麻为原料纺织麻布,这些麻布除本族使用外,还要运往辽东市场销售。女真手工业的发展,造就了一些女真人自己的技术力量,为当地社会经济发展创造了条件。

最后,个体家庭经济发展迅速。自明初以来,女真社会的家庭已不再是以近亲血缘为纽带的家族(乌克孙"uksun")内单纯的生活单位,而是逐步成为独立的经济单位。至明代后期,伴随着交换经济和农业经济的齐头并进,进一步割断了个体家庭与家族的经济联系。例如,努尔哈赤的祖父觉昌安等六兄弟,分居六处,远近相距二十里至五六里不等,以后进一步分衍为十二处。①而家庭的财产(满语称作"boigon"),主要包括弓矢、牲畜、奴婢、衣物等。另如,建州女真婚俗:"婿家先以甲胄弓矢为币而送于女家,次以金盃,次以牛二头马二匹,次以衣服奴婢,各因其家之贫富而遗之。"②反映了女真人这时的私有财产仅限于动产,不包括农业居民视为生命之源的基本生产资料——土地。而女真人传统的采猎经济使他们难以固着于土地上,因此难以形成土地私有观念。直至进入国家时代,女真族真正成为一个农业民族以后,这种观念才逐

①《满洲实录》卷1《满洲源流》,第12—13页。
②《李朝实录抄》卷159"成宗十四年十月戊寅"条,第343—344页。

步形成。尽管在私有财产的范畴上与传统农业民族有别,其个体家庭经济的壮大依旧是氏族制度瓦解的催化剂。由子女继承财产的父权制,促进了财产积累于家庭中,并且使家庭变成一种与氏族对立的力量。个体经济壮大的必然结果,加速了社会经济的发展与贫富家庭间的贫富分化,推动了女真社会私有制形成与国家的产生,进而使女真人获得崛兴的动力。

综上,张居正改革前后,女真地区的社会经济发展迅速,逐渐形成多元经济相互依赖,互为动力的发展机制。一方面,对外贸易的发展对渔猎产品的需求大大增加,促进渔猎经济扩大;而渔猎经济的发展,强化了女真社会组织,刺激了掠夺经济的发展;贸易经济的发展为农耕经济的发展提供了必要的生产资料;农耕经济的发展,引起对生产工具和生产资料的需求增加,只有通过贸易才能满足这一需求,从而又促进了贸易的发展;而农耕经济的发展,只有工具与耕牛还是不够的,还必须有劳动力,掠夺经济为农耕提供了劳动力与耕牛。所以至明代后期,女真地区的社会经济呈现出以下特点:一是农业是其经济的基础;二是互市贸易是推动经济发展的重要因素;三是先进技术的传播加速了女真社会的进步。正是在这样一个背景下,女真地区社会经济发展迅速,为女真的兴起和以后清军顺利南下奠定了坚实的物质基础。

(二)女真氏族制度逐渐瓦解

郑天挺先生说:"生产力大大提高了,落后的生产关系必须改变,而建立起新的生产关系。"①同样,在张居正改革时期,随着女真地区社会经济的发展,其社会性质、社会结构和社会组织也发生了空前变革。明初,女真人尚未脱离氏族制度的羁绊。15世纪前后,财产共有制向私有制过度,社会内部出现了贫富分化,从氏族部落血缘组织和地域组织的各级酋长中产生出拥有某些权力并占有较多财富的部落显贵(巴颜),并且本族和外族奴隶日益增多,逐渐形成了鲜明的阶级对立关系,"一方面,是奴隶主(贝勒、额真、谙班等)占有奴隶劳动的全部产品;另一方面,是奴隶(阿金)在奴隶主的鞭策之下从事

---

① 郑天挺:《探微集》,中华书局1980年版,第2页。

劳动"①。

首先,女真社会中的酋长和大小首领②本是社会生活的管理者和组织者,世袭惯例的形成为其提供了世代把持社会权力的机会。原来经公推产生的氏族、部落酋长,利用手中的权力占有了较多的财产;他们向明朝入贡时,得到了可以世袭的封号,并占有明朝赏赐品中的大部分;他们发动掠夺战争,夺取牛、马、财物和人口,亦多据为己有,逐渐形成较富有的部落贵族和奴隶主,成为女真社会剥削阶级和统治阶级,从此他们的酋长地位不在经过公推,而是由其子孙世袭,只是在形式上保留"推服"的氏族残余而已。

明代后期,一些富裕而有权势的族长、部长逐渐通过对外交换、对外掳掠等途径成为部落的贵族。这中间,对外交换是部落上层致富的渊数。例如建州女真酋长王杲控制抚顺交易时,与部下来利红等"贩貂皮、人参、松板以为利",隆庆末年,他一次就贡马五百匹,方物三十包。③ 足见王杲已成为家资富足的部落显贵。同时,部落显贵凯觎邻人的财富,为了满足无厌的贪欲,他们"互相战杀,甚者兄弟自残"④。随着商品经济的发展,掠夺对象已由人口、牲畜进一步扩大到敕书。敕书不但是酋长身份的证明,也是拥有财富多少的象征。自正德年间开始,随着对外交换活动的扩展,敕书之争屡兴,且愈演愈烈,促使敕书由分散走向集中。嘉靖中,海西哈达部王忠把持贡道要冲,抢劫它部敕书,为此还杀死与之角力争雄的叶赫部酋长祝孔革。⑤ 王忠藉夺取敕书,达到控制各部贸易权的目的,蓄积益富,从而为其侄王台建立海西部落联盟创造了条件。敕书的集中意味着财富与权力的集中,这正是部落显贵间"争敕构兵"的原因所在。万历时,各部落的争斗已达到"日以争敕构兵"的白热化程度。而且随着本地经济的发展,部落贵族集团的扩张欲望日益膨胀,明廷的赏赐和交换无法满足其欲望,所以就会通过武力抢掠来解决,其结果就发展成为

---

① 傅乐焕:《有关满族史若干问题的意见》,载《民族史论文选 1951—1983》上册,中央民族大学出版社 1986 年版,第 12 页。

② 如,噶栅达,即村长;穆昆达,即族长;国伦达,即部长,等。

③ 瞿九思:《万历武功录》卷 11《王杲传》,第 605 页。

④ 《清太祖实录》卷 1,中华书局 1986 年版,第 25 页。

⑤ 《明世宗实录》卷 235"嘉靖十九年三月己未"条,第 4811 页。

后来女真人入犯明边、与明对抗的历史画面。

其次,在显贵阶级形成之时,也形成了它的对立阶级。女真社会的平民称为诸申(jusen)①或伊尔根,他们是贵族的"管下百姓",在部落中占大多数,是社会生产的主要承担者和社会财富的主要创造者,在部落首领的率领下从事狩猎、采集、放牧和农业、手工业生产;贵族通过贡赋(阿勒班图 albatu,蒙古"alban"派生词)的形式无偿占有平民的部分剩余劳动。同时,诸申还须服兵役,参加掠夺战争或部落防卫,是贵族扩大势力的主要力量。但明代后期,诸申和贵族之间尚未形成严格的依附关系,在贫困失业和灾荒时,可以离开本部落,乞食于他乡。他们有自己的经济,但贫富不一,富有的诸申也占有奴隶,但质言之,诸申和奴隶一样,都是女真社会的被统治阶级。

女真社会的奴隶被称为包衣,或阿哈②,他们是社会中身份地位最低下的阶级,反映了女真社会氏族制度解体后,已进入家庭奴隶制的阶段。奴隶,主要由贵族占有,少数富裕的诸申也拥有奴隶。男女奴隶均与奴隶主家庭同居,从事生产劳动和家庭杂役,其劳动成果全部被奴隶主占有。奴隶的主要来源是掠夺汉族、朝鲜等族人口,《李朝实录》记载:"野人(泛指女真)剽掠上国(明朝)边氓,做奴使唤,乃其俗也。"③被掠夺来的人口沦为奴隶以后,就成为奴隶主的家庭财产和"奇货",他们除了受役外,还被"转相买卖"④、赠送和继承,乃至杀害。

随着社会生产力的发展,农业经济的振兴,氏族制逐渐解体,以私有制为

---

①　康熙《清文鉴》将"jusen"释为"manjui aha"(满洲的奴仆)。乾隆《五体清文鉴》卷十同条除沿用其满文释义外,蒙文体对译为"albatu"(阿勒巴图)。"albatu"是由蒙语"alhan"派生的词汇,词根"al"含有取、夺的意义。在含有许多蒙古词成分的雅库特语中,"alban"还有"强求、勒索"之义。在蒙古语中义为"服役贡赋",即力役与课赋的总称。据此,蒙古学家认为:阿勒巴图是指"负担赋税义务的人"或"纳贡的人",即封建领主的属民。诸申的领有者与蒙古封建领天聪五年四月十二日条,领主杀害所属阿尔巴图,要罚筵席所用牲口三百。说明身份与阿哈(蒙古称勃斡勒)不同。主的身份自当别论。但是,在以"阿勒班"形式为部落显贵(汗、贝勒)提供各种无偿劳役和实物贡赋这一点上,与阿勒巴图是相同的。王台为哈达汗,将昂邦(大人)分遣各处,敛取金银、财宝、葛布以及鸡豚鹰犬。

②　阿哈,(aha)意即奴隶,又可称作"包衣"(booi),全称为"包衣阿哈(booi aha),包衣和包衣阿哈均指"家奴"、"奴隶"或"奴仆"。

③　《李朝实录抄》卷80"成宗八年五月丁卯条",第455页。

④　《李朝实录抄》卷17"燕山君二年八月乙亥"条,第168页。

基础的个体家庭应运而生。原来建立在氏族制度上的狩猎组织(塔坦)发生了实质性变化,逐渐被废弃;财产私有的个体家庭联合组织"族寨"(穆昆嘎山)也产生了,"倚山作寨,聚起所亲居之"①。族寨户数不等,有的只有几户,有的由二三十户组成,凡遇行师、出猎,不论人数之多寡,均依族寨而行。族寨之上,组成部落和部落联盟,有部落贵族统领,"为酋长者数十,各拥部落数千"②。

综上,"从世界历史一般情况看,处在先进民族邻近的落后民族,它们的发展往往较快。满族介乎汉族和朝鲜两个高度封建化的民族之间,它们间的经济文化联系是密切的,因此,满族的进入封建社会,应该比较容易。"③正因如此,至明后期,女真社会已经进入成熟的奴隶制社会,形成了显贵、依附民、奴隶等联系密切的社会阶级,"若无阿哈,额真何存?若无诸申,贝勒何生?"④郑天挺先生认为:"满洲社会确实经历过奴隶制,不是从氏族社会飞跃到封建制的。"⑤这是对明代后期女真社会阶级关系的精辟论断。在这一时期,古老的氏族部落组织越来越无力控制这种社会关系的变化而逐渐走向解体,同时女真社会私有制的发展,以及外部明朝、朝鲜两大强邻逐步走向衰弱,又为奴隶制的发展创造了前所未有的契机。女真各部掳掠汉民的规模愈演愈烈,各酋长、首领在经济上不断增长私有财富的同时,开始摒弃"族长"(穆昆达)、"村长"(噶栅达)、"部长"(国伦达)等传统称名,代之以"汗"、"贝勒"等尊贵的显号。到努尔哈赤时代,随着女真奴隶制经济的日益发展,各部之间的联系日益密切,各种兼并战争加速了统一之势,海西、建州诸部逐渐"建国立汗",为女真的统一打下了基础。在此背景下,张居正改革无疑需要在民族政策上作出相应的调整,以进一步维护与女真族的"臣属"关系,加强和巩固多民族国家的统一,但实际情况如何呢?兹予以条分缕析。

---

① 陈子龙:《明经世文编》卷248魏焕《巡边总论·辽东边夷》,第2610页。
② 程开祜:《筹辽硕画》卷4,《丛书集成续编》本,第242册,第183页。
③ 郑天挺:《探微集》,中华书局1980年版,第2页。
④ 《满洲实录》卷3,第110页。
⑤ 郑天挺:《探微集》,中华书局1980年版,第2页。

三、张居正改革时期对女真族的民族政策

(一)"许以贡市,以示羁縻"

明初以来,明朝对于女真各部的政策是:附则给以爵赏,允其互市,以示怀柔;叛则进行征讨,断其互市,以示惩罚。所以,贡市开闭和当时政治经济形势的发展有密切的关系。① 准允女真贡市,长期被视为"羁縻"的良策。总体言之,期间明朝与一些女真部落之间虽出现过军事冲突,但规模较小,并且绝大多数女真卫所尚能履行"臣子"义务,按例朝贡。至万历初,张居正改革集团承袭祖宗旧制,仍然与女真人保持贡市关系。诚如万历四年(1576年),巡按辽东御史刘台所言:"祖宗以来,嘉其慕义,许以互市。广宁设一关一市,以待朵颜、泰宁等夷;开原设三关三市,以待福余、西北等夷;开原迤东至抚顺,设一关市,待建州等夷。事属羁縻,势成藩屏。"②

1."抚赏封贡,以示羁縻"。

张居正改革时期,虽有王杲等部屡犯汉地,但规模较小,绝大多数女真部落尚能在卫所制的框架内履行"臣子"义务,按例朝贡。仅据《明神宗实录》所载,自万历元年(1573年)至十年(1582年),女真各部入贡情况如下表所示:

表6.万历元年至十年女真各部入贡情况简表

时间	入贡史实	史源
元年四月	女真都督等官来贡马匹,给赏彩段、银两、衣物、靴袜等物如例。	卷12
四月	宴女真进贡人300员名。	卷12
五月	赏女真贡马人彩段、银两及衣服、靴袜如例。	卷13
六月	宴女真进贡人。	卷14
六月	赏女真贡马人金段、衣服、靴袜,仍给马价及正赏折绢银两。	卷14
七月	宴女真进贡人。	卷15

---

① 李建才:《明代东北》,辽宁人民出版社1986年版,第174页。
② 《明神宗实录》卷46"万历四年正月丁未"条,第1031页。

时间	入贡史实	史源
七月	宴赏女真朝贡人金段、衣服、靴袜,仍折给马价并正赏银两。	卷 15
八月	赏女真贡马人彩段、银两及衣服、靴袜等物。	卷 16
二年五月	海西者剌等卫都督阿失卜等 211 名,并塔鲁等卫都督佥事笼卜等 179 名,各朝贡。	卷 25
六月	海西古城等卫都指挥同知兀答等 200 名,忽兰山等卫都督同知阿卜等 110 名,各进贡。	卷 26
七月	宴赏海西朝贡咬郎兀等卫都指挥使大汗等,并秃赤等卫都指挥佥事少里等如例。	卷 27
三年二月	毛怜等卫都督失利卜等,建州左卫都督胜革力等,各赴京朝贡。	卷 35
三月	建州左等卫都督王忽疼克等 162 员入贡。	卷 36
三月	建州等卫都督纳答哈等,建州右等卫都督八当哈等,各入贡。	卷 36
十二月	海西女真进贡。	卷 45
十二月	海西古城等卫兀堵尚哈儿等卫,各入贡。	卷 45
十二月	海西者剌等卫阿失卜等赴京朝贡。	卷 45
四年正月	海西哈儿等卫都指挥等官你龙哈等 282 员贡马,仍给本色马价。	卷 46
正月	海西塔鲁等卫都指挥佥事笼卜等 150 员名入贡。	卷 46
二月	海西者剌等卫都督等官阿失卜等 417 员名贡马。	卷 47
二月	海西阿资河等卫都指挥亦把力等,并弗秃等卫都指挥使往吉奴等入贡。	卷 47
二月	海西阿资河等卫都指挥亦把力等入贡,赏赉如例,仍给本色马价。	卷 47
三月	海西阿资河等卫都指挥亦把力等,各贡马。	卷 48
五月	建州右等卫都督来留住等入贡。	卷 50
七月	毛怜等卫都督付羊古等,各进贡。	卷 52
八月	建州等卫都督纳木章等进贡。	卷 53
八月	毛怜等卫都督付羊古等共 299 员名,各备马赴京朝贡。	卷 53
五年七月	海西古城、大阳河等卫兀堵尚、歪卜等朝贡。	卷 64
八月	海西肥河等卫都督同知台失等,哈儿等卫都指挥佥事你龙哈等赴京朝贡。	卷 65
闰八月	海西弗秃等卫都指挥使往吉奴等,哈木等卫都指挥同知哈儿只等,各赴京进贡。	卷 66

续表

时间	入贡史实	史源
十月	建州右等卫都督来留住、阿古等各赴京朝贡。	卷 68
十二月	建州等卫都督纳木章等赴京朝贡。	卷 70
六年二月	建州左卫都督等官松塔等 99 员，赴京朝贡。	卷 72
七年二月	赐海西者剌等卫进贡等宴如例。	卷 84
二月	赐海西古城等卫进贡等宴如例。	卷 84
二月	赐海西漉河等卫进贡女真人台失等宴如例。	卷 84
二月	赐海西哈儿等卫进贡女真夷官你尤哈等宴如例。	卷 84
三月	海西漉河等卫都指挥等官台失等 288 员，备马 288 匹赴京朝贡。	卷 85
三月	赐海西平河等卫进贡女真夷官等宴如例。	卷 85
三月	海西佛秃等卫都指挥使往吉奴等四起共 150 员名进贡。	卷 85
四月	海西弗秃等卫都指挥等官住吉奴等共 150 员，备马 150 匹赴京朝贡。	卷 86
六月	建州右寺等卫赴京进贡。	卷 88
九月	建州左等卫都督等官大疼克等共 126 员，备马 126 匹赴京朝贡。	卷 91
九月	建州左卫都督大疼克八汗等三起共 238 员，各赴京进贡。	卷 91
九月	建州右等卫都督八当哈等赴京进贡。	卷 91
九年正月	海西者剌等卫都督佥事歪卜等来朝贡。	卷 108
正月	海西古城等卫都指挥同知兀堵等进贡。	卷 108
二月	海西弗思木等卫都督佥事并台等 189 人赴京进贡。	卷 109
三月	海西哈儿等卫都指挥佥事儞龙哈等入贡。	卷 110
三月	海西亦思察河等卫都指挥佥事往吉奴等 149 员赴京进贡。	卷 110
三月	海西弗提等卫都指挥佥事赛别秃等 150 人赴京进贡。	卷 110
六月	女真都督来留住等 100 员名赴京朝贡。	卷 113
七月	毛怜等卫都督失剌卜等进贡。	卷 114
八月	建州等卫都督纳木章等赴京进贡。	卷 115
九月	毛怜等卫都督傅羊公等 100 员名赴京进贡。	卷 116
十一月	建州卫都督松塔寺 100 员名赴京进贡。	卷 118

由上表可知，张居正改革时期除了“野人女真”仍“朝贡不常”外，建州、海

西各卫多能按例入贡,其中又以海西各卫入贡最为频繁,如者剌卫、古城卫、咬郎兀卫、塔鲁卫、阿资河卫、大阳河卫、亦思察河卫、佛秃卫、古城卫、平河卫、弗秃卫、肥河卫、哈木卫等,皆数次来贡。这表明:张居正改革时期女真各部尚无勇气和势力摆脱与明廷的臣属关系,故只能一如既往的效忠明廷,履行朝贡义务;而明廷之所以允准女真各部赴京进贡,并沿袭明初"招携柔远之道"①,厚往薄来,宴赏如例,除了与张居正一贯遵循"祖制"的改革思路一致外,也缘于此时张居正改革集团尚未觉察到女真地区发展的强劲势头,更未认识到其发展会危及明王朝的统治地位,因而在民族政策上难以采取更多富有建设性的应对策略。

(1)从入贡时间来看,由上表可知,张居正改革时期一般集中在每年二月至八月间,这与以前的入贡时间有所不同。据万历《明会典》卷一百七"礼部"载:女真入贡,"岁以十月初验放入关,十二月终止;如次年正月以后到边者,边臣奏请得旨,方准验放"。对于入贡者的各种赏赐,亦多是按照敕书如例进行,而对于没有或丢失敕书者,则停止赏赐。② 如万历九年(1581年)九月,建州卫指挥使咬郎等"失落敕书十道",明廷便命令"暂行停赏",待查明原因后,方可"另给"补发。③

(2)从入贡物品来看,马匹仍然是主要贡物。万历初年规定:入贡的女真各部,每人要贡马一匹。以万历七年(1579年)为例:三月,海西肥河等卫都指挥等官台失等二百八十八员,备马二百八十八匹,赴京朝贡;四月,海西弗秃等卫都指挥等官住吉荅等一百五十员,备马一百五十匹,赴京朝贡;九月,建州左等卫都督等官大疼克等共一百二十六员,备马一百二十六匹,赴京朝贡,如此等等。④ 除贡马外,还有貂皮、人参等,一些富有的女真头人,也会入贡白银、器皿等。

---

① 吴亮:《万历疏钞》卷41兵部覆疏《禁戢朝贡诸夷疏》,《续修四库全书》本,第468册,第534页。

② 陈子龙:《明经世文编》卷453杨道宾《海建夷贡补至南北部落未明谨遵例奏请乞赐诘问以折狂谋事》,第4983页。

③ 《明神宗实录》卷116"万历九年九月壬戌"条,第2187页。

④ 分别见《明神宗实录》卷85"万历七年三月丁未"条,第1778页;卷86"万历七年三月己卯"条,第1799页;卷91"万历七年三月己未"条,第1867页。

（3）从入贡规模来看,嘉靖时规定:每年海西女真入贡千人,建州女真五百人。至万历初,建州女真势力坐大,每次入贡达一千五百人。然而,这一形势并未持续多久。在张居正改革前后,随着女真各部的日益壮大和社会经济的迅速发展,政治层面的朝贡关系逐渐流于形式,仅靠入贡得到的赏赐,已远不能解决女真地区的社会需要,出现了"不肯进贡"、"盟誓不贡"①的情况。而此时的明王朝,虽然在改革期间社会矛盾有所缓和,社会经济有所发展,但潜在的危机根深蒂固,极难根除。故在万历后期,面对女真族的发展及其统一趋势的加快,明廷的警惕之心与日俱增,认为女真入贡,"往来熟识中国情弊……其为中国之患甚矣"②,遂开始在入贡规模上加以控制,在入贡方式上加以调整,甚至只允许十五人进京,其余进贡人员留在边境上领赏。③ 不难看出,明朝之所以与女真贡市,其目的同样是"以示羁縻","以消其侵轶于彼也"④。

2."每岁互市,交易不绝"。

较之朝贡,经济层面的互市关系更能解决女真之所需,尤其在女真地区社会经济不断发展的情况下,通过互市进行经济交往显得尤为重要,在某种程度上,汉地成为女真人不可或缺的"经济互助区"⑤。如,建州卫为了能从汉地"易盐布",王兀堂等头目请求朝廷继续开市,以供应贸易"布、帛、粟、米、杂货"⑥。而对于明朝而言,通过互市,不仅能达到笼络女真人,稳定东北统治的目的,且可以从中得到实惠,"彼以贡市利于内者十之三四,辽人以交易利于彼者十之七八"⑦。故在张居正改革期间,对互市较为重视,并做了一些有益的调整。主要表现在:

（1）增设马市。马市是明朝管理下汉族与女真族进行商品交换的一种定

---

① 陈子龙:《明经世文编》卷453,杨道宾《海建夷贡补至南北部落未明谨遵例奏请乞赐诘问以折狂谋事》,第4983页。

② 吴亮:《万历疏钞》卷41 兵部覆疏《禁戢朝贡诸夷疏》,第534页。

③ 《明神宗实录》卷530"万历四十三年三月丁未"条,第9964页。

④ 陈子龙:《明经世文编》卷453,杨道宾《东夷并贡宜筹西戎领赏有例乞酌定入京留边之数以怀远安内事》,第4986页。

⑤ 滕绍箴:《明代建州女真人》,《中央民族学院学报》1979年第1—2期。

⑥ 杨宾:《柳边纪略》卷3,《续修四库全书》本,第731册,第392页。

⑦ 陈子龙:《明经世文编》卷363 张学颜《申饬边臣抚夷疏》,第3908页。

期性的贸易市场。永乐初,为了便于缘边女真与内地汉族的贸易,曾在辽东开原、广宁开设马市。既而,开原城东与广宁市皆废,"惟开原南关马市独存"①。天顺八年(1464 年)增设抚顺马市。成化十四年(1478 年),又增设白土厂(嘉靖间改为"庆云堡")等关。② 至隆庆五年(1571 年),修复广顺、镇北(即开原南关)诸关,"以备夷入市"③。万历初,由于市者众多,遂于四年(1576 年)开宽奠、瑷阳、永奠、清河等市。自此开原而南,抚顺、清河、瑷阳、宽奠并有马市,"诸夷亦利互易"④。马市的增加,促进了女、汉贸易的兴旺。同时,为了制约女真各部,张居正改革时期更为具体地规定了女真入市的路线,大体为:哈达等部由开原城东六十里的广顺关入东果园互市贸易,海西女真野赫等部由开原城东七十里的镇北关进入马市堡互市,建州女真至抚顺城东三十里的抚顺关进行互市。⑤ 按照当时的规定,马市除了要有辽东都司派遣管粮官临场监督外,一般就近由当地卫所负责管理。

(2)扩大互市产品的品种。辽东互市,最初只是为了购置军用马匹而设,明廷一般用米、绢、布交换马匹。隆、万时期,女真地区的农耕经济虽然发展较快,但狩猎、牧畜和采捕生产仍然在社会生产中占有重要地位,由此与汉族贸易的产品除了马匹而外,貂皮、狐皮、人参、珍珠、松子、木耳等仍是互市的主要产品。与此同时,汉族供应的主要是粮食、布匹、丝绸、陶瓷、铁锅、铁铧等生活用品与生产工具。较之以往,张居正改革时期在互市中交换商品的数量大大增加,据《明代辽东残档》载:一些女真人进入马市后,一次交易就成交铁铧4292 件,牛 97 头。海西女真一次交易就有貂、狍等皮 756 张,人参 518 斤,蘑菇 337.5 斤以及锅 42 口,铁铧 1003 件。除正常互市贸易外,此期不定时的民间贸易发展迅速。⑥ 这种贸易形式是官方互市贸易的扩大和延伸,更进一步反映了女、汉贸易交往的日益密切。可以说,明代后期的辽东互市已经从官办

---

① 张廷玉:《明史》卷 81《食货志》,中华书局 1974 年,第 1982 页。
② 杨同珪:《沈故》卷 1《明之马市》,辽海书社 1933 年版,第 5 页。
③ 《明穆宗实录》卷 60"隆庆五年八月己酉"条,第 1466 页。
④ 茅瑞徵:《东夷考略·建州女直考》,《清入关前史料选辑》,第 64 页。
⑤ 《明神宗实录》卷 46"万历四年正月丁未"条,第 1032 页。
⑥ 辽宁省档案馆,等:《明代辽东档案汇编·定辽后卫经历司呈报马市抽分与抚赏夷人用银物清册》,万历六年八月,辽沈书社 1985 年版,第 808—815 页。

的买马市场,逐渐演变为汉、蒙、朝鲜、女真等族进行民间交易的重要场所,"辽东之马市,止可当他镇之民市耳,民以为利"①。努尔哈赤年轻时,之所以能够在辽东地区进行交换贸易,也得益于这种贸易形式的发展。

(3)增加互市的次数。明朝后期,辽东互市越来越频繁,每次入市的人数也日益增多。成化十四年(1478年)曾规定:马市交易,"开原每月初一至初五日一次。广宁每月初一至五日一次,十六至二十日一次。"②至嘉靖时,开原的关市交易已经不是每月一次,而是大约每隔三、四天一次。及万历初,更是隔一二天就有一次,并有三、四天连续互市的情况,入市人数甚至达2237人。③据《明代辽东残档·抚顺马市抽分档册》载:万历六年(1578年)四月初七至七月初八,仅据抚顺马市统计,建州女真入市24次,计1965人次。随着互市次数的增加和规模的扩大,女真人从中获利也颇为可观。一方面,当时马市贸易的物税较轻。如:万历六年(1578年)四月初三日,在抚顺马市一次交易中,"夷人叫场(努尔哈赤的祖父)等四十五名到市,与买卖……猪牛等物,换过麻布、粮食等货□……抽税银五两二分四厘。"④又如,万历十二年(1584年),在与海西哈达部的一次交易中,共交易马2匹,貂皮20张、蜡63斤,蜜1165斤,狍皮61张,狐皮16张,鹿皮9张,羊皮119张,大袄1件,木耳110斤,这些"易换货物",共"抽银六两五钱六分九厘"⑤。可以看出,马市贸易的物税是较轻的,这自然就促进了女真人前来与汉族"商人"进行交换。另一方面,女真人从卖出货物中的获利却是比较可观的。如前述与海西女真一次交易中交换人参518斤,按时价计,人参最低价为每斤白银9两,这样海西女真仅通过人参518斤就可以得到4660余两。所有这些,都说明辽东马市,对各民族人民互通有无,活跃市场,尤其对于繁荣女真地区经济,的确起到了积极作用。

---

① 陈子龙:《明经世文编》卷422《议义州木市疏》,第4602页。

② 毕恭:嘉靖《辽东志》卷3《兵食》,《续修四库全书》本第646册,第559页。

③ 杨余栋:《明代后期的辽东马市与女真的兴起》,《民族研究》1980年第5期。

④ 辽宁省档案馆,等:《明代辽东档案汇编·定辽后卫经历司呈报马市抽分与抚赏"夷人"用银物清册》,万历六年八月,辽沈书社1985年版,第809页。

⑤ 辽宁省档案馆,等:《明代辽东档案汇编·马市抽分与抚赏"夷人"用银物清册》,万历十二年三月,第831页。

当然,对于明朝而言,随着互市次数和人数的增多,抚赏、给赐的费用也不断增加。如万历六年(1578 年)七月初一至八月二十二日间,建州女真在抚顺马市交易时,得到明廷给赐的布 1010 匹,锅 1189 口,盐 4592 斤。这使明廷的抚赏费用常常入不敷出,如五年(1577 年)四月至六月,在新安关抚赏,不敷银 476 两 9 钱多①;七月至八月,又不敷银 112 两 4 钱。② 马市抚赏本是明廷寓羁縻之术于马市贸易的一种手段,但频繁的抚赏却使明廷的财政支出与日俱增。这一系列变化,与明朝末年中央政权日趋腐朽、衰弱有着密切的关系。

同时,由于明廷对马市管理不力,马市逐渐遭到破坏。据《明神宗实录》载:

> 先年马驼运载,利归中国,抽分抚赏,积有余羡,今则故用敝物,强求厚值,甚者徒手讨赏,至不可继,比比皆然。……近年王台逞家奴等皆得径至开原南城墙,混列杂处,安肆贸易,略无界限。西北一带住收夷人互市在庆云堡内,一遇传箭突赴市场,弯弓垂橐,务满所欲,所欲既得,捧乳进酪,强饮各官,以示婴侮,稍不如意,或鼓噪而起,或跃马而射,或顺抢而出,大小将官,痛若被围。③

可见,万历初年,女真各卫头目在马市贸易中"徒手告讨",强行抢掠,破坏正常贸易的情况已经极为常见。至万历后期,这种情况更趋严重,"马市权贵把持,害军蠹国"④。

在互市贸易中,明廷及其官吏对女真族的掠夺和敲诈亦加剧了。以互市所征商税为例:明中叶以前,辽东马市贸易所征商税较少,至万历初,商税却大大增加。如表所示:

---

① 辽宁省档案馆,等:《明代辽东档案汇编·指挥同知戴良栋呈报马市抽分与抚赏夷人用银物清册》,万历四年—六年,第 794 页。
② 辽宁省档案馆,等:《明代辽东档案汇编·指挥同知戴良栋呈报马市抽分与抚赏夷人用银物清册》,万历四年—六年,第 802 页。
③ 《明神宗实录》卷 246"万历二十年三月庚辰"条,第 4587 页。
④ 《明神宗实录》卷 246"万历二十年三月庚辰"条,第 4587 页。

表 7.嘉万时期互市商税增长情况简表

产品名称	嘉靖二十九年 （单位:白银两）	万历四~六年 （单位:白银两）	增长指数 （以嘉靖二十九年所征商税为 100）
马（匹）	0.20	0.70	350
牛（头）	0.15	0.25	167
羊（只）	0.02	0.025	125
驴（头）	0.05	0.1	200
袄子（件）	0.05	0.15	300
貂皮（张）	0.02	0.025	125

资料来源:《明代辽东档案汇编》所收《指挥佥事完仁呈报马市抽分与抚赏夷人用银物清册》、《辽海卫指挥佥事高良弼呈报马市抽分与抚赏夷人用银物清册》、《指挥同知戴良栋呈报马市抽分与抚赏夷人用银物清册》。

可见,万历初,马市税率最多的要比嘉靖二十九年(1550 年)增加三倍多。此外,明朝官吏在贸易中还要"强抑市价"[1],使女真人备受经济损失。正因如此,在努尔哈赤起兵反明之前,曾针对辽东官兵横行马市,勒买人参,强征貂皮等掠夺行径,义正词严地指出:"文武边官,欺诳壅蔽,无怀柔之方略,有势力之机权;势不使尽不休,利不括尽不已,苦害侵凌,于态莫状。"[2]可见,张居正改革时期对马市贸易的干预,严重阻碍了双方的正常贸易,也成为引发其与女真矛盾的重要因素。

总之,从经济角度来说,贡市是一种传统的贸易方式,而从政治角度来说,贡市又包含着鲜明的怀柔之意。在张居正改革时期,始终将贡市作为处理民族关系的重要途径,为了维系贡市关系,明廷对贡市的女真人予以优待。如在朝贡沿途提供食宿,各州县派人护送。不仅如此,为了"正国体,安边圉",明廷不惜对女真人"乍臣乍叛"的行为作出让步和纵容,诚如张学颜所言:

　　海西、建州夷酋,屋居耕食,密迩边墙,在彼乍臣乍叛,在我半信半疑,累朝不忍荡平,边臣不行驱逐者,非力不能也。彼以贡市利于内者十之三四,辽人以交易利于彼者十之七八,且赏费取诸市税,既不清及币银,赏数

---

① 张廷玉:《明史》卷 238《李成梁传》,第 6186 页。
② 引自孟森:《明清史论著集刊》(上册),中华书局 2006 年版,第 209 页。

限有定名,又不增诸额外,于怀柔之中,寓羁縻之术,各边之御属夷,未有善于此者。①

客观地说,这种为了"怀柔"、"羁縻"而采取的让步策略,实际并不能达到预期目的;相反,因循日久,必然会诱发女真各部的贪欲,甚至造成诸如王杲诸部的入掠。对此,时人张学颜揭明了个中缘由,他说:

　　建州夷首王杲,恃朝廷决不肯加诛,知边臣决不敢轻剿,又知边人互市规利,决不肯闭关,故始而假索降以入掠,继而借备御(指更换抚顺备御贾汝翼)以为名,虽阳为骄悍之状,实阴怀疑惧之心。②

依据张氏所言,王杲正是利用了明廷贡市的本意,才大肆犯边的,这表明单纯依靠贡市以羁縻人心,进而达到稳固辽东统治的应对措施,在女真势力业已发展壮大时,已非长久之计。张居正改革集团虽然能够通过极端的军事手段最终解决王杲之掠,但却不能在此基础上总结出更为有效的应对措施,而是在老路上一走再走,且影响所及,波及后世,甚而至万历后期努尔哈赤起兵之时,仍倡导:"驭夷之道,来不拒,去不追,修其在我,听其在彼,岂以去来为重轻焉者。奴酋不贡,亦汲汲我备之未修耳。"③这种保守的民族思想和民族政策,无疑是张居正改革时期应对女真问题的一大失误,努尔哈赤的起兵,可以说正是这一政策付出的沉重代价。

(二)"征讨入犯,大修戎备"

隆、万时期,辽东情况和西北、北方不同。西北有"隆庆和议",北方有强有力防卫,赢得了较为安定的环境,而辽东战事连绵不断,虽有胜利,但无和平。一如前述,张居正改革期间,入犯辽东地区的主要是建州女真,其中居于

① 陈子龙:《明经世文编》卷363张学颜《申饬边臣抚夷疏》,第3908页。
② 陈子龙:《明经世文编》卷363张学颜《申饬边臣抚夷疏》,第3908页。
③ 陈子龙:《明经世文编》卷453,杨道宾《海建夷贡补至南北部落未明谨遵例奏请乞赐诘问以折狂谋事》,第4982页。

婆猪江(辽宁东部的浑江)流域的建州卫王兀堂和居于浑河上游的建州右卫指挥使王杲的劫掠尤甚。建州三卫本是明朝的卫所,王杲、王兀堂等亦本是明朝的属官,他们受封于明廷,纳贡于明廷,但又不时骚扰辽东。对此,张居正改革集团的应对策略主要是军事征讨和军事防御两个方面。

1.对隆庆以来,王杲、王兀堂诸部的侵扰,进行军事征讨。

隆庆年间,张学颜、李成梁镇守辽东,加强防务,征讨入犯,特别是李成梁英毅骁健,敢于深入作战。他自隆庆四年(1570 年)镇守辽东起,"大修戎备,甄拔将校","军声始振"①,对女真各部进行了大规模的压制;但不可否认,辽东危机依然存在。

至万历初年,王杲入犯之势日炽。二年(1574 年),抚顺守备裴承祖逮捕进贡女真三十九人投于狱中;七月,王杲怒杀裴承祖。② 借此,都御史张学颜奏请罢绝贡市,王杲也因此"大会八家儿五千余骑"犯辽沈。十月,王杲率骑兵三千再次从东州(在今抚顺东南)五味子冲大举进犯。李成梁率六万大军驻抚顺,命副将杨腾等据守邓良屯(在今沈阳南)、马根丹(今抚顺马郡)等要害,令参将曹簠与之交战。诸军四起,王杲大败,退回古勒城。李成梁采取火攻,连破数栅,毁其营垒,斩首一千一百余级,王杲溃不成军。三年(1575 年)二月,王杲复出,集余众北走泰宁卫,途中遭明军包围;王杲突围,走匿阿哈纳(觉昌安六弟)寨;明兵追索,又奔入哈达部。当时,海西女真哈达部部长王台忠于明廷,王台将王杲献于明朝边臣,被支解而死。③ 王台捕获王杲有功,被授为右柱国龙虎将军。④

在征讨王杲的过程中,首辅张居正是军事行动的实际主持者和策划者,发挥了运筹帷幄的重要作用。对此,万历三年(1575 年)八月,神宗皇帝在午门云楼接受王台献王杲时,曾对张居正曰:"此皆先生运筹之功。"⑤毫无疑问,平定王杲之犯,对于明廷意义重大,朝廷上下甚为欢喜,封功赐赏,宣捷太庙。⑥

---

① 张廷玉:《明史》卷 238《李成梁传》,第 6185 页。
② 茅瑞徵:《东夷考略·建州女直考》,第 62 页。
③ 《明神宗实录》卷 40"万历三年七月甲子"条,第 927 页。
④ 瞿九思:《万历武功录》卷 11《王台列传》,第 586 页。
⑤ 《明神宗实录》卷 41"万历三年八月甲午"条,第 942 页。
⑥ 《明神宗实录》卷 31"万历二年十一月丙子"条,第 737 页。

但由于未对王杲余部进行及时安抚,"自王杲平后,抚处失宜"①,而是驻守重兵,建设墩台,"须防反覆",并没有从根本上安定王杲诸部。所以,几年后,王杲诸子阿台(阿太)、阿海、阿弟(王太)等为父复仇,聚众入犯。万历十年(1582年),阿台与阿海纠集部众,掠夺孤山、抚安二堡。李成梁提兵追剿,击杀一千多人。② 次年,阿台复纠阿海入,抵沈阳城南一带,大掠而去。李成梁提兵攻破建州女真古勒寨,斩杀三千余(一作二千三百)级,王杲余部遂灭。③在此战中,努尔哈赤的祖父觉昌安(叫场)、父亲塔克世(他失)被杀,这为此后努尔哈赤起兵提供了"一恨"。从某种意义上说,古勒寨之役是女真人走向崛起的历史起点。

王杲败亡后,建州卫都督王兀堂步其后尘,再犯辽东。据《清史稿》载:"王兀堂,亦不知其种族,所居寨距瑷阳二百五十里,瑷阳故通市。"王兀堂刚刚兴起之时,尚能"奉约束惟谨"。万历三年(1775年),李成梁迁孤山堡(今辽宁本溪境内)至张其哈佃(一作张其哈剌甸子),移险山(瑷阳西南石头附近)、宁东(险山堡东南)、江沿台(瑷阳西南石头城附近)、大佃子、新安等五堡于宽奠、长奠、双墩、长领散等处,拓境数百里,隔绝了女真诸部入犯明边的通道。④ 王杲被杀后,王兀堂率部请求互市,"通市易盐、布",明廷许之,开抚顺、清河、瑷阳、宽奠诸市,"通布市自此始"⑤。

当时,王兀堂管辖自清河而南,直抵鸭绿江一带,恪遵明法,"约束惟谨"⑥。但不久,便开始窃掠东州(在今抚顺东南)、会安(在今抚顺北)诸处。七年(1579年)七月,开市宽奠,参将徐国辅纵容其弟徐国臣强抑市价,殴死女真人。⑦ 此事引起女真人的愤怒,数掠宽奠、永奠、新奠诸堡。八年(1780年)三月,王兀堂及赵锁罗骨(又作赵索啰科)、罗骨等,率领六百骑兵入犯瑷阳、

---

① 《明神宗实录》卷97"万历八年三月庚戌"条,第1949页。
② 瞿九思:《万历武功录》卷11《阿台阿海列传》,第609页。
③ 张廷玉:《明史》卷238《李成梁传》,第6187页。
④ 张廷玉:《明史》卷222《张学颜传》,第5855页。
⑤ 柯劭忞,等:《清史稿》卷222《王兀堂传》,第9127页。
⑥ 柯劭忞,等:《清史稿》卷222《王兀堂传》,第9127页。
⑦ 谈迁:《国榷》卷70"万历七年七月戊辰"条,第4532页。

黄冈岭等处,指挥王宗义战死。① 四月,又以千骑自永奠堡入犯,李成梁率师追击,出塞二百里,斩七百五十级,歼酋首八人,擒获一百六十人,所获马匹、器物甚多,捣毁王兀堂营垒。② 十一月,王兀堂又从宽奠堡入掠,副总兵姚大节率师出击,斩六十七级,包括头目金继道等三名,俘十一人(一作十七)。③ 从此,王兀堂一蹶不振,"不复通于明"④。此后,"夷夏错居"、"忻然相安"⑤的局面一直持续到努尔哈赤开始统一女真各部。

王杲的崛起,是女真社会经济发展的充分体现,而王杲的不断入犯则揭开了女真统一战争的序幕,成为努尔哈赤兴兵建国的基础。《清史稿》载:"隆庆之世,下逮万历初……自王杲就擒后五年而王兀堂败,又后三年而阿台死,太祖兵起。"⑥从这个意义上说,明朝对王杲、王兀堂等的征讨,并未真正阻止女真的南下之势。辽东大捷后,神宗感言:"朕以冲龄嗣位,近来边境宁谧,强梁者绥服,干纪者必诛。凡此武功,岂朕之凉德所能致,实赖我祖宗列圣威灵之所震荡,克遂有成。"⑦但让他始料未及的是,此后不久,比王杲更为强大的努尔哈赤在辽东地区壮大崛起,虽然他在很长一段时间臣服于明,与明修贡,没有与明发生正面冲突,但这种表面的和平态势实则潜藏着更为严重的危机。所以应该说,更有效的解决与女真各部关系的方式是整顿边臣,规范互市,使双方在交往过程有一个和谐、平等的环境。但明廷通过军事手段来应对女真族问题,不仅难以从根本上消除女真的入犯之意,相反还加深了其对明朝的仇意。这也是张居正改革时期应对女真问题的一大失误。

2.修筑城堡,加强军事防御。

"守备为本"是明前期在与蒙古人的交锋中逐步形成的军事政策和民族政策,而后推及其他北方少数民族。嘉、万以降,女真与明朝的矛盾逐渐暴露,

---

① 张廷玉:《明史》卷238《李成梁传》,第6186页。

② 《明神宗实录》卷98"万历八年四月甲申"条,第1965页。

③ 《明神宗实录》卷106"万历八年十一月丙子"条,第2051页;卷110"万历九年三月甲申"条,第2115页。

④ 柯劭忞,等:《清史稿》卷222《王兀堂传》,第9127页。

⑤ 谈迁:《国榷》卷80"万历三十四年八月己未"条,第5962页。

⑥ 柯劭忞,等:《清史稿》卷222《王兀堂传》,第9127页。

⑦ 《万历邸钞》"万历二年十一月"条,第11页。

正如巡按辽东御史刘台曾言：

> （女真诸部）先年进循其期今则纠同各部，传箭频至；先年酋首犒赏
> 盐布，余止酒肉，今则通索盐布，增至引疋；先年酋首间讨衣段、锅牛，视为
> 异赏，今则指称常例，互为告讨；先年自称藩篱，今则假借大房，倚托声势，
> 绐我厚赂；先年马驼运载，利归中国，抽分抚赏，积有余羡，今则故用散物，
> 强求厚值，甚者徒手讨赏，至不可继，比比皆然，惟广宁关市附近，抚镇重
> 兵坐制，稍听约束。①

尤其是王杲、王兀堂诸部的频仍入犯，危及明朝在东北地区的统治。在此情形
下，为了加强对女真的控制和防御，明廷始终奉行"守备为本"的政策，坚持
"守内不如守外"②的治边理念，进一步在辽东地区修筑城堡，加强军事防御。

隆庆后期，明朝在辽东修筑城堡已陆续展开，至万历元年（1573 年），辽东
全镇已修筑城堡一百三十七座，铺城九座，关厢四座，路台、屯堡、门角、台圈、
烟墩、山城一千九百三十四座，边墙二十八万二千三百七十三丈九尺，路壕二
万九千九百四十一丈，"俱各坚固，足堪经久"③。与此同时，万历元年（1573
年），兵部右侍汪道昆建议修筑宽甸六堡④，他说：

> 张其哈剌（今属本溪县兰河峪乡新城子大村）佃土沃可耕，且去叆阳
> 等处适中，声援易及，宜移建孤山堡军于其地。又险山、宁东、江沿台、大
> 佃子、新安等五堡，地多不毛，军无可耕，出险山一百八十里，亦得沃地，宽
> 佃子（今宽佃县城）、长佃子（今宽甸县长佃乡）、双塔儿（一作双墩儿，今

---

① 《明神宗实录》卷46"万历四年正月丁未"条，第1032页。
② 陈子龙：《明经世文编》卷501，第5526页。
③ 《明神宗实录》卷15"万历元年七月丙申"条，第462页。
④ 明代修筑的这六座城堡，后世称为六甸（甸或作奠、佃），即：宽甸、长甸、大甸、永甸、新
甸、张其哈剌甸子。关于六堡的具体位置，据《读史方舆纪要》载："长奠堡在宽奠南百里，其东北
五十里为永奠堡，又大奠堡在宽奠东南三十里，又东为石岔口驿。又宽奠北三十里曰新奠
堡。……孤山堡在叆阳东，嘉靖二十五年置。"一作宽奠堡（今宽奠城）、永奠堡（今永甸城）、大奠
堡（今坦甸城）、长奠堡（今长甸城）、新奠堡（今赫甸城）、孤山堡（今本溪境内）。

属宽奠县永甸乡）、长岭（今宽奠县青椅山乡赫甸城村）、（建）散等五区，且当松子岭等处，极冲之地，宜将五堡军移建各处，修建六堡，合用银八千八百八十六两，粟米一万八千九百石。①

汪道昆的建议得到了明廷的准许。三年（1575 年），"孤山堡军移建于彼（即张其哈剌佃），以险山参将部军移建宽佃子，以扼守松子岭乾滩子冲；江沿备御部军移建长佃子，以扼短错江，仍以守堡官领军百名，应接朝鲜贡道；宁东堡军移建双墩儿，以扼十岔口、青崖子、文大人营三冲。新安堡军移建长岭，以扼锅儿厅；大佃子堡移建散等，接应长佃子。各堡互相联络，远者七八里，近者五六十里"②。其中"宽奠控五堡，尤为要地"③，扼守明与朝鲜之间的交通要冲，是建州女真争夺的要地。四年（1576 年），宽奠六堡先后修成，移定辽右卫及仓学于此。④ 宽奠堡在摩天岭东麓，鸭绿江西岸，连绵于婆猪江与嗳阳河之间。当时，"长岭、张其哈剌佃之东邻（王）兀堂，北傍王杲"⑤。六堡毗邻建州女真，是防御女真的前哨。宽甸六堡的修筑，是辽东巡抚张学颜与辽东总兵官李成梁主持完成的。"各堡山林丛密，土地膏腴"⑥，明军在此且耕且守，"每军地五十亩，听其开垦耕种，永不起科。将官、堡官养廉菜地量行拨给，不许多占有剩余地方，许军丁及附近居人给帖领种，三年之外，照屯田纳粮事例起科，以备军士月粮支用，通造总册，送部以备稽查。"⑦此后，批准建州女真王兀堂等人的请求，许于永奠、宽奠开市，"自是开原而南，抚顺、清河、嗳阳、宽奠并有市。诸夷亦利互易，无敢跳梁。"⑧可见，宽奠六堡的修筑和开发，不仅巩固了明朝在东北的统治，而且促进了这一地区社会经济的发展，"自是生聚日

① 《明神宗实录》卷 16 "万历元年八月丁巳"条，第 482 页。
② 《明经世文编》卷 337 汪道昆《辽东善后疏》，第 361—3618 页。
③ 《明神宗实录》卷 34 "万历三年正月甲寅"条，第 789 页。
④ 万历《明会典》卷 129 载：万历"四年，题准定辽右卫原设于辽阳，后因险山设参将，改建于凤凰镇，今展拓宽奠六堡，移住参将、卫治、仓学俱迁宽奠，就近管辖。"（第 667 页）
⑤ 管葛山人（彭孙贻）：《山中闻见录》卷 7《李成梁传》，第 111 页。
⑥ 《明神宗实录》卷 34 "万历三年正月庚申"条，第 791 页。
⑦ 《明神宗实录》卷 34 "万历三年正月庚申"条，第 791—792 页。
⑧ 茗上愚公（茅瑞徵）：《东夷考略·建州女直考》，第 64 页。

繁,至六万四千余户"①,"招抚逃民六万四千余口"②,"拓地七八百里","益收耕牧之利"③。

然而,从军事角度言之,随着明朝与女真之间的政治与军事力量的变化,单靠军事防御,不仅难以真正阻止女真人的入犯,而且还造成"糜朝廷千万之资,而不能遗辽人一日之安"④的境地。加及此后李成梁对女真采取残酷屠杀的做法,以及矿监王淮等人对辽东女真人的压榨和剥削,激起了女真各部的刻骨仇恨。所以万历年间,辽东战事不断,宽奠六堡的军事作用也日渐丧失,尤其是万历三十四年(1606年),李成梁以此地"孤悬难守",竟然放弃了宽奠六堡,尽迁军民于内地,削弱了防御力量,为努尔哈赤的迅速兴起提供了便利条件。故此,熊廷弼认为李成梁对辽东形势的转变和恶化难辞其咎,他说:"夷狄合则强,分则弱,此祖宗立法深意也。昔建周诸夷,若王兀堂、王杲、阿台辈,尝分矣,而合之则自奴酋始,使之合则自李宁远始。"⑤万历四十六年(1618年),努尔哈赤正式起兵反明,次年明军在萨尔浒惨败,明朝丧失了在辽东地区的主动权,处于被动守势。在此情形之下,为对付努尔哈赤的逼人攻势,明朝调集大军,征收重税,屡易主帅,但其结果仍是明朝势力被后金政权驱出了辽东地区。明军接连遭到重创,国力更加疲弱,只好在沿长城、山海关一线布置重兵加以严密防守,直到明朝灭亡也不敢放松对后金的防备。

(三)"以夷制夷,分而治之"

美国学者魏斐德(Frederic E. Wakeman)有言:"明朝对付女真的一般策略,是尽力维持各部落的均势,防止其中某各部落成为独霸东北的势力。维持均势的手段,通常是对所有部落都工整地给予贸易优惠,同时将一个明朝官衔

---

① 《明史》卷238《李成梁传》,第6191页。
② 陈子龙:《明经世文编》卷467,宋一韩《抚镇弃地咭虏请查勘以欺君负国之罪疏》,第5124页。
③ 张廷玉:《明史》卷238《李成梁传》,第6191页。
④ 金毓黻:《奉天通志》卷138《艺文》,辽海出版社2003年版,第23页。
⑤ 陈子龙:《明经世文编》卷480,熊廷弼《答友人》,第5287页。

授给其中一个部落的首领,让他作为临时领袖去维持和平。"①以此为基础,明朝在辽东地区长期推行一种"分而治之"的政策。万历初,辽东地区的民族格局大体为:在浑河流域的王杲,在婆猪江流域的建州左卫王兀堂,在辉发河流域的辉发部往机砮,在乌拉河流域的乌拉部,在开原北关的叶赫部逞加奴、仰加奴,在开原南关的哈达部王台。其中王台部、王杲部势力最强。鉴于此,张居正改革期间,除了对王杲等部进行军事防御和镇压外,又针对女真各部势力的消长,采取了"以夷制夷"、"分而治之"的应对策略,即"分其枝,离其势,互令争长仇杀"②;"各有雄长,不使归一者,欲其犬牙相制也"③,使其互相牵制,互相削弱,陷于分裂、混战不休的状态,以达到分化瓦解,势力均衡,稳固辽东统治的目的。用时人杨道宾的话说,就是:"今建州夷吞噬海西,凌轹朝鲜,……夫夷狄自相攻击,见谓中国之利,可收渔人之功。然详绎成祖文皇帝所以分女直而使其各自雄长,不相归一者,正谓中国之于夷狄,必离其党而分之,获其群而存之,未有纵其蚕食,任其渔猎以养其成而付之无可奈何者也。"④

1.积极拉拢王台,以控制王杲各部。

王台,明代海西女真哈达部首领。本名完颜台,金代完颜氏后裔,大约"完颜"的声韵母与王、万相近,故明代史料中称其为王台或万台。王台原为海西女真乌拉部人,居于今吉林省吉林市一带。嘉靖十二年(1533年),乌拉部内乱,王台逃至席北(今吉林省扶余县)。三十年(1551年),其叔王忠(清人称之为旺柱外兰)为酋长的哈达部发生内乱,王忠被杀,其堂兄请王台来哈达帮助治理。从此,王台来到位于清河流域的哈达部。三十七年(1558年)前

---

① 魏斐德:《洪业——清朝开国史》,陈苏镇、薄小莹等译,江苏人民出版社1995年版,第44页。

② 董其昌:《神庙留中奏疏汇要·兵部类》卷2《兵部职方司主事叶世英题为东夷渐炽等事疏》,《续修四库全书》本,第470册,第603页。

③ 陈子龙:《明经世文编》卷453杨道宾《海建二酋逾期违贡疏》,第4977页。

④ 陈子龙:《明经世文编》卷453杨道宾《海建夷贡补至南关北部落未明谨遵例奏请乞赐诘问以折狂谋事》,第4983—4984页。

后,王台接替王忠为哈达酋长,这一年王台以"海西夷都督"之称首次见于《明实录》①。

王台继任酋长后,一面实行亲明政策,一面在女真各部中采取"远者招徕,近者攻取"的策略,通过联姻方式,同建州女真宁古塔建立了协同作战的攻守同盟,打败了兵力强盛的建州栋鄂部(又作董鄂部,今大雅儿浒河)。嘉靖末,王台"势愈盛"②,"控弦之夷凡万余人"③,其所居疆域,"东尽灰扒、兀刺等等,南尽清河、建州,北尽二奴(即叶赫酋逞加奴、仰加奴),延袤几千里,内属堡塞甚盛"④,逐渐控制了海西女真的全部和建州女真的局部地区,成为女真诸部中最强大一支。在此情况下,王台"遂自称哈达汉",一举称雄女真各部,"叶赫、乌拉、辉发及满洲所属浑河部,尽皆服之"。⑤ 当时,虽说雄杰迭起,但以汗自命者,王台是第一人,可见王台已经得到了女真族主体部分的公认。这从建州女真角度撰写的《满洲实录》⑥在叙述扈伦(即海西女真)四部时,唯独称王台为"哈达国万汗"(hadai gurun i wan han)就足以证明这一点。

至万历初,王台势力进一步壮大,自抚顺、开原而北,皆属海西王台管制,而自清河而南抵鸭绿,则由建州王兀堂制之,他们都能"颇遵汉法",与明在开原而南,抚顺、清河、瑷阳、宽奠等市进行贸易,"诸夷亦利互易,无敢跳梁"⑦。由于王台对明朝较为忠顺,明朝将其视为处理同女真各部关系的代理人。当时许多部落进入开原都要通过哈达部,包括当时远在脑温江(今嫩江)的一些少数民族来开原贸易,也都绕过北关(叶赫)而从南关(哈达)入开原,广顺关成为明代辽东地区最繁华的交易孔道。同时,哈达王台正处在建州、蒙古兀良哈三卫之间,为明朝的屏障。因此,明朝积极支持哈达,以牵制兀良哈三卫和

---

① 《明世宗实录》卷459"嘉靖三十七年五月庚申"条载:"海西夷都督王台等执紫河堡盗边夷酋台出等及所掠来献,因为其部下求升赏,上嘉其忠顺,许之。"(第7765页)
② 《满洲实录》卷1《诸部世系》,第23页。
③ 瞿九思:《万历武功录》卷11《王台列传》,第584页。
④ 茅瑞徵:《东夷考略·海西女直考》,第54页。
⑤ 《满洲实录》卷1《诸部世系》,第23页。
⑥ 《满洲实录》是记述清太祖努尔哈赤的实录,后金天聪九年(1635年),据《满文老档》删写而成。全书以满、蒙、汉三种文字书写,配有图,乾隆年间重绘三部,有所修改。
⑦ 王在晋:《三朝辽事实录》卷首《总略·建夷》,《续修四库全书》本,第437册,第37页。

建州女真。另外，"王台屋居耕食"，虽然"与行营诸虏倏来倏去者不同"①，却与中原地区的农耕经济相近。所有这些，都是明廷利用王台制约各部，尤其是制约王杲部的前提和主要原因。客观地说，作为明朝统治辽东地区的附属力量，王台的确发挥了重要作用。

张居正改革期间，王台与王杲成为两大巨酋。隆庆末年，台、杲之间关系较为融洽，"杲与王台连和益密"②；但至万历初，王台"已叛而又顺"③，成为明朝"制夷"的有力依靠；而王杲"乍臣乍叛"，以叛为主，"常谋窥中国"④。依此，明廷制定了相应的对策：即以王台牵制和消灭王杲。如前所述，自隆庆后期始，王杲连年侵犯辽东，至万历初，其势日炽，成为边关大患，明朝怒闭关市。万历三年(1575 年)二月，王杲再次纠众犯边⑤，明军发兵讨剿其老巢古勒城，王杲兵败，被王台所缚，送至北京处死。对于此事，明人瞿九思论曰：

> 建州置卫，盖自永乐时，旧矣，然未尝有倔强如杲者。传曰："无故辄杀人，此上帝之禁也。"以杲而杀戮我汉将军，殆如乱麻。呜呼！悲夫假令杲如速把亥，则何可易擒乎？走王台，旋就缚，此正天之所以速杲死也。何乃罪命哉，何乃罪命哉！⑥

可见，王杲之死，在当时实在是大快心之事。故此，对于捕献王杲有功的王台，明朝授予龙虎大将军，其二子虎儿罕(扈尔干)、猛骨孛罗(孟格布禄)俱升都督佥事⑦，显耀至极。

明廷利用王台消灭王杲，似乎结束了明朝在辽东地区的动荡局面，很长一段时间，"王台北服二奴，南制建州，令不得于二卫西北诸酋合。以故，北虏无

---

　　① 陈子龙，等：《明经世文编》卷 363《贡夷怨望乞赐议处疏》，第 3906 页。
　　② 《明神宗实录》卷 3"隆庆六年七月辛丑"条，第 101 页。
　　③ 陈子龙，等：《明经世文编》卷 363《申饬边臣抚夷疏》，第 3908 页。
　　④ 茅瑞徵：《东夷考略·海西女直考》，第 54 页。
　　⑤ 王在晋：《三朝辽事实录》卷首《总略·建夷》，《续修四库全书》本，第 437 册，第 37 页；《清史稿》卷 222《王杲传》，第 9126 页。
　　⑥ 谈迁：《国榷》卷 69，"万历三年六月庚子"，第 4271 页。
　　⑦ 《明神宗实录》卷 41"万历三年八月辛未"条，第 929 页。

东志,东夷亦无北意"①,"东陲晏然,耕牧三十年,台有力焉"②。但事实上,对于明朝而言,王杲部的灭亡同时带来了更为深远的负面影响。

一方面,王杲死后,其子阿台驻古勒城,阿海驻莽子寨,两寨相依,互为犄角,彼此联络。王台虽最具权势,但又"是非颠倒,反曲为直,不察民隐",致使"民不堪命,国势渐弱"③;同时,女真各部从广顺关到开原交易,王台滥加征课,从中获利。因此,与女真各部积怨甚深,各部群起攻之。虽然由于明朝保护,王台未倒,但其势日衰,在困窘忧郁中一蹶不振,于万历十年(1582年)死去。其子猛骨孛罗袭龙虎将军,为塔山前卫左都督,因其幼弱,众心不服,叶赫、辉发、乌拉及建州诸部,皆不听命,相继自立,哈达势力逐渐衰落。继之,为报杀父之仇,万历十一年,王杲之子阿台约叶赫部逞加奴、仰加奴进攻哈达,④被李成梁所败,捣毁古勒城、莽子寨,杀阿台、阿海等人。⑤ 据《清史稿》载:

> 王台卒,阿台思报怨,因诱叶赫杨吉砮等侵虎儿罕赤,总督吴兑遣守备霍九皋谕阿台,不听。李成梁率师御之曹子谷、大梨树佃,大破之,斩一千五百六十三级。四年春正月,阿台复盗边,自静远堡九台入,既又自榆林堡入至浑河,既又自长勇堡入薄浑河东岸,又纠头人阿海居莽子寨,两寨相与为土蛮谋分掠广宁、开原、辽河。阿台居古勒寨,其党毛怜卫头人阿海居莽子寨,两寨相与为犄角。成梁使禆将胡鸾备河东,孙守廉备河西,亲帅师自抚顺王刚台出寨,攻古勒寨,寨陡峻,三面壁立,壕堑甚设。成梁麾诸军火攻两昼夜,射阿台,殪。别将秦得倚已先破莽子寨,杀阿海,斩二千二百二十二级。⑥

---

① 瞿九思:《万历武功录》卷11《虎儿罕赤猛骨孛罗康古六歹商温姐列传》,《续修四库全书》本第436册,第593页。

② 茅瑞徵:《东夷考略·海西女直考》,第54页。

③ 《满洲实录》卷1《诸部世系》,第23页。

④ 《明神宗实录》卷133"万历十一年二月戊戌"条,第2480页。

⑤ 王在晋:《三朝辽事实录》卷首《总略·建夷》,第37—38页。

⑥ 柯劭忞,等:《清史稿》卷222《王兀堂传》,第9126页。

是年十二月,逞仰加、仰加奴"见王台二子微弱"①,又"纠借大房",兵犯开原,结果逞仰加、仰加奴都被明将斩杀,级共三百一十一颗。② 然而,这种结局仍然未能改变阿台、阿海及逞加奴、仰加奴后裔的复仇之势。此后不久,逞加奴之子卜寨和仰加奴之子那林孛罗(纳林布禄)又寻机为父报仇,不断入犯。

另一方面,从更长远角度来看,王杲为努尔哈赤的外祖父,王台捕杀王杲,亦给努尔哈赤埋下了不满的种子。史载:王台死后,子孙"自相屠割",而努尔哈赤则"袖手待其毙甚矣"③。万历二十七年(1599 年),努尔哈赤率军攻陷哈达城,"南关之敕书、屯塞、地土、人畜,遂尽为奴酋有矣"④,明朝失去南关(哈达),辽东统治危机进一步加深。其后,建州女真与叶赫之间的矛盾日益加剧,这时明朝又转向支持叶赫,以牵制建州女真努尔哈赤势力的发展。

2.利用女真各部之间的矛盾,分化瓦解。

洪武年间,明朝在辽东地区广设卫所,使女真本身力量分散,互不统属。永乐年间,卫所建置达到高潮,据《明史·兵志二》载:明初建立的一百八十多各卫所,其中一百七十七个是永乐年间建立的。明中叶,数量又有所增加,时人马文升言:"以开原东北至松花江海西一带,今之野人女真,分为二百七十余卫所,皆赐印置官。"⑤嘉靖末年,修《全辽志》,列举女真卫所包括福余、朵颜、泰宁三卫,共三百三十二卫。万历初,数量再增,四年(1576 年)重修《明会典》记载:所设"卫三百八十四,所二十四,站七,地面七,寨一。"⑥卫所的增加反映了明朝逐渐加强对女真的统治,并坚持以小的分治来维护大的统一。

隆、万之际,在努尔哈赤起兵前,女真族大的部落分为四个,小的部落则达数十个,具体《清太祖实录》卷一载为建州部:苏克素部(今苏子河流域)、浑河部(今浑河流域)、王甲部、栋(董)鄂部(今大雅儿浒河)、哲陈部(苏子河下游及其附近的古勒城、界藩城、萨儿浒城皆属之)、鸭绿江部、珠舍里部等。长白

---

① 《明神宗实录》卷 192"万历十五年十一月甲寅"条,第 3620 页。
② 《明神宗实录》卷 145"万历十二年正月癸卯"条,第 2707 页。
③ 王在晋:《三朝辽事实录》卷首《总略·南北关》,第 35 页。
④ 《明神宗实录》卷 528"万历四十三年正月乙亥"条,第 9936 页。
⑤ 马文升:《抚安东夷记》,《续修四库全书》本第 433 册,第 247 页。
⑥ 万历《明会典》卷 125《兵部八》,第 645—647 页。

山部:訥殷部(松花江上游的訥殷河)、鸭绿江部、珠舍里部。扈伦部:叶赫部、哈达部、辉发部、乌拉部等。东海部:瓦尔喀部、库尔喀部、窝集(兀集、渥集)部等。张居正改革时期,上述部落之间矛盾突出,争斗不断。据努尔哈赤回忆,当时辽东女真各部"群雄蜂起,称王号,争为雄长,各主其地,互相攻战,甚者兄弟自残,强凌弱,众暴寡,争夺无已时"①,"同住一处,牲畜难以生息","甚是涣散"。② 鉴于此,明朝积极利用这种矛盾,拉拢部分部落,牵制部分部落,进而达到分化瓦解的目的。

(1)明廷利用王台、王兀堂制约其他女真部落。王杲死后,辽东三关地区,"惟广宁关市附近,抚镇重兵坐制,稍听约束"③,抚顺一关,各部落皆由王台管束,"海西诸夷,以王台为君长"④,所以,每当遇到女真部落入犯,明朝便"宣谕酋首王台等,严禁部落,不许无故讨赏及临边窃犯,如果不悛,纠众入寇,严行该路将领固守城堡,收敛人畜,相机拒剿"⑤。而对于开原一带的建州女真,明廷初开始利用王兀堂管束"自清河而南抵鸭绿江"⑥的建州部落,史载:"兀堂等数十酋环跪,称修堡塞道,不得围猎内地,愿质子,通市易盐、布。"⑦但后来王兀堂叛服无常,明廷出师征伐。如,万历八年(1580年)三月,王兀堂等以六百骑犯瑷阳及黄关岭等处,明指挥王宗义战死。四月,王兀堂又以千骑自永奠堡入,复被李成梁所败,斩七百五十级,俘一百六十人。⑧ 十一月,复自宽奠堡入,副总兵姚大节帅师击败之,斩六十七级,俘十一人。从此,兀堂一蹶不振,"不复通于明"⑨。王兀堂的入犯,宣告了明廷利用王兀堂的失败。

(2)制造建州女真内部矛盾,以根除王杲、王兀堂之后的"后遗症"。王杲、王兀堂之乱平定后,建州女真分裂为浑河、栋鄂、苏克苏护河、哲陈、完颜、

---

① 《清太祖实录》卷1,中华书局1986年版,第25页。
② 《满洲实录》卷1《满洲源流》,第18页。
③ 《明神宗实录》卷46"万历四年正月丁未"条,第1031页。
④ 陈子龙:《明经世文编》卷363 张学颜《贡夷怨望乞赐议处疏》,第3906页。
⑤ 陈子龙:《明经世文编》卷363 张学颜《贡夷怨望乞赐议处疏》,第3906页。
⑥ 柯劭忞,等:《清史稿》卷222《王兀堂传》,第9127页。
⑦ 瞿九思:《万历武功录》卷11《王兀堂列传》,第600页。
⑧ 《明神宗实录》卷98"万历八年四月甲申"条,第1965页。
⑨ 柯劭忞,等:《清史稿》卷222《王兀堂传》,第9127页。

鸭绿江、朱舍里等部。这时,明朝将领李成梁又扶植苏克护河部土伦城主尼堪外兰(nikan wailan)为建州部首领。万历十一年(1583年),在尼堪外兰的引导下,李成梁出兵攻杀王杲之子阿台,灭亡了王杲部。阿台的部下,努尔哈赤的祖父觉昌安(叫场,亦称四祖)、父亲塔克世(塔失、他失)在这次战争中也被明军误杀。先是,觉昌安、塔克世父子两代通好于明辽东总兵李成梁。侯汝琼在《东夷悔过入贡疏》中说:"建州贼首差草场、叫场等部落之王胡子、小麻子等四名到关",联系本部与明通好事。程开祐《筹辽硕画》卷首亦载:"叫场、他失皆忠顺,为中国出力。"①所以明军进攻王杲寨时,塔克世以助明征讨王杲之功,被封为建州左卫指挥使。战后,明朝一面安抚努尔哈赤,一面扶持尼堪外兰为建州女真的首领,以代表明朝统治建州女真,这自然引起了努尔哈赤的不满,决心铲除尼堪外兰。明末,由于政治腐败,经济崩溃,军力削弱,已无力阻止建州女真的发展壮大。而与此同时,女真各部渴望结束分裂混战,"共相保守",以实现女真族的大一统。就此而言,明朝在女真地区的"以夷制夷"政策实际上有悖于女真统一之势,并没有多少积极意义。

(3)时常通过限定敕书和贡额数量,离析女真各部。前文述及,女真地区生产落后,经常需要到开原购买生产生活资料,但入境须持有朝廷敕书,各部落所获敕书多少,是表示部落地位的象征,这种"敕贡制"逐渐成为女真割据势力谋取政治、经济权益的工具。从嘉靖初年到万历初年,明朝明确限定建州、海西的敕书和贡额数量,严格凭敕入贡,进一步加剧了敕书的争夺,促使敕书愈发集中,哈达部逐渐成为当时拥有敕书最多的部落。

(4)明廷还瓦解女真各部与蒙古人联合。万历二年(1574年),蒙古土蛮部首领小黄台古倾慕王台威势,欲联姻结盟。他亲率五万人马包围北关叶赫城,胁迫杨吉奴代向王台请婚,并声言:如不允婚,将以兵马践踏田禾房屋。王台被迫允婚,筑坛杀白马结下姻盟。明廷唯恐蒙古与王台联合后侵犯边塞,但又深知王台既贪嗜抚赏,又惧怕明军之威,所以继续施用利诱、威胁的两面手法,令边将宣谕王台利害:若继续依附朝廷,将加厚岁贡月币之利,若联合蒙古侵犯边塞,将遭明军剿杀之苦。不久,小黄台古率部至哈达,邀王台兵攻开原。

---

① 程开祐:《筹辽硕画》卷首《东夷奴儿哈赤考》,第39页。

王台当面斥责小黄台吉,并表示不愿与其联兵犯明。王台坚定而严厉的态度,使小黄台吉感到,再前进一步就全遭到明军和哈达部两面夹击,于是被迫归还住地。由于蒙古企图与王台联姻,旨在形成强大势力,共犯辽东。所以从明廷的立场来看,采取分化瓦解的策略是符合形势的,不仅使辽东避免了一次较大规模的袭扰,而且通过争取王台,保证了双方暂时的和平关系;但另一方面,王台与蒙古联姻虽未成功,但却为后来努尔哈赤与蒙古建立联盟关系提供了历史借鉴。

总之,马克思主义认为:"各民族之间的相互关系取决于每一个民族的生产力、分工和内部交往的发展程度。这个原理是公认的。然而不仅一个民族与其他民族的关系,而且一个民族内部本身的整个内部结构都取决于它的生产以及内部和外部的交往的发展程度。"①然而,万历初年,明朝作为一种外来势力,推行的"以夷制夷"、"分而治之"的民族政策,强制干预女真内部的民族关系。一方面,为众多女真首领提供了管理部众和加强自身统治的政治号召力;另一方面,既要利用女真的力量牵制蒙古,又要使其内部互为雄长,不使壮大、统一。这种分化瓦解的应对策略,在女真与汉族的关系中,必然会产生隔阂、猜疑、阻碍和破坏作用,严重阻碍女真地区的发展进程。万历十年(1582年)张居正病卒,以此为转折,明朝的统治开始走向衰微。神宗亲政而不理朝政,大小官吏贪污索贿,政治一片黑暗,内忧外患,接踵而至。张居正卒后次年,努尔哈赤即起兵辽东,虽一时主要是统一女真各部,但却成为女真脱离和对抗明朝的开始。

---

① 《马克思恩格斯选集》第1卷,人民出版社1972年版,第25页。

第 六 章

张居正改革时期民族政策之得失

民族政策是由民族关系决定的,民族政策的制定和实施起因于民族之间的政治、经济关系;反言之,民族政策又可以影响民族关系的发展,符合民族利益、积极有效的民族政策可以改善民族关系,相反则会使民族关系走向恶化。明代处于中国古代社会的晚期,民族关系错综复杂,各少数民族与明朝建立起各种联系,种种联系又不断变化,交互作用,从而使明代的民族关系呈现出"无限错综的图画"①。至万历初年,明朝立国已二百余年,随着专制统治的腐朽和没落,各种社会问题逐渐暴露,民族关系日趋复杂。为了维护封建统治,张居正改革集团努力改善民族关系,推行了以封贡互市为核心,以防御征讨为主轴,以分化瓦解为手段的一系列民族政策。这些民族政策短期内改善了民族关系,一度出现了"四夷宾服"②、"边圉宁谧"③的历史画面。但由于它仍然将重点置于当时已很难危及明朝统治的"北虏"问题上,而忽视了女真族的兴起,同时民族政策中还存在民族歧视等诸多不足。故长远来看,这些民族政策不仅难以适应女真等少数民族的发展趋势,相反还加剧了民族矛盾,成为导致努尔哈赤起兵和明朝覆灭的重要原因。为了进一步深入诠释张居正改革时期民族政策的基本内涵和实质,彰显民族政策在国家治乱兴衰中的重要意义,进

---

① 恩格斯:《社会主义从空想到科学的发展》,《马克思恩格斯全集》第 19 卷,人民出版社 1958 年版。

② 《明神宗实录》卷 55"万历四年十月丙子"条,第 1274 页。

③ 张居正:《张太岳集》卷 17《祭张龙湖阁老文》,第 201 页。

而探寻努尔哈赤起兵的某些历史机缘。以下,拟张居正改革时期民族政策的得失及其影响加以反思和总结。

一、民族政策以蒙古为重点

同历代专制王朝并无二致,明朝的民族政策着眼点同样是维护国家统一和社会稳定,但独具特色的是,在处理少数民族和少数民族地区稳定与发展的关系方面,存在着不同程度的失衡现象,具体表现在民族政策上,就是始终以处理与北方蒙古族的关系为民族政策的重点。

明朝建立之初,即确立了重点防御北方蒙古人的总方针。太祖朱元璋在其晚年,更是将其立为基本国策,反复向其子孙们宣讲:"自古及今,胡虏为中国患久矣,历代守边之要,未尝不以先谋为急,故朕于北鄙之虑,尤加缜密,尔能听朕之训,明于事势,机无少懈,虽不能胜彼,亦不能为我边患,是良策也。"[1]明太祖从军事的角度,入情至理地分析了他对蒙古实行重点防御的原因。继之,明朝统治者秉承祖训,始终视蒙古为"腹心之害",认为蒙古贵族常怀"入寇之意"[2],西北"胡戎世为中国患,不可不谨备耳"[3]。应该说,在俺答封贡以前,统治者对民族格局的认识是符合历史实际的,尤其是"土木之变"、"庚戌之变"等重大事件的发生,使统治者自然会把蒙古族列为重点防范对象。然而,张居正改革时期的民族格局已经发生变化:蒙古俺答封贡,南方少数民族反抗斗争激烈,辽东女真族开始兴起壮大。凡此,都要求张居正改革集团因时制宜,权衡利弊,根据不同民族具体情况的变化而调整其民族政策。但综观改革时期的民族政策,一个显著的特点就是仍然以蒙古族为重点,各项民族政策基本都是围绕蒙古族而展开的。

在张居正改革的十年间,已经实现了俺答封贡,"今虏自顺义而下,东西

---

① 《明太祖实录》卷253"洪武三十年六月庚寅"条,第3665页。
② 《明太祖实录》卷80"洪武六年三月壬子"条,第1452页。
③ 《明太祖实录》卷68"洪武四年九月辛未"条,第1278页。

诸部受我羁縻,七八年来,罔敢或贰,训之以言即听,喻之以事即从"①。但即使如此,以张居正为首的改革集团对蒙古人的危机感丝毫没有减弱,而是仍然从狭隘的民族观念出发,认为"北房服矣,贡矣,市矣,然浪子野心难驯易动,其顺逆叛服之机甚微而速,一有不审,其祸立至"②,"窃惟边患莫大于西北"③。所以,此时的民族政策仍然以蒙古族为重点,在"九边"地区严饬文武,告诫边臣"毋忽犬羊,毋轻举措"④;认为"今日房势,惟当外示羁縻,内修战守,使房为我所制,不可受制于房"⑤,并推行了一系列民族政策,这一点在前文已有详论。统治者夸大了蒙古势力的威胁,认为蒙古问题解决了,也就意味着整个民族问题得到了解决。如俺答封贡之后,张居正就说:"边事近来处置幸已就绪,今秋三陲晏然,诚宗社生灵莫大之庆。"⑥缘此,张居正改革时期对其他民族所推行的政策往往随着蒙古情况的变化而变化。如明廷对女真人的管束,一个重要的目的还在于企图以女真人牵制蒙古兀良哈三卫,即使到后来女真起兵,明廷仍然将民族政策的重点放在北方蒙古地区。同时,这种民族政策倾向对南方民族政策也产生了一定程度的影响,每当蒙古威胁加重时,明朝对南方各少数民族往往采取抚谕政策来平息民族矛盾;每当蒙古威胁解除时,明朝又转而运用军事手段镇压南方各族人民的反抗斗争,所谓剿抚兼施,以剿为主。但有趣的是,明朝统治者一方面强调蒙古问题的重要性,视蒙古问题视为"沉痼之疾"⑦,一方面却又没有推行积极进取的民族政策,只是不惜劳民伤财,推行以军事防御为核心的民族政策,"惟本之以实心镇之,以沉静审

---

① 陈子龙:《明经世文编》卷 321,方逢时《为陈边务申房情以定国是以永大计事》,第
3429 页。
② 陈子龙:《明经世文编》卷 321,方逢时《为陈边务申房情以定国是以永大计事》,第
3429 页。
③ 吴亮:《万历疏钞》卷 40,刘仕瞻《西陲事急势危督臣谋疎心炫亟赐议处以快舆情以肃边
防疏》,《续修四库全书》本,第 469 册,第 526 页。
④ 陈子龙:《明经世文编》卷 321,方逢时《为陈边务申房情以定国是以永大计事》,第
3429 页。
⑤ 张居正:《张太岳集》卷 24《答宣大巡抚计处黄把二房》,第 284 页。
⑥ 张居正:《张太岳集》卷 23《答总督方金湖》,第 278 页。
⑦ 张居正:《张太岳集》卷 20《答蓟抚刘北川》,第 246 页。

处机宜,弛张并用,需以岁月,庶可成功"①,这显示出明朝对蒙古问题保守的一面,表现出一种无奈和无能。

同时,对蒙古问题的重视还强烈地体现在张居正的言论中,如在《张太岳集》中,收有大量张居正与边将讨论明蒙关系的信件,据笔者统计,《张太岳集》共收各类信件823篇,其中涉及蒙古问题者,约有190余篇,而涉及南方少数民族者仅70余篇,涉及女真者更少,不及20篇。从中可见在张居正执政的十年间,加强北方边备,处理与蒙古人的关系,始终是其要务之一。因此,他虽深居朝中,但对北方边防事务了如指掌,如他说:"辽左虏警,多在春间"②,"西北边患无大于板升者"③等,皆是合乎实际的。正因如此,他能运筹帷幄,纵横捭阖,调兵遣将。应该说,张居正这种致力于边防建设,求真务实的精神是值得肯定的。但纵然如此,实际上张居正的苦心经营边防的努力并未得到朝廷上下的积极响应,显得较为孤立,他自己曾说道:"仆数年图画边事,处心积虑,冒险涉嫌。惟公知之,他人不能尽谅也。"④之所以如此,盖与当时的学风世风有关,朝野上下,空疏学风蔚为风潮,不以时事为务,在朝官员又沉溺于朋党之争,贪图私利,人心浇漓,风气败坏,改革的盛世局面之下,各种社会危机正在潜行、不断暴露。在此背景之下,民族问题的重要性往往被忽视,改革者的改革历程之艰难也就可想而知了。

当然,明朝将民族政策的重点集中在蒙古方面,是有其理由的:一是明朝是取代元朝而建国,从政权角度言之,二者的关系较为敏感;加之蒙古人长期有南下之意,时常骚扰北部边疆,张居正改革之前又刚刚经历了"庚戌之变"。这一背景,使明朝统治者对蒙古势力不敢掉以轻心。二是民族歧视观念根深蒂固,影响深远。明朝统治者认为自古蒙古族为中原劲敌,难以"归化",鉴于前史,畏惧蒙古,并持以敌对态度亦属自然。三是明初以来以蒙古为重点的政策导向,影响了张居正改革集团在民族政策上的革新,使之难于在蒙古问题上稍有逾越。四是蒙古残余势力长期保留着较完备的政治制度,仍然属于一个

---

① 张居正:《张太岳集》卷20《答蓟抚刘北川》,第246页。
② 张居正:《张太岳集》卷21《答辽抚方金湖》,第261页。
③ 张居正:《张太岳集》卷21《与蓟镇督抚》,第251页。
④ 张居正:《张太岳集》卷23《答总宪孙华山》,第282页。

独立的政治实体,这一点不同于属于明朝地方行政机构的南方土司制度和辽东卫所制度。如元代的三大中枢机构中书省、枢密院、御史台以及行省机构在明中期的蒙古地区仍然保留着。虽然到嘉靖年间,达延汗即位不久就取消了太师、知院等官,结束了诸王封国之制,①但作为一个政治实体,蒙古政权仍然存在,蒙古大汗的宗主权力余威尚存,这也使明朝统治者始终不敢轻视蒙古势力。

然而,至张居正改革时期,仍然以蒙古为民族政策的重点则有些不合时宜了。客观地说,至万历初年,蒙古势力已经难以危及明朝的统治了。理由在于:

(1)自隆庆年间始,明廷已与蒙古诸部中势力最为强大的俺答实现了封贡,双方恪守盟约,和平交往。俺答及其所管束的蒙古集团通过贡市交易已经达到了目的,愿意维系与明朝的相安关系,"夫自虏款以来,八年于兹,朝廷无北顾之忧,戎马无南牧之儆,边氓无杀虏之惨,师旅无调遣之劳,钱粮无浩繁之费,凡此孰非款贡之利哉!"②总之,俺答诸部已无直接与明朝对抗的意思了。

(2)整个蒙古势力已经走向衰落。总体上,在张居正改革期间,蒙古各部已很难构成一个强大的军事实体。一方面,俺答汗的宗主地位对各部的约束力已经不及以前大汗那样强大了,大汗及诸部落酋长(诸王、台吉等)各自为政,表现出一定的独立性。如万历二年(1574年),俺答之子宾兔率部落千余骑入犯西海(今青海一带)③。与此同时,除俺答而外的其他蒙古诸部,很难单独或者以小的同盟对明朝形成威胁。如一度入犯西北的海西亦卜剌等部,经过吉囊、俺答④的数次征伐亦走向衰亡,俺答等控制了西海地区。另如,曾经为求贡市而入犯明朝的把都儿、吉能(即诸延达喇济农)等在改革期间相继去世,其子继承父职,听从俺答与明朝的约束,已无入掠之意,正如张居正所言:"把都、吉能一时具殒,黄酋亦且病发,天之亡胡于兹可见矣。"⑤另一方面,此

① 达力扎布:《明代漠南蒙古历史研究》,内蒙古文化出版社 1997 年版,第 157—158、161 页。
② 《明神宗实录》卷 79 "万历六年九月甲戌"条,第 1701—1702 页。
③ 《明神宗实录》卷 22 "万历二年二月癸丑"条,第 579 页。
④ 吉囊、俺答皆为赛那浪之子。据魏焕《北虏世代》载:"赛那浪,系歹颜罕(又作达延汗)第三子。继父而立,亦称小王子,众酋尊为洒阿剌罕,初封顺义王俺答之父也。生七子,长曰麦力艮吉囊,二曰俺答,三曰兀慎打儿汗喇布台吉,四曰老把都台吉……"
⑤ 张居正:《张太岳集》卷 24《答王鉴川论胡运之衰》,第 287 页。

期蒙古各部分崩离析,尤其是俺答西征海西虽然取得胜利,但大伤元气,对各部的约束力大大减弱,所以随着俺答的老死,以及张居正改革时期推行的一些分化瓦解政策,蒙古内部的分裂之势加剧,蒙古左、右两翼成鼎立之势。左翼科尔沁、内喀尔喀、察哈尔等部南迁,与女真族交往密切;右翼俺答汗的子孙们则分崩离析,各自发展,走向衰落。凡此,皆说明蒙古已不再是明朝最具威胁的"敌对"势力了。

相反,在当时,东北女真人的发展壮大,潜在的威胁更大,尤其是王杲诸部的入掠,实际已经开启了女真统一运动的历史序幕。但在张居正改革后期,并没有对女真族给予足够的重视,实行积极有效的民族政策。之所以,其盖是因为:一是过分相信了女真表面上对明廷的臣服态度,所以不仅不考虑女真本身对朝廷的潜在威胁,反而仍然试图利用女真人来牵制分化蒙古势力。二是过分相信了李成梁镇防辽东的效果,将辽东这一军事要地委任于李成梁,而朝廷在加强边备方面却建树极为有限。应该说,这种顾此失彼的民族政策所带来的灾难是惨重。让张居正所未料及的是:此后真正成为朝廷亡国劲敌的不是让他煞费苦心的蒙古人,而是向来忠于朝廷的女真人。在兼并中逐步崛起的建州首领努尔哈赤在统一女真后,终于利用明朝政治的混乱与腐败攻入辽东,建立后金(清)政权。其后继者更在明末农民军推翻明朝统治之际乘机打进关内,夺取了全国的最高统治权。

万历初年继续实行重点防御蒙古的总方针,有碍张居正改革集团对正在兴起的女真势力的充分警觉,从而使之未能更多地解决有关问题,后来努尔哈赤及其继承者的步步壮大,以致最后挺进中原,实现明清嬗替,其最初的苗头当即产生于此时。这种重点防御蒙古的政策,甚至影响了明朝当局对外来边患的认识,导致明朝忽视对海防的建设。如,张居正等人没有意识到葡萄牙等西方殖民者来华的根本目的,更没有明确其抢占殖民地的企图。当殖民者来到我国沿海进行侵略活动时,明朝正忙于防御蒙古各部。[1] 应该说,张居正改革时期在民族政策上的上述失误极为惨痛,值得深思。

---

① 刘祥学:《从明中后期的民族政策看葡萄牙殖民者窃占澳门得逞的原因》,《中国边疆史地研究》2000年第2期。

二、民族政策以防御为主轴

"恩威兼施"、"刚柔并济"是中国古代中原王朝协调与少数民族关系的一贯方针,明朝也不例外。一方面,在政治、经济、文化教育上对少数民族"施恩",进行怀柔和羁縻;另一方面,在军事上对少数民族"施威",进行防御和征剿。同样,张居正改革时期对民族政策的调整,仍然是在"恩威兼施"方针的指导下进行的,表现出以军事防御与贡市贸易互相结合而又以军事防御为主轴的鲜明特征。其中,贡市贸易作为"施恩"的重要途径之一,在张居正改革时期得到了有效地加强和推广。而且由于贡市贸易符合各族人民的利益,所以其所产生的作用也是积极的。但相形之下,由于这一时期始终视蒙古人为"心腹之患",所以在民族政策上,以"守备为本"的军事防御倾向表现得相当突出。

明自建国以来,就已初步确立了重点防御北方蒙古族的总方针。在明朝强大的军事压力之下,即使北元蒙古人暂且偃旗息鼓,但对于明初统治者而言,欲谋求边疆安宁,就不得不采取"屯守备边"的长策,以防止北元卷土重来,用朱元璋的话说就是:"元运衰矣,行自澌灭,不烦穷兵。出塞之后,固守封疆,防其侵轶可也。"①所以建国之初,明朝对蒙古的民族政策就是"以防为主",并依此确立相应的军事防御制度和民族管理政策。正德以后,瓦剌、俺答、小王子等先后扰边,"中国宿重以御之"②。至张居正改革时期,与以蒙古为民族政策的重点相联系,在整个民族政策之中,军事防御贯穿始终,占主导地位。在改革的十年间,明朝不仅在北边地区建立了完备的军事防御体系,同时,在辽东女真地区、西南少数民族地区,在加强军事防御方面也采取了一系列措施。这种以军事防御为中心的民族政策主要体现在以下几点:

其一,在张居正改革期间,通贡与互市都是围绕防御政策而展开的。这一点,时人每有论及,如称:"贡市羁縻,乘暇修备,乃中国御夷长计"③;"以通贡

---

① 张廷玉:《明史》卷125《徐达传》,第3727页。
② 赵翼:《廿二史札记》卷34《明中叶南北用兵强弱不同》,第774页。
③ 《明神宗实录》卷38"万历三年五月庚子"条,第886页。

为羁縻,以战守为实事"①;"封疆之事,战守为先,若夫互市,乃一时羁縻之计"②;"夫通虏贡市冀为数年之安,修我武备实为百世之利"③,等等。可以说,贡市不过是消极防御政策的一项重要内容和手段而已,贡市的初衷并非出于单纯的经济利益,更重要的是试图通过小恩小惠,以达到维护边防、控制蒙古、女真等少数民族的目的。所以明廷可以随时闭关绝市,也可以时常限制汉族与蒙古、女真人民民间的往来和交流。明朝统治者甚至认为,民族政策说到底就是如何防止少数民族的入犯,少数民族不能入犯,就表明民族政策积极有效,用张居正话说就是:"边事近来处置幸已就绪,今秋三陲晏然,一矢不惊,诚宗社生灵莫大之庆。"④现在看来,这一观念失于偏颇,存在极大的缺陷,也正是在这种民族思想和治边理念的指导下,张居正改革集团就难以推行更高层次、更符合各民族人民利益的民族政策,使各民族相互融合,共同发展。

其二,每逢蒙古南掠,明廷往往命令边将"用心防守"⑤,不能轻易出战,更不能随意挑衅蒙古人,认为"疆场小衅或不能无,在因其机而御之,期不害吾大计耳"⑥;"虏若纠大众至,勿轻与战,但坚壁清野,使野无所掠"⑦;"以匹马不入,方为万全,故修筑塞垣为第一要义"⑧。如,对于土蛮,张居正经常提醒边将注意加强防备,若有入侵,"当以拒守为主,贼不得入即为上功;贼若得入,则合诸路之兵,坚壁以待之,毋与战"⑨。根据当时北边的民族形势,明朝制定了具体的防御措施,规定:在蓟镇,"专以固守为主,辽东则先坚壁清野,而后言战"⑩;在宣、大、山西,"当依期互市,调停抚赏,时加哨探,严设按伏,防其未然之变";在延绥,"当思套虏众多,防御尤须严密";在宁夏、甘肃,"当饬

① 《明神宗实录》卷13"万历元年五月甲申"条,第416页。
② 《明神宗实录》卷84"万历七年二月乙未"条,第1770页。
③ 《明神宗实录》卷10"万历元年二月丁卯"条,第350页。
④ 张居正:《张太岳集》卷21《答总督方金湖》,第278页。
⑤ 《明神宗实录》卷43"万历三年十月庚午"条,第966页。
⑥ 张居正:《张太岳集》卷23《答吴环洲策黄酋》,第280页。
⑦ 《明神宗实录》卷92"万历七年十月己卯"条,第1882页。
⑧ 《明神宗实录》卷48"万历四年三月甲辰"条,第1098页。
⑨ 张居正:《张太岳集》卷32《答总兵戚南塘授击土蛮之策》,第405页。
⑩ 《明神宗实录》卷43"万历三年十月庚午"条,第966页。

兵守险,宣恩布信,修我内治,图保万全"。① 这就是张居正"外示羁縻,内修战守"的方针,总体规定了军事防御的基本战略。为此,张居正调任戚继光御守蓟门,李成梁镇守辽东,王崇古、方逢时戒备宣化、大同,完善防务,屯田理盐,厉兵秣马,在东起山海关西至嘉峪关的长城线上,加筑敌台,建立起明代后期最称完备的军事防御体系。

其三,防御成功与否,成为考核、奖励边将的一项重要指标。张居正认为"遏虏之功,大于斩获"②,在此思路的指引下,边将守御边疆,以"遏虏"为是,而不求以积极态度谋求边疆民族间的和谐相处。对于在整饬边防、防御入侵方面成绩显著的将领,明廷即大加升赏。如隆庆六年(1572 年)六月,辽东总兵李成梁奏言:"参游等官恪遵纪律,虽无斩获之功,似有堵截之力",遂予以赐赏。③ 相反,即革职查办,予以惩处。如万历三年(1575 年)八月,蓟镇督抚杨兆认为三屯营等处所修城垣不合格,负责工事的游击边泰、刘龙等人被革职罚俸。④ 又如七年(1579 年)二月,蒙古人入犯前屯等处,将官王大璋、吴进忠等十三人"以备御疏虞",被依律查办。⑤ 纵然如此,很多时候,由于边将漠视"虏情",北边防御战线时常会受到威胁。如万历三年(1575 年)春,辽东巡抚张学颜等报称"达贼"二十余万谋犯辽东,前哨已到大凌(今辽宁锦县东),但蓟镇总兵官戚继光却称,蒙古军已经撤兵,料无大事。军情大事,传闻不一,如何防守? 难怪兵部尚书谭纶感叹:"臣等不以虏之不来为喜,深以边臣之不知虏为虑也。"⑥

可见,张居正改革时期的民族政策,其重心在于如何防御和控制少数民族,而在如何融合和相互发展这一更为重要的问题上却用心较少。之所以如此,盖原因有二:

一方面,受"祖宗旧制"的影响。明朝前期,军事防御政策的确立,标志着

① 《明神宗实录》卷96"万历八年二月丙子"条,第 1925 页。
② 张居正:《张太岳集》卷 21《与魏巡抚》,第 252 页。
③ 《明神宗实录》卷 2"隆庆六年六月丁卯"条,第 31 页。
④ 《明神宗实录》卷 41"万历三年八月己卯"条,第 987 页。
⑤ 《明神宗实录》卷 84"万历七年二月乙未"条,第 1769 页。
⑥ 《明神宗实录》卷 38"万历三年五月壬戌"条,第 899 页。

统治者放弃了消灭蒙古势力的想法,同时也意识到蒙古问题的长期性、艰巨性和复杂性。明朝开始从战略进攻转为战略防御,不仅使自身逐渐丧失了军事上的主动权,也对其治边思想产生了束缚、误导作用。张居正改革期间,片面认为明初确立的重点防御方针,就是守城池,不出击,因而注重花大量人力、物力修长城、城堡、墩台,目的就是为了能有效防守。在统治集团内部,固守城堡、消极防御往往被视为稳重,主动出击则往往被视为冒险。对前者,受统治者慰劳有加,倚为国之栋梁;后者则常受排挤、猜忌,甚至杀害。如李成梁、张学颜等人,长期驻守北边,一有失利,群臣即交相攻讦,必欲去之而后快。在改革期间,由于有张居正的保护,他们尚能继续任职,但随着张居正的离世,李成梁、张学颜相继被弹劾贬官。① 由此,边将在对敌作战时,时常怀有很重的心理负担,作战害怕失利,退缩又畏惧严惩,畏首畏尾,经常贻误战机。其实,边防形势千变万化,如何防御,并不能囿于常规。万历初年,北部边防出现的种种不利形势,是明太祖确立军事防御政策时所没有料到的,而作为当事者的张居正,则应该适应时势,及时调整民族政策,而不可固守旧制,丧失良机,造成民族政策上的失误。

另一方面,深受"夷夏之防"观念的影响。明朝统治者固守"内中华,外夷狄"的民族思想,认为"非我族类,其心必异"②,对其不可不防,即使在俺答封贡之后,明朝统治者仍认为"狼子之心,难以驯服",为了谋求边疆安宁,始终心存防范,以敌对态度视之,"虏方纳款……亟宜兴工修复边墙,以树藩屏,乃为得策"③;"俺答并套虏诸酋还巢纳款,似可无虞,但部落结聚,性难尽驯。边地安宁,人易习玩,宜申饬文武将吏,悉心协谋,外结犬羊之心,内壮虎豹之势"④。即使对西南土司制度下的少数民族和卫所制度下的女真族,虽然视为"臣民",但明廷同样推行军事防御措施。所不同是的,由于西南、辽东等地少

---

① 如,《明神宗实录》卷142"万历十一年十月庚戌"条载:"御史孙继先、曾干亨各疏劾兵部尚书张学颜。言学颜先为辽抚,与按臣刘台有隙,捏造台赃私揭之,居正故后之勘问,勘此赃也。营人本兵,冯景隆疏论李成梁,学颜铺叙成梁之功,激圣主之怒,而重言官之罪,险局备张,亟宜罢斥。"(第2639—2640页)

② 《明太祖实录》卷41"洪武二年四月丁丑"条,第822页。

③ 《明神宗实录》卷10"万历元年二月丁卯"条,第350页。

④ 《明神宗实录》卷96"万历八年二月丙子"条,第1925页。

数民族杂聚,力量分散,故防御政策表现为"恩威兼施"的形式,乱则剿之,顺则抚之;但长期来看,军事防御政策贯穿始终,从未改变。这同样体现了张居正改革时期民族政策的基本倾向性。

客观地说,万历初年推行军事防御政策对于维护和巩固国家统一的作用是不可否定的,但在蒙古族已不再构成威胁时,仍然固守这一政策,其所带来的负面影响是极大的,主要表现在:

首先,防御政策阻碍了民族融合的进程。自元代以降,周边各民族与中原汉族在政治、经济、文化上的联系空前加强,且在地域上也已打破民族隔阂,逐渐走向新的大融合和大发展。在此背景下,明朝统治者仍然坚持以"守备为本"的民族思想和民族政策,将北方民族和中原汉族隔离在两个不同的领域,"修建所以分别华夷,使之不相逾越"①,极大地影响了北疆经济、文化的发展以及南北民族的交往合作,违背了民族之间凝聚力不断加强和进一步融合的客观趋势。

其次,防御政策加剧了社会矛盾的激化。防御政策的施行必须以强大的军事和经济实力为后盾。张居正改革期间,围绕军事防御政策的基本思路,布置边防,加强墙墩,置将练兵,扩充军队,造成军费的骤增,"增兵增饷,选卫修垣,万姓疲劳,海内虚耗"②。为了弥补这种不足,明廷不惜增加赋役的征派,使人民的负担不断加重,从而激起了其强烈不满与反抗。为了应付人民的反抗,明廷不得不从边疆调回部分兵力,镇压像广东、广西等地的民变和北方的兵变,从而削弱了边境防务。同时,由于防御政策使得各民族之间不能正常地进行交流,从而加剧了少数民族与中原王朝的矛盾,使得边疆动荡不安。这些都为明末社会矛盾的交激埋下了祸患,加速了明王朝的灭亡。

再次,防御政策实际很难起到防御作用。如修筑城墙,虽然当时朝廷上下都认为:"边墙之设,所以限隔华夷,自古不废"③,"中国之藩篱不固,夷狄之

①　《明神宗实录》卷33"万历二年闰十二月戊寅"条,第772页。
②　《明神宗实录》卷67"万历五年九月庚午"条,第1466页。
③　《明神宗实录》卷33"万历二年闰十二月戊寅"条,第772页。

出入无常,设有不测,何以御之"①;有人甚至认为修筑城墙有十大好处:

> 有墙则可以格虏放牧,助我拒守,一也;
>
> 择其要害,设为墩台城瓮,俾了卒戍士,风雨足栖,缓急可倚,二也;
>
> 平居人畜,免驱掠之患,秋成禾稼,鲜剽夺之虞,三也;
>
> 小贼入,则我得据墙下,矢石无使墩卒贼得为饵,四也。
>
> 大贼入,必须掘墙,我得预知为备,收敛坚壁,使虏无掠,五也;
>
> 募民实塞下,营屯田,民鲜畏寇,乐从者众,兼可足食、足兵,六也;
>
> 虏有变,必秉虚从威平入,非剥虏朔蔚,则垂涎山西,彼窥我有备,其谋自阻,谨守大同,所以屏蔽内地,七也;
>
> 云中边墙长亘,俟虏背叛,徐议起筑,必须多发兵防御,及是时为之可省调集之劳,供亿之费,八也;
>
> 以守为战,以逸待劳,九也;
>
> 峻夷夏出入之防,明先王荒服之制,十也。②

但实际上,单纯的修筑城墙、墩台,并不能真正阻止北边少数民族的劫掠,边墙的作用是有限的。时人有言:

> 尝闻长城之设,古为无策,我朝祖宗以来,未闻有修边之事,而亦未闻有胡虏之强者。夫何数年以来,修筑益急,而虏患益炽,秸之宣、大工完之后,失事者屡矣,是果墙之不恃耶。宣、大之墙不足恃,则宣、大之墙不可修;蓟镇之墙不可缺,则宣、大之墙不可弃也。今宣、大已成之墙,弃而不守,蓟镇来修之边,从而创筑。……蓟镇东至山海,西抵居庸,延袤二千三百七十余里,今十区所议,工程二万九千五十八丈,以步而算之,止有七万九百一十六步,每三百六十步为一里,止得二百余里,尽数通完,未得十分之一,则各区无墙者,尚二千余里矣。纵使修完,每步一军,则已用八万之

---

① 《明神宗实录》卷10"万历元年二月丁卯"条,第350页。
② 《明神宗实录》卷10"万历元年二月丁卯"条,第350页。

众,沿墙列守,亦未得十分之一,则各区未守者,尚有余里矣。……夫修边一防零冠可也,恃之一御大举不可也,为今之计,抑为省修墙之力,以行操省修墙之费,以行赏操久而艺精,赏明而众劝,与其废劳于泥水之中,孰若驰驱于金鼓之下,免其抬土运石之苦而付之弯了驰马之事。……防秋之时,聚而为兵,不知孰为行伍,孰为号令,且气竭而力疲,艺生而胆怯,是故鼓之不进,金之不退,自守且不能支,而望其迎锋以遏虏乎?①

　　而且,部分地区修筑的城墙、墩台,多为"沙土叠成,未施砖石"②,时日不久,就会"边墙颓废"③,丧失防御作用。如,大同边墙,东起西阳河,西至了角山,延袤六百余里倾,但这一带"长沙漫碛,边土沙松,立见糜散,墙高则速颓,岸深则善倾"④。正因如此,蒙古人经常会"拆墙入境"⑤。如万历元年(1573年)秋,蒙古部落酋长兀鲁思罕等率三四千骑兵"突奔寺儿山台,拆墙而入,实图大逞"⑥。二年冬,俺答之子宾兔索取抚赏,明廷未允,遂"拆墙进入"⑦。另外,驻守边墙者多是招募的民兵,由于多是乌合之众,"游猎之徒"⑧,遇到大敌,就纷纷逃跑,如此便很难发挥守备边疆的作用。

　　毫无疑问,中原汉族与边疆各族的交流,是各族经济发展的客观需要,是不可阻止的。只有采取开放的、综合的民族政策,才符合各族人民的利益,符合民族关系发展的基本趋势。历史表明:统一多民族国家的形成,是一种"综合性"民族政策合力推动的结果,否则即会带来诸多负面影响。这一点张居正改革时期过分强调军事防御政策就是最好的注脚,从中汲取经验教训,可为新时期处理民族关系提供一些有益的鉴戒。

---

① 陈子龙:《明经世文编》卷304 刘焘《修边》,第3209—3210页。
② 《明神宗实录》卷55"万历四年十月癸酉"条,第1280页。
③ 谈迁:《国榷》卷70"万历五年四月辛已"条,第4310页。
④ 《明神宗实录》卷33"万历二年闰十二月戊寅"条,第772页。
⑤ 《明神宗实录》卷32"万历二年十二月壬子"条,第755页。
⑥ 《明神宗实录》卷18"万历元年十月壬子"条,第519页。
⑦ 《明神宗实录》卷32"万历二年十二月壬子"条,第755页。
⑧ 《明神宗实录》卷59"万历五年二月辛巳"条,第1362页。

三、民族政策忽视女真兴起

民族关系的实质是以各族,尤其是各族统治阶级的利益为转移的。不论是和平时期的正常的经济交换,还是战争时期的残酷掠夺,都是如此。① 万历初年,明朝出于自身利益的考虑,认为:"王者守在四夷,四夷不守,而中国之藩篱坏矣。北关虽夷种乎,而笃志殉义,效死勿去,纪此以表其忠。"②出乎此,明朝通过"许以贡市"、"大修戎备"、征讨入掠、"以夷制夷"、"分而治之"等一系列民族政策,暂时维系了与女真之间关系,保证了其在辽东地区的统治,但长远来看,这些对策仍存在诸多失误之处。主要表现在:

1.对策以维护明廷的统治利益为前提。在现代民族关系理论中间,"民族平等"是一个重要原则,就是各民族一律平等,尊重少数民族,按照本民族的愿望,自主地发展本民族的政治、经济、文化的权利。但在封建社会时期,各民族之间的斗争与联合都是以满足自身的利益为前提的。所以专制王朝为了维护自身的统治利益而推行的民族政策,就必然具有不平等性。在明代,通观其民族政策,其间所包含的平等因素仍然极其有限。张居正改革期间,虽然始终将女真族视为统治辽东地区的屏藩,但如前所述,对女真族的各项民族政策,同样表现出鲜明的不平等性和民族歧视的影子。如,以贡市为核心的羁縻政策,不过是明朝通过小恩小惠,争取和控驭女真贵族的权宜之计,明朝统治者对"应之则其欲无厌,绝之则其衅易生"③的道理有着深刻的体会。所以明廷随时可以根据女真各部对朝廷的忠顺与否在政策上加以调整,顺则通贡互市,逆则绝贡闭市。故此,羁縻政策说到底并非民族平等的具体体现,说它符合当时各族人民的愿望,更是难以令人信服的。同时,张居正改革时期对王杲、王兀堂、王台的剿灭和利用,同样是以维护明朝在辽东的统治为前提的,利用王台并不是平等联盟,更不会允许其势力壮大起来,一旦发展壮大,就会横加干

---

① 张璇如:《民族关系史若干问题的我见》,载翁独健主编《中国民族关系史》,中国社会科学出版社 1984 年版,第 59 页。

② 王在晋:《三朝辽事实录》卷首《总略·南北关》,第 35 页。

③ 陈子龙:《明经世文编》卷 363 张学颜《贡夷怨望乞赐议处疏》,第 3906 页。

涉,不是支持一方,压制一方,就是动用国家机器施加政治压力、经济封锁,甚至动用军事力量,直接进行剿杀,甚至付诸剿杀,所谓"顺即当抚,叛即当剿"①。因而,认清明朝在女真地区的民族政策及其实质,对于分析张居正改革时期的社会问题及其改革成效颇有裨益;同时也可以为努尔哈赤的起兵及其与明关系的恶化找到一些合理的理由。

2.对策带有更严厉的压迫性质。明朝在辽东地区实行卫所制度,虽不似中原地区的州县那样由国家直接控制,但却是地方政权的一种组织形式,它体现了中央与地方,统治与被统治民族间的一种统辖关系。正因如此,明朝在女真地区所推行的民族政策和统治策略,就具有阶级压迫、民族压迫的性质。如中央政府的暴征,地方官员的盘剥,镇守武将的压榨等,这种腐败的统治在张居正改革时期依然存在,并有加剧之势。据《开原县志》载:"明季开原,北偪强邻,实为边防重地,观其设备,不谓不严,惟一统驭失宜,事权不一,武人总力征经营,往往为宦监牵制,使不得尽其才,遂致边疆莫保,有兵而不足恃焉。"②又如,万历七年(1579年),宽奠参将徐国辅弟徐国臣等人压价收购女真人的人参,致起纠纷,徐国臣等仗势殴打女真人,而徐国辅自己亦"以贪黩起衅,致夷人怀愤抢窃"。③ 在这方面,最具代表性者当属李成梁,他自隆庆四年(1570年)十月升辽东总兵官,一直守备辽东,颇有建树,史称:"九边将官,忠勇独李成梁为最,数年以来,无岁不战,无日不防,可谓竭尽心力矣"④;"边帅武功之盛,二百年来未有也。其始锐意封拜,师出必捷,威震绝域"⑤。但由于朝廷过分倚重于李成梁,使他长期统兵辽东,声望渐高,势力渐大,逐渐堕落腐化,奢侈无度。对此,《明史》载道:

> 成梁镇辽二十二年,……已而位望益隆,子弟尽列崇阶,仆隶无不荣显。贵极而骄,奢侈无度。军资、马价、盐课、市赏,岁乾没不资,全辽商民

---

① 《明神宗实录》卷192"万历十五年十一月甲寅"条,第3620页。
② 《开原县志》卷8《兵事》,《中国方志丛书》本,第807页。
③ 《明神宗实录》卷93"万历七年十一月丁巳"条,第1898页。
④ 《明神宗实录》卷192"万历十五年十一月甲寅"条,第3620页。
⑤ 张廷玉:《明史》卷238《李成梁传》,第6190页。

之利尽笼入己。以是灌输权门,结纳朝士,中外要人无不饱其重赇,为之左右。每一奏捷,内自阁部,外自督抚而下,大者进官荫子,小亦增俸赏金。恩旋优渥,震耀当世。而其战功率在塞外,易为缘饰。若敌入内地,则以坚壁清野为词,拥兵观望;甚或掩败为功,杀良民冒级。阁部共为蒙蔽,督抚、监司稍忤意,辄排去之,不得举其法。先后巡按陈登云、许守恩廉得其杀降冒功状,拟论奏之,为巡抚李松、顾养谦所阻止。既而物议沸腾,御史朱应毂、给事中任应征、佥事李琯交章抨击。事颇有迹,卒赖奥援,反诘责言者。及申时行、许国、王锡爵相继谢政,成梁失内主,遂以去位。成梁诸虞功率藉健儿。其后健儿李平胡、李宁、李兴、秦得倚、孙守廉辈皆富贵,拥专城。暮气难振,又转相掊克,士马萧耗。[1]

可见,李成梁在辽东期间"奢侈无度",搜刮辽民以"灌输权门","杀良民冒级","杀降冒功",这些行为虽然多发生在张居正去世之后至万历十九年(1591年)李成梁去职期间,但李成梁走向腐败并非一蹴而就。如前所述,实际在张居正改革期间李成梁的恶迹已经萌生暴露,但张居正并没有及时给予纠正,这不能不说是张居正的一大失误。毫无疑问,李成梁等边将的腐化,不但不能保卫辽东的安宁,反而会激化矛盾,加深明廷在辽东的统治危机。

在经济领域,马市的开设,促进了女真社会经济的发展。但在万历初年,明朝统治者对交易的女真人却是百般挑剔,强抑市价,恣意掠夺。如,长白山的特产人参,在女真人的交易中占有相当大的比重,据不完全统计,嘉靖二十八年(1549年)至二十九年(1550年),女真头人出售人参八百五十一斤,而万历十一年(1583年)七月至十二年(1584年)三月八个月中,出售人参三千四百六十七斤五两。[2] 这一数字从侧面反映出:万历初年,人参在女真人的交易中地位之重要。但在人参交易中,明边将往往压低价格,进行盘剥。据《清太祖实录》卷二载:"曩时,卖参与大明国,以水浸润,大明人嫌湿推延,国人(女真人)恐水参难以耐久,急售之,价又甚廉",使女真人蒙受巨大经济损失。这

---

① 张廷玉:《明史》卷238《李成梁传》,第6190—6191页。
② 杨余练:《明代后期的辽东马市与女真族的兴起》,载《民族研究》1980年第5期。

种情形在张居正改革之后,情况更趋严重,马市贸易日益遭到破坏,女真人怀怨殊深。努尔哈赤自万历三十四年(1606 年)入贡市后,不再贡,其中原因也是由于"边关勒索无厌"①所致。不仅如此,张居正改革期间,对女真人还经常以"罢市绝贡"相威胁,使之俯首听命。为了生存和发展,女真人进行了长期斗争,可以说,王杲、王兀堂的入犯以及后来努尔哈赤的起兵,皆与明廷罢市绝贡等压迫政策休戚相关。

因此,明统治者在政治、经济上的腐朽统治,阻碍了女真社会的发展,损害了女真人的民族利益,而且也加深了明与女真之间的矛盾,这也是明末东北统治危机日趋严重的重要原因之一。

3.没有推行适应辽东女真地区社会经济发展的民族政策。民族政策一般应包括:政治统治政策、行政管理政策、经济贸易政策、文化教育政策、宗教信仰政策等。一如前述,张居正改革时期,明朝对女真的民族政策主要侧重于政治统治政策和经济贸易政策,而行政管理、文化教育、宗教信仰等政策基本被忽略。具体表现在:一是通观张居正改革的十年,明朝与女真族的接触和交往形式仍然集中在通贡、互市和战争三种形式。其中,通贡和互市虽然客观上满足了女真人的部分需要,但对明朝而言,不过是作为维护边防、控制少数民族的一种手段而已,"国家初与虏为市,本为羁縻之术"②,而并非从经济交流的需要考虑。二是万历初,女真各部社会经济迅速发展,但明朝并没有针对这一形势,实行诸如支持农耕经济,拓展贸易交往,推进制度革新等有效措施,而是始终以防止女真族的强大为要务,推行防御、剿灭和"分而治之"的民族政策。这不仅无益于女真社会经济的发展,相反还起了一定的阻碍作用。三是在推行卫所制度的框架内,没有配套实施固定的行政管理政策、文化教育政策以及宗教信仰政策,尤其是没有对女真的武装力量进行有效的控制,使女真族从一开始就具备了与明对抗的军事力量。应该说,民族政策是各种有效政策的综合体,而在中国传统社会,包括万历初年,在"夷夏之辨"的观念下,其所推行的民族政策不仅带有浓重的民族歧视色彩,也表现出一定的单一性特征。四

---

① 阿桂,等:《皇清开国方略》卷 1,《文渊阁四库全书》本,第 347 册,第 37 页。
② 《明世宗实录》卷 383"嘉靖三十一年三月丁亥"条,第 6772 页。

是在长期的历史发展进程中,女真族与中原汉族的交往途径多样,程度日渐加深。反映在两族民众语言的交流上,女真人王杲就"能解番、汉语言字义",而且"尤精通日者术"①。努尔哈赤还能精读汉文书籍《三国》等。反之,居住在女真人中间的汉人能熟练掌握女真语言,甚至达到"不解汉语者,亦多有之"②。汉满人民的生活习俗也逐渐相近,"风气相习,胆气相并"③。但在推行卫所制度的框架内,明朝并没有配套实施有效的行政管理政策、文化教育政策和宗教信仰政策,相反却禁止官民与女真人进行更广泛交往和交流。凡此,都无益于女真社会经济的发展,不利于民族关系的融合和发展。

列宁曾说:"民族压迫政策是专制制度和君主制度的遗产。"④民族政策是各种有效政策的综合体,而在中国传统社会,包括万历初年,在"夷夏之辨"的观念下,其所推行的民族政策不仅带有浓重的民族歧视色彩,也表现出一定的单一性特征。张居正改革时期,明朝与女真族之间的矛盾虽已初露端倪,但女真族还没有表现出能够与明直接对抗的势头。正因如此,女真族尚没有引起明朝统治者的足够关注,反映在民族政策上,自然就表现出一定的局限性。然而,当女真地区的社会经济不断发展,统一趋势日渐鲜明时,这种民族政策的局限性就越来越鲜明,越来越成为激化明与女真矛盾冲突的主要因素,亦越来越成为女真族走向自我发展,进而完成统一的障碍。张居正对女真族相关政策的失误,关键就在于没有能够顺应女真地区的发展而进行及时的调整,这对于张居正这个以"救世"自命的改革者而言,带来的负面影响是致命的。随着张居正的去世,一个改革时代宣告结束,而随着努尔哈赤的起兵,一个新的政治变动时期随之到来。至此,当明朝统治者认识到"今九边事情,独辽东为难"⑤时,为时已晚,明祚将倾之际,唯有感叹:"今举朝蒿目辽事者,类以建夷为忧,是固然矣。然不悉其所以受病之原,虽欲自强自固其道,无由也。"⑥

---

① 瞿九思:《万历武功录》卷11《王杲列传》,第605页。
② 《李朝实录》卷17"燕山君二年己卯八月"条,第189页。
③ 程开祐:《筹辽硕画》卷19,第632页。
④ 《列宁全集》第4卷,人民出版社1987年版,第269页。
⑤ 《明神宗实录》卷192"万历十五年十一月甲寅"条,第3620页。
⑥ 崔明德、马晓丽、曹鲁超:《中国民族思想的学科建设与创新》,齐鲁书社2007年版,第88—90页。

四、民族政策存在诸多局限

在现代民族关系理论中,民族平等是一个重要原则。平等的民族关系应该是各民族相互平等、相互信任、相互依存、相互帮助的关系,民族融合是多民族国家的普遍现象,也是历史发展的必然趋势,而平等观念又是各民族相互融合的动力。① 但在传统中国社会,受"夷夏"观念的桎梏,民族思想和民族政策中的平等意识显得极为淡薄。张居正改革时期,囿于传统观念,同样没有将平等观念较好地纳入民族政策之中,因而存在诸多局限。具体表现在:

(1)民族政策中包含着浓重的民族歧视色彩。在张居正改革时期,之所以未能相对彻底地解决好民族问题,归根到底是因其错误的民族思想所致。明朝统治者虽然一再声明"华夷一家",对各个民族要一视同仁,但同时又认为"民夷异类,顺逆殊途"②,始终对少数民族持以歧视乃至敌对态度。如万历七年(1579 年)二月,蒙古鞑靼别部首领阿丑哈等率部来降,结果被辽阳车营游击陶承誉所杀,其事虽然张居正心存怀疑,但朝廷上下都不以为然,理由是:阿丑哈等"虽有来降之言,乃为误我之计,杀之足以伐谋"③;甚至认为少数民族首领死,则其族便亡,如张居正就曾言:"把酋死,上谷以东可以安枕。黄酋孤,虏势将益弱。近报吉能亦于三月三日病故,俺答东哭其弟,西伤其子,志气萧索,恐亦不久,天将亡胡于此可见矣!"④基于这种民族观所制定的政策,其本质仍然是一种民族歧视和压迫政策,它不可能从根本上解决民族问题,相反还会激化民族矛盾。同时,张居正改革集团在处理民族关系时还表现出一种以强凌弱的强权意识,提倡对待"夷狄","惟论顺逆,不论强弱。若其顺也,彼势虽弱,亦必抚之以恩;若其逆也,彼势虽强,亦必震之以武"⑤。这一认识属大汉族正统思想的一部分,亦应予以批判。

---

① 吴亮:《万历疏钞》卷 41 宋一韩《直陈辽左受病之原疏》,第 537 页。
② 陈子龙:《明经世文编》卷 302 高拱《与贵州巡抚阮文中书》,第 3185 页。
③ 《明神宗实录》卷 84"万历七年二月丁丑"条,第 1759—1760 页。
④ 张居正:《张太岳集》卷 24《答总督王鉴川计处黄酋》,第 286 页。
⑤ 张居正:《张太岳集》卷 42《谢召见疏》,第 543 页。

（2）忽视发展少数民族地区的文化教育。张居正改革时期，民族之间的文化交流是有限的，教育普及更是难以实现。就对蒙古而言，主要的文化交流就是宗教。俺答封贡后，曾屡次向明廷求取佛像、佛经，明廷一般都会予以满足，而俺答身边的佛僧也经常随从贡使来明交流。如万历元年（1573 年）十一月，给虏酋顺义王俺答佛像、番经；①又九年（1581 年）五月，给番僧朵儿只唱与僧徒歹思骨儿佛经。② 然而，即使这种有限的文化交流，对于明朝而言，其初衷并非要传播和发扬佛教，而是凭借宗教，"以变夷习"③。这一点张居正在给宣大巡抚的信中说得很清楚："虏王求经求僧，此悔恶归善之一机也。……公可特作一书，谕虏王，嘉其善念，禅益坚其向化之心。"④对于南方少数民族，由于其与明朝表现为一种君臣关系，故明朝在文化方面的建树稍多一些，除了宗教而外，还建立学校，颁赐图书，传播儒学，但目的却并无二致，仍然是要使少数民族贵族及其部众通过接受汉族文化，改变"夷性夷俗"，进而达到"以夏变夷"，顺服明朝的目的。

（3）民族政策主要走"上层路线"。明初以来，明廷对顺服的蒙古、女真及南方少数民族首领，为"维系其心"⑤，往往封以官职，发给印信、敕书，准其贡市。在张居正改革时期，民族政策的实施对象仍然主要是各少数民族的"大汗"、"夷酋"、"头目"及土官、土舍等上层贵族。明廷通过封爵、通贡给予少数民族贵族一个"合法"的政治身份；同时通过互市、抚赏满足他们的经济需求，让其臣服朝廷，并代表明廷管束下层部属，把中原王朝的权力伸向边疆，最终实现维护"一统"统治的目的。而对于少数民族的下层民众，改革期间的民族政策极少关注他们的利益。虽然蒙古、女真等少数民族民众通过与中原的互市贸易，可以暂时解决其生活之需，但由于明廷不时闭关禁市，加之互市贸易旨在"羁縻"，规模有限，时间较短，族民从中获得的利益实际上极其微薄，所受压迫增大，因而反抗斗争不断。实际上，少数民族上层贵族并不能完全代表

---

① 《明神宗实录》卷 19"万历元年十一月癸未"条，第 533 页。
② 谈迁：《国榷》卷 71"万历九年五月甲子"条，第 4389 页。
③ 《明神宗实录》卷 57"万历四年十二月壬戌"条，第 1303 页。
④ 张居正：《张太岳集》卷 23《答宣大巡抚言虏求佛经》，第 281 页。
⑤ 《明神宗实录》卷 34"万历三年正月己巳"条，第 801—802 页。

少数民族民众的普遍利益,甚至在许多方面是存在矛盾冲突的,明朝只求处理好与上层贵族的关系,而没有从各民族相互依存、共同发展的历史大局出发,关注下层民族百姓的意愿,走"全民路线",这是不符合民族融合的历史趋势的。同时,在卫所制度、土司制度下,明廷只掌握官职承袭的批准权和通贡互市的控制权,而不问其内部事务,既不派驻军队,也不遣官进行督察和管理。这样就很难对其实行有效的管理与控制,长此以往,势必要酿成无穷的后患。

(4)没有采取积极有效的民族政策,发展少数民族地区经济。平等的民族关系是在多样性基础之上保持一体化的民族关系,是各民族和睦相处、和衷共济、和谐发展的民族关系。平等和谐的民族关系应既承认各民族之间的利益差距,又把各民族的利益差距保持在合理的限度之内。自古以来,我国北方游牧民族和中原地区农业民族之间,经济上是相互依赖的。就明代而言,明朝急需少数民族的马匹、方物等,蒙古、女真等少数民族需要内地的粮食、布帛、茶叶和其他生活用品。双方都曾试图通过战争来满足自己的需要,但战争往往使双方得不偿失,使边疆地区陷于"爨无釜,衣无帛"[1],"日无一食,岁无二衣"[2]的悲惨境地。在此情况下,双方曾通过贡市的方式部分地解决了一些问题,但总体来看,军事防御仍占主导地位,贡市的作用较为有限。所以在少数民族百姓生活出现危机,极为依赖明廷的情况下,倘若能够积极开展大范围、大区域的经济贸易,推行扶持型的民族政策,不仅能争取民族首领的好感,更能争取少数民族百姓的人心,进而加强民族凝聚力和向心力。但在张居正改革期间,在这方面的努力较少,如漠南蒙古自南迁以来农业经济已有长足发展,但在农器、农耕技术等许多方面仍需要得到中原地区的大力支持,但明朝不但不予以扶持,甚至担心蒙古人通过发展农业经济壮大起来,于是明令禁止给予蒙古人农器、铁器等物,禁止在马市随意进行交换。如万历二年(1574年),督抚宣大山西侍郎方逢时奏顺义王俺答的贡使入京请求以铁锅、农器互市,结果是"农器不必概给,铁锅照朵颜三卫例量给若干"[3]。同样,隆万时期,辽东女真地区社会经济的迅速发展,更多的是女真人自我发展和主动学习的

---

[1]　瞿九思:《万历武功录》卷8《俺答列传下》,第451页。
[2]　陈子龙:《明经世文编》卷318 王崇古《酌许虏王请乞四事疏》,第3378页。
[3]　《明神宗实录》卷30"万历二年十月乙卯"条,第727页。

结果,明朝在其中的推动作用是有限的。

（5）没有制定有效的民族政策,及时解决复杂的民族问题,缓和各民族之间的矛盾。张居正改革时期,明廷所面临的民族问题较为复杂,这就决定了必须制定和实施综合性民族政策才能得以解决,但明朝的民族政策却单纯强调某一方面,如对待蒙古诸部"以守备为本",对待南方少数民族及女真族则是"恩威兼施",因此许多民族问题难以得到解决。一方面,少数民族的内部矛盾很难解决。如对蒙古左、右两翼间的分化和斗争,女真各部的复仇和杀戮,西南少数民族人民反抗土官的斗争等,明廷不仅不能调解少数民族之间或各民族内部的矛盾,反而推行所谓的"以夷治夷"的民族分化政策,进一步使少数民族地区动荡不安,民生痛苦不堪。另一方面,少数民族与中原王朝的矛盾很难解决。如明廷时常限制与蒙古诸部的贡市,所谓"倘各酋敢于渝盟,即闭关绝贡"①。另外,对于少数民族地区发生的自然灾害和社会灾难,明廷时常不能予以及时赈济。如万历初年,辽东地区曾多次发生地震②,给当地民族人民造成重大损害,边官虽然将灾情上报明廷,但朝廷并没有采取安抚、赈济措施,从而丧失了赢得人心的大好时机。又如在消灭女真王杲部后,没有及时积极实行安置政策,争取王杲之子阿台等人归服明廷,而是继续以哈达王台对其进行牵制,从而激化了双方的矛盾。

（6）张居正改革期间,民族压迫和民族屠杀不减以前。如,明朝经常通过烧荒等方式破坏蒙古牧民的游牧活动。万历九年(1581年)七月,兵部令沿边军士采打草木枯槁,"务使焚烧尽绝,一免贼马驻牧,一便官军瞭望"。③ 少数民族贡使入贡时,也经常受到明朝官员的刁难欺侮。如四年(1576年),建州贡使留住等由于沿途不驻军就食,被汉族驿官殴打致死。④ 另外,地方官员欺压少数民族百姓的情况更是司空见惯,正如云南按臣所言:"近来云贵各土夷

---

① 《明神宗实录》卷74"万历六年四月乙酉"条,第1604页。

② 如,万历四年(1576年)二月,"蓟辽地震"(《明神宗实录》卷47"万历四年二月庚辰"条,第1069页);九年(1581年)正月,"辽东镇静堡地震声如雷"(《明神宗实录》卷108"万历九年正月庚辰"条,第2084页);二月,"蓟辽三屯营喜峰口各地地震"(《国榷》卷71"万历九年二月乙卯"条,第4383页),等等。

③ 《明神宗实录》卷114"万历九年七月庚辰"条,第2170页。

④ 《明神宗实录》卷51"万历四年六月丙戌"条,第1194—1195页。

地方,屡因小衅辄起兵端,皆由各有司官贪污朘索,骚动夷情。"①如七年(1579年),四川一带"番夷肆劫",起因亦是由于"地方官处置失宜,威信不立"②所致,但明廷不顾谁是谁非,动辄剿杀,"剿灭不宥"③;剿灭之后,还时常伴随大规模的烧杀劫掠。如六年(1578年)十一月,云南"拇猓诸夷"劫掠地方,明官军"斩获首级不上千人,而杀掠男女七百六十名口,污辱士女,劫夺货财,屠戮之状惨不可言"④。凡此,都使民族问题变得更为复杂,成为推翻朱明王朝的巨大力量。

平等和谐的民族关系是建立在承认民族差异的基础上的,但同时应该承认各民族之间存在团结、融合和协调发展的可能性和必然性,只有这样,正确民族政策的制定和实施才会有所针对,成效才会更为显著。张居正改革时期的民族政策之所以屡有失误,究其根本原因就在于过分地强调了民族间的"歧异",从而使民族政策的制定和实施在政治、经济和文化等各个方面存在必然的不足和失误,应该说,囿于时代,张居正改革集团是无法、也不可能认识到这一点。而这种局限性既不利于当时的各个少数民族,也不利于汉族人民,对于明朝统治集团本身也十分不利,最终会引发了其统治的危机。

---

① 《明神宗实录》卷43"万历三年十月戊辰"条,第964页。
② 《明神宗实录》卷88"万历七年六月辛卯"条,第1824页。
③ 《明神宗实录》卷79"万历六年九月乙丑"条,第1679页。
④ 《明神宗实录》卷81"万历六年十一月癸酉"条,第1731—1732页。

结论与启示

中国历代民族政策具有不平等的剥削压迫性质,这是中国古代民族政策具有共同特点的根本原因。尽管每个朝代具体的民族政策会因所面临的民族问题和解决方式不同而有所差异,但历朝历代所制定的民族政策只能只能在一定程度上协调民族关系,而不能从根本上解决民族问题。张居正执政十余年,坚持以正本清源思想为指导,实行了一系列民族政策和措施,出现了"岁丰民安,边境宁谧"[①],"海宇清宴,蛮夷宾服"[②]的局面。但实际上,通过上述关于张居正改革时期民族政策的得失分析,可以得知:由于此期所推行的民族政策同样没有摆脱维护专制统治的一般原则,所以在处理民族关系时,失策之处是必然的。出乎此,总结张居正改革时期的民族政策的历史启示,不仅可以更客观、全面地评价张居正改革的成就,而且对正确理解现代的民族现象,处理现实民族问题也有所助益。

一、民族的流动、迁徙是加速民族融合的前提条件。历代各民族频繁往来,符合各族人民的利益和愿望,成为我国多民族国家团结统一的一条坚韧牢固的纽带。在中国历史上愈是流动性大的、迁徙多的民族,其融合率也就越大。例如春秋战国时期、秦汉时期、魏晋南北朝时期、隋唐时期以及元代、清代等时期发生的民族大迁徙、大交流,都使许多一度活跃于历史舞台的古代民族

---

① 张居正:《张文忠公全集》附录一,张敬修等撰《张文忠公行实》,商务印书馆 1935 年版,第 781 页。

② 张居正:《张太岳集》卷首沈鲤《张太岳集序》,第 1 页。

（部族）融入其他民族之中。万历初年，蒙古、女真及南方少数民族与中原地区的交往，客观上催化了民族的自然融合。但张居正以十年功，不可能促成大规模的民族流动，加及以防御为重点的民族政策的和对游牧经济采取排斥、隔绝政策，都阻碍了各民族之间的流动和迁徙，限制了各民族之间深层次沟通和交流，是不利于民族融合的。而在此情况下，少数民族社会经济的发展，要求打破这种封闭状态进行多方向的流动和迁徙。万历初蒙古人的西进和不断犯明，努尔哈赤的内部统一行动和南下中原，都是主动打破封闭状态，突破明朝防御政策的自觉行为。从这个意义上说，仅仅通过民族政策来控制和阻挠少数民族的流动和迁徙是不可能长久的，相反，还会引发更大规模的民族流动和民族战争。

二、打破"夷夏之防"观念，是确立进步民族政策的前提。理念的趋同使民族的心理素质走向一致，民族的认同感由此而产生。故而作为意识形态的精神文化在民族融合中起了决定性作用。但在传统社会，"夷夏之防"的传统观念根深蒂固，影响了历朝历代，也影响了明朝统治者和张居正改革集团，所以其民族政策中存在歧视色彩和不平等因素也是必然。明朝之所以最终未能真正解决国内民族问题，归根到底乃是错误的民族观所致。实际上，在中国传统文化中，民族和谐思想十分丰富。孔子的"戎狄怀之"思想对华夏族以外的民族主张采用"怀"，从而导致"怀柔"政策与"羁縻"理论的产生，促进了各民族之间的亲密与和谐。汉代的《淮南子》更阐发了"夷夏一家"的思想。唐太宗曾公开提出对夷狄要"爱之如一"。以张居正为首的改革集团也一再声明"华夷一家"，对各个民族要"一视同仁"。但在实际民族政策的制定和执行过程中，"夷夏之防"的观念仍然是统治者很难冲破的民族畛域，很难以一种和谐、和平和和睦的观念，推动了多民族的融合进程。所以借鉴张居正改革时期的民族政策的经验教训，加强民族自治，走全民族和谐相处，和谐发展，共同繁荣的道路，才是新时期民族政策的必由之路。

三、民族政策应顺应民族形势发展的客观要求。民族之间的关系取决于交往关系发生的历史情境，取决于当时社会的生产方式、生活方式以及人们在生产过程和社会生活中结成的联系。在不同的历史时期，各民族之间交往的手段和范围不一样，交往的程度和内容不一样，作为交往主体之间的关系也不一样。因此,民族政策的制定离不开对民族关系的总体估计,而对民族关系的认识,也不能脱离各民族社会状况及其发展趋势的分析。万历初年的民族政策秉承祖宗旧法,认为,推行变法,不能变"礼"、变"道",尤其对"祖宗旧制"更应严格恪守,张居正说:"今国家要务惟在遵守祖宗旧制,不必纷纷更改"①。应该说,张居正改革时期的民族政策与其他改革措施的基本宗旨一脉相承,都不过是对本朝旧制的修补纠偏,并没有根据民族形势的发展变化,推行符合时代特色的民族政策,正所谓"取祖宗之法,修饬而振举之","思欲一切修祖宗之法"②。这种政策上的失误,如果说在改革时期"盛世"的恢弘局面之下,还未能暴露出来的话,那么,随着朱明王朝的日渐衰微,这种失误便日渐显露,并以更为极端的形式表现出来,成为灭亡明朝的直接力量。后来西南少数民族的起义,努尔哈赤的起兵等一系列民族危机,都是实实在在的明证。

四、民族政策应在承认各民族差异性的同时,旨在构建各民族共同的利益基础。中国自古以来地域辽阔,民族众多,民族间的差异较大。从经济生活上看,大而分之,有北方的游牧少数民族与南方的农耕少数民族的不同;小而分之,东北森林地区的狩猎民族与西北草原地区的游牧民族不同,西南云贵高原的刀耕火种的少数民族与中南、东南的游耕民族不同。从社会发展水平来看,无论哪个朝代,各少数民族的发展水平也不平衡。面对这种复杂的民族状况,历代统治者一般都注意从民族地区的具体情况出发,制定相应的民族政策。万历初,张居正改革集团对周边少数民族的认识是"南北夷虏之势不同,其处之之道亦异"③,主要是对它们威胁明朝程度的评估,并没有因地制宜,审时度势地关注各民族自身的社会状况、生活习俗及发展要求。所以如前所述,改革时期对各少数民族的政策如出一辙,并无二致,无非是通过贡市及其他小惠小施赢得少数民族上层贵族的欢心,通过军事手段防御镇压少数民族的入犯和反抗。总之,作为一个多民族国家,其民族政策的内容应该符合各民族的特点,具有相当的灵活性和多样性。但与此同时,在一个统一国家,要维系多民

---

① 《明神宗实录》卷2"隆庆六年六月"条,第45—46页;焦竑:《献徵录》卷17《张公居正传》,《续修四库全书》本,第525册,第643页。
② 张居正:《张太岳集》卷首沈鲤《张太岳集序》,第1页。
③ 张居正:《张太岳集》卷28《答云南巡抚何莱山论夷情》,第347页。

族的团结统一,在不同民族之间构建共同的利益基础,则是多民族国家民族政策制定和实施的出发点和落脚点,忽视了民族政策这一重基本功能,则会降低民族问题处理的质量和效率。万历初年,明朝政府考虑更多的是如何压制各民族的迅速发展,削弱其势力的膨胀,分化其统一局面,而没有充分利用民族政策,在经济、文化等方面满足少数民族百姓的利益要求,努力构建不同民族共同的利益基础。

总之,张居正是中国古代社会后期一位杰出的政治家,万历初的十年,也是明代历史上的颇显生机的十年。张居正立足现实,为维护当时正在走下坡路的明王朝锐意革新,煞费苦心,表现出极大的勇气和胆略,极强的社会责任感和历史使命感。这种精神是极为可贵的,是值得后世学习和发扬的。明末清初人林潞曾赞誉张居正说:"江陵官翰苑日,即已志在公辅,户口厄塞,山川形势,人民强弱,一一条列。一旦柄国,辅十龄天子,措意边防,纲缪牖户,非特相也,江陵盖以相而兼将。付托得人,将帅效命,假之以事权,凛之以三尺,藏数十万甲兵于胸中,而指挥于数千里之外,进退疾徐,洞若观火,故能奠安中夏,垂及十年。"①其中虽有溢美之词,但张居正的改革精神和务实精神可见一斑。然而,囿于时代,张居正的改革从目的、过程到结果,都不可能超越现实,表现出前所未有的风格和特点,这一点我们从其改革时期推行的民族政策中间已有深刻的印象。因此,立足现实,鉴于往昔,总结经验,汲取教训,深入研究中国古代改革史,不仅具有重要的学术意义,而且具有一定的现实意义。

---

① 魏源:《皇朝经世文编》卷 14 林潞《江陵救时之相论》,《魏源全集》第 1 册,岳麓书社2004 年版,第 602 页。

附　录

张居正的史学成就

张居正(1525—1582 年),字叔大,别号太岳。江陵(今湖北荆州)人。嘉靖二十六(1545 年)年进士,选庶吉士,授编修。万历初代高拱为首辅。张居正一生主要从事政治活动,其史学活动则隐而不彰,加及他"生平不喜著作"①,所著《四书直解》、《书经直解》、《通鉴直解》、《帝鉴图说》、《召对纪事》、《张太岳集》等亦多非史学著作。故此,张居正在史学方面的贡献一直不为人所注意。实际上,作为"以经术遭逢圣主"②的一代名相,他的史学实践及其成就,在明代史学史上占有一定地位,尤其在主持官修史书方面,更值得书上一笔。

据《明神宗实录》卷 107、焦竑《献徵录》卷 17、谈迁《国榷》卷 68 载,张居正的修史活动是从参修《兴都志》开始的。嘉靖四十二年(1563 年)四月,他充《兴都志》纂修。不久,进右谕德兼侍读,复预修《兴都志》,后辍。四十四年(1565 年)六月,续修《兴都志》,充副总裁。期间,他还参与重录了《永乐大典》。这些活动不仅显示了他在史学方面的功力,更为他后来总裁大型修史活动积累了经验,奠定了基础。以下拟就张居正总裁《明世宗实录》、《明穆宗

---

① 张居正:《张太岳集》卷末高以俭《太师张文忠公集跋》,第 613 页。
② 张居正:《张太岳集》卷 36《陈六事疏》,第 453 页。

实录》和万历《会典》等三部重要史书加以探讨,并对其恢复起居注制度及创新之处予以阐述。

一、总裁世宗、穆宗《实录》

承前代旧制,明代历朝重视纂修《实录》。自宣德间修《太祖实录》始,总裁官皆由阁臣担任,《明史·职官志》载:"(阁臣)修《实录》、史志诸书,则充总裁官。"至隆、万间,张居正任内阁大学士,其总裁官书编纂,就是从世宗、穆宗《实录》开始的。

隆庆元年(1567 年)六月初一,《世宗实录》始修,张居正以吏部左侍郎兼东阁大学士充总裁官。逾六年,尚未脱稿。神宗即位后,隆庆六年(1572 年)九月二十二日,大学士张居正等请修纂《穆宗实录》①。二十六日,开馆始修,张居正仍为总裁官。至此,两朝《实录》同修。万历二年(1574 年)七月十四日,《穆宗实录》先行告成。十月,由翰林院进呈。五年(1577 年)八月,《世宗实录》先后历时十一年亦终归告成,并于本月由钦天监进呈。

神宗初立,张居正遂请修先朝《实录》,这是对旧制的沿袭,同时也表明他重视当代史的编纂,有着强烈的史学意识。具体在两朝《实录》的纂修过程中,张居正作为"总裁首臣",也"勤劳为多"②,此大体有三:

1.组织领导。明代自宣德开始,实录馆纂修《实录》,决策者实为总裁官,监修官虽由身居显位的武臣担任③,但武臣修史非其所长,其监修不过是形同虚设,徒挂其名而已。故此,张溶虽承其祖父张辅、父张懋连,亦以武臣身份监修世、穆《实录》,但总领史事者仍是张居正,尤其是他以内阁首辅的身份出任总裁官,使他发挥的作用更为突出:一方面,张居正总结过去官修《实录》存在的弊病,凭借其先前的修史经验和领导才能,制定了灵活、可行的纂修计划。他在《纂修事宜疏》有言:

皇祖历世四纪,事迹浩繁。编纂之工,卒难就绪。皇考临御六年,其

① 《明神宗实录》卷 5"隆庆六年九月乙巳"条,第 196 页。
② 张居正:《张太岳集》卷 38《再辞恩命疏》,第 487 页。
③ 沈德符:《万历野获编》卷 1《监修实录》,中华书局 1959 年版,第 6 页。

功德之实,昭然如日中天,皆诸臣耳目之所睹记。无烦蒐索,不假阙疑;但能依限加功,自可刻日竣事。合不拘朝代次序,俟《穆宗庄皇帝实录》纂成之日,容臣等先次进呈;却令两馆各官,并力俱纂《世宗肃皇帝实录》,则两朝大典,可以次第告成矣。①

张居正认为要顺利完成两部《实录》的修纂,首先要立定期限,"依限加功";其次要打破依朝代顺序纂修《实录》的先例,提出先修成《穆宗实录》,再修"事迹浩繁"的《世宗实录》;最后,建议待《穆宗实录》修成后,"令两馆各官",全力以赴,"并力俱纂"《世宗实录》。

另一方面,纂修人员的选任,亦多定于张居正。如万历三年(1575年)八月,他"题东阁大学士张四维充《实录》总裁官"②。四年(1576年)正月,又以编修黄凤翔充《实录》修官③,等等。所任史官多长于史学,如张四维"有才智,明习时事"④,而黄凤翔也长期"教习内书堂",曾"辑前史宦官行事可为鉴戒者,令诵习之"⑤。正因张居正计划周密,用人得当,保证了两部《实录》的顺利完稿。

2.删润定稿。明制,纂修《实录》"副总裁削之,内阁大臣总裁润色"⑥。张居正在总裁两部实录期间,删润之功尤多,他"按诸司之掌故,网罗旧闻;探内府之秘藏,铺张盛美。事务阅疑而核实,词皆举要以删烦。至于大经大法之所存,则特书屡书而不一,参互考订,三易稿而成编;润色讨论,十逾年而竣事。"⑦正因如此,万历五年(1577年)八月《世宗实录》告成时,神宗赞誉他说:"皇祖四十五年《实录》,字字句句都是先生费心看改几次,我尽知道。"⑧张居正亦言:

---

① 张居正:《张太岳集》卷37《纂修事宜疏》,第475页。
② 《明神宗实录》卷41"万历三年八月己卯"条,第936页。
③ 《明神宗实录》卷46"万历四年正月甲寅"条,第1040页。
④ 张廷玉:《明史》卷219《张四维传》,第5769页。
⑤ 张廷玉:《明史》卷216《黄凤翔传》,第5699页。
⑥ 王鏊:《震泽长语》卷上《官制》,《文渊阁四库全书》本,第867册,第203页。
⑦ 《明世宗实录》卷首,张溶等《进明世宗实录表》,第4—5页。
⑧ 张居正:《张太岳集》卷40《纂修书辞恩命疏》,第513页。

　　惟我皇祖《世宗实录》……虽皆出于诸臣之手，然实无一字不经臣删润，无一事不经臣讨论。既更定其文义，复雠校其差讹。穷日逮夜，冒暑凌寒，盖五年于兹，而今始克就。①

世宗一朝"事迹浩繁"，其《实录》能历时十一年完成，其中功劳以张居正为最。

　　3.完善《实录》的纂修制度。明代《实录》馆属临时机构，其中有不少官员同时兼理本职工作，尤其是总裁内阁大学士、副总裁翰林院大学士各有繁忙的职务，难以全心纂修《实录》，从而分散了精力，影响了《实录》的纂修速度和质量。而且，如张居正所言，史馆还存在总载官"恐催督之致怨，一向因循"和纂修官相互推诿，"以人众而相捱"②的弊端。故此，张居正提出改革建议：

　　（1）建议史官修史要"事必专任"、"功必立程"。在张居正看来，《世宗实录》纂修六年，迄无成功，主要原因是"事无专责"，他说：

　　　　盖编撰之事，必草创修饰，讨论润色，工夫接续不断，乃能成书。而其职任紧要，又在于副总裁官。顾掌部事，则有薄书综理之紧繁；直经纬，则见侍从讲读之责。精神不专，职守靡定，未免顾此失彼，倏作忽辍，是以岁月徒悠，而绩效鲜著也。今两朝并纂，二馆齐开，若不分定专任，严立限程，则因循推捱，其弊愈甚。③

所以，他荐举吏部右侍郎诸大绶、礼部左侍郎王希烈二人专管《世宗实录》；申时行、王锡爵专管《穆宗实录》，让其暂辞部务，全力纂修《实录》。张居正的这些建议得到神宗批准，"俱依拟行"，保证了纂修工作的有序进行。

　　（2）立定编纂期限，所谓"定为章程，严其限期"。他提出："各馆纂修官务要编成一年之事，送副、总裁看样，月终副、总裁务要改完一年之事，送臣（张居正时任总裁官）等删润。每年五月、十月间，臣等将纂完丛本各进逞一次。大约终月可完一年之事，终季可守三年之事，从此渐积累，然后成功可期。其

---

①　张居正：《张太岳集》卷40《纂修书辞恩命疏》，第513—514页。
②　张居正：《张太岳集》卷37《纂修事宜疏》，第475页。
③　张居正：《张太岳集》卷37《纂修事宜疏》，第474—475页。

余副总裁官或部暇相互讨论,或讲俟令其补凑,不必责以限期,恐致两妨"。在此制度的规约下,两部《实录》预期完成,而《穆宗实录》仅用了两年三个月。①

(3)改革征集史料的先例。万历以前,征集史料通常只令"礼部宜遵祖宗故事,通行中外,采辑事实,送翰林院纂修《实录》"②,对史料的整理重视不够。张居正对此着力予以改革,如选派六名史官分工协作,编纂六曹章奏,以备纂修《实录》③;礼部向各衙门征集史料时,要求它们将所存题本、档案、文件等史料查计数目,编好顺序,再陆续送赴史馆;④令提学官采辑汇编史料等。这些规定,保证了《实录》馆所获史料的全面性,也提高了修史效率和质量。

(4)张居正对纂修官亦提出具体要求:首先,包括副总裁各官"每日俱在史馆供事",不得随意外遣;其次,各馆纂修官要以职业为重,以"公家为急",不得"别求差假,图遂私情";再次,在张居正眼里,史职与行政官职虽职掌不同,但"国家用人之理,宗核名实之道,实寓于斯"。所以,他将整顿吏治的考成法推及史职,提出:"书成之日,分别叙录,但以效劳多寡为差,不复计其年月久近。如此,庶人有定守,事易考成,在各官可免汗青头白之讥,而臣等亦得以逭旷职素殢之咎矣。"⑤

经过张居正的悉心裁定、调整和改善,充分保证了世、穆《实录》的质量。清人徐乾学权衡明代历朝《实录》之大概,认为"叙事精明而详略适中者,嘉靖一朝而已"⑥。至于褒贬任情,颠倒是非者,也多发生在太祖、英宗、孝宗、武宗和光宗等五部《实录》中,而世、穆《实录》则能持平记事,曲辞甚少。⑦ 更具意义的是,张居正对史馆制度的改革和完善,使官修史书史走向规范化和制度化,而且影响所及,终明清两代而不绝。

---

① 俱引《张太岳集》卷40《纂修书辞恩命疏》,第513—514 页。
② 《明宪宗实录》卷8"天顺八年八月戊戌"条,第185 页。
③ 张居正:《张太岳集》卷39《议处史职疏》,第493 页。
④ 张居正:《张太岳集》卷39《议处史职疏》,第493 页。
⑤ 俱见《张太岳集》卷37《纂修事宜疏》,第475 页。
⑥ 刘承幹:《明史案例》卷2《徐健庵修史条议序》,《二十四史订补》本,书目文献出版社1996 年版,第222 页。
⑦ 夏燮:《明通鉴》卷首义例,岳麓书社1999 年版,第5—14 页。

二、总裁万历《会典》

《大明会典》初次刊刻,是在正德四年(1509 年),凡 180 卷,结构以官署为中心,附以历年事例,使官与事相结合,是为正德《会典》。嘉靖年间,又经过两次续修,补充了自弘治十六年(1503 年)至嘉靖二十八年(1549 年)间事例,凡 53 卷,但载在秘府,未及颁行。为此,隆庆二年(1568 年)孙应鳌、万历初林景旸等曾奏请补辑所缺事例入《会典》,但因当时“两朝《实录》尚未告成”,史官“披阅校正,日不暇给”,为防止“顾此失彼”,“事难兼理”,重修《会典》一事只得推迟。①

至万历四年(1576 年)六月,《穆宗实录》业已进呈,《世宗实录》编纂将毕。在这种情况下,张居正等请修《大明会典》,并就筹备事宜上疏神宗,在疏中他首先讲到为何要重修《会典》:

　　《会典》一书,于昭代之典章法度、纲目毕举,经列圣之因革损益,美善兼该,比之《周官》、《唐典》,信为超轶矣。顾其书创修于弘治之壬戌,后乃阙如;续编于嘉靖之己酉,未经颁布。又近年以来,好事者喜于纷更,建议者鲜谙国体,条例纷纭,自相抵牾,耳目淆惑,莫知适从,我祖宗之良法美意几于沦失矣。今幸圣明御极,百度维新,委宜及今编辑成书,以定一代之章程,垂万年之典则。②

在张居正看来,重修《会典》势在必行:一是嘉靖年间两修《会典》,虽补充了正德《会典》所缺事例,但“未经颁布”;一是由于某些人“鲜谙国体”,却又“喜于纷更”,致使旧《会典》“条例纷纭,自相抵牾”,让人“莫知适从”。所以,张居正希望通过重修能对《会典》“校订差讹,补辑缺漏”,从而使《会典》真正成为“一代画一经常之典”③,“以定一代之章程,垂万年之典则”。

为保证此次重修能够达到目的,张居正在疏中还对《会典》体例提出建

---

① 　张居正:《张太岳集》卷 40《请重修大明会典疏》,第 504 页。
② 　张居正:《张太岳集》卷 40《请重修大明会典疏》,第 505 页。
③ 　张居正:《张太岳集》卷 44《请专官纂修疏》,第 566 页。

议:即要"抢选儒臣,分局纂修",对"节年题准见行事例,分类编集"①。这一建议后来在重修《会典》时得到采纳,改变旧《会典》仅以编年排述的方法,制定了"从事分类,以类分年,而以'凡'字冠于事类之首,各年俱以圈隔之"②的纂修凡例。这样一来,《会典》既可按官署横向分类,也可按"籍册可据者,先后具载"进行编年排列,使得所记事例始末完整,一一贯通,从而可补"史志之所未详","备后来之考证"③,可谓一举两得。

万历四年(1576年)七月,始重修《大明会典》。历时11年,至十五年(1587年)告成。这次重修的总裁官最后虽题为申时行、王锡爵、许国等人,但在整个重修过程中,尤其在十年(1582年)之前,真正总领史事,发挥总裁作用的应是张居正。这一点可从以下两点窥得一斑:

其一,上奏重修事宜后,张居正就安排各部院衙门"将见行事例,选委司属官素有文学者分类编辑,送馆备录",并对纂修其他事宜,做了具体筹划。又万历七年(1579年)二月,针对出礼曹事例存在舛误不当之处,要求礼部"再加斟酌",加以"改正"④。此类建议对完善《会典》事例,保证全书质量裨益非浅。

其二,万历八年(1580年)九月,当时副总裁等官呈送的草稿,只将旧《会典》和嘉靖二十九年(1550年)续修旧稿誊写一遍,再稍增加一些近年事例,而"中间体例,尚有未当,记载颇多阙遗"。鉴于此,张居正提出"事必专任,乃可责成,力不他分,乃能就绪"⑤的观点。他说:

> 窃以《会典》所载,乃昭代致治之大经大法。……今若止将旧本誊写,附以新例,则不过重录续编而已,岂圣明所以属讬臣等之意乎? 顾事必专任,乃可责成,力不他分,乃能就绪。往者,纂修两朝《实录》,亦皆专属副总裁二员,臣等又月有程督,岁有稽考,乃克有成。今《会典》事理,

---

① 张居正:《张太岳集》卷40《请重修大明会典疏》,第505页。
② 申时行,等:万历《明会典》卷首《重修凡例》。
③ 纪昀,等:《四库全书总目》卷81,中华书局1965年版,第697页。
④ 《明神宗实录》卷84"万历七年二月乙酉"条,第1762—1766页。
⑤ 张居正:《张太岳集》卷44《请专官纂修疏》,第566页。

又与《实录》不同。考索讲求,尤费心力,非有专责,决难奏功。①

故此,张居正打破《实录》副总裁出自翰林院的定制,不拘一格,举荐"学索优,年力方富"的吏部左侍郎余有丁、詹事府詹事许国充副总裁,且让他们"各暂停转","专任在史馆,遵照敕谕事理,将《会典》新旧原本,细加考究。"②对于他的建议,神宗皇帝皆加以采纳。值得一提的是,除余、许二人外,自万历四年至八年,张居正还荐举任命大学士马自强、申时行充《会典》总裁官,礼部尚书兼侍读学士马自强充《会典》副总裁官,王弘海、张元忭、何雒文、罗完化、王家屏、沈懋孝、范谦、邓以赞、王世德等人充《会典》纂修官。这些人也多是进士出身,属"文学之士"③,谙熟本朝典制,擅长史事。

至万历十五年(1587 年)二月全书定稿,凡 228 卷,是为万历《会典》。全书在内容、体例、形式等方面,都超迈前修,更趋完善,不仅补充了自初修、二修以来历朝事例,以六部为纲,分述诸司职掌,还附以事例、冠服、仪礼等项,且增加插图,内容详赡,形式活泼。万历《会典》之所以取得如此成就,与张居正的悉心筹划密切相关。

三、恢复起居注制度

历代纂修《实录》,起居注、日历、时政记是其张本,而尤以起居注为重。明代起居注,时置时废,不成定制。元至正二十四年(1634 年)三月始置,"吴元年定秩正五品,洪武四年改正七品,六年升从六品,九年定起居注二人,后革。十四年复置,秩从七品,寻罢。"④永乐中,王直以右春坊右庶子兼起居注,后不知废于何时。⑤武宗时,又有起居注之设,史载:"朝鲜使者在鸿胪寺馆遇大夏邑子张生。因问起居曰:'吾国闻刘东山名久矣。'"⑥"起居"云云为明

---

① 张居正:《张太岳集》卷 44《请专官纂修疏》,第 566 页。
② 张居正:《张太岳集》卷 44《请专官纂修疏》,第 566 页。
③ 王鏊:《震泽长语》卷上《官制》,第 205 页。
④ 张廷玉:《明史》卷 73《职官志二》,第 1788 页。
⑤ 孙承泽:《春明梦余录》卷 13《皇史宬》,北京古籍出版社 1992 年版,第 161 页。
⑥ 张廷玉:《明史》卷 182《刘大夏传》,第 4843 页。

证，但后不知何时又废。盖因明代起居注长期不设，所以有明一朝"臣僚累建言欲复起居注之旧"。据《明实录》载，建言者先后有：弘治十七年(1505 年)九月，储罐；弘治十八年(1506 年)十二月，何瑭；正德十六年(1522 年)，黎贯；嘉靖元年(1522 年)，马纪；嘉靖九年(1530 年)二月，周衣铎；嘉靖十一年(1532 年)八月，廖道南；万历元年(1573 年)，张位。建言者虽多，但皆未得逞。张位所言虽颇中肯的，张居正也"善其议，奏行焉"，但亦告以流产①。究其原因，除了有明一代存在翰林修撰、编修、检讨等随时可以替代起居注的职能外，还在于皇权集中，且趋于强化、腐朽，此不宜被起居官记之；也因为建言诸人，不过文人行事，没有足够的权力冲破专制皇权的限制。

然而张居正不同，万历年间，神宗年幼，事事难离居正，其"所理者，皇上之事也；所代者，皇上之言也"②，如神宗所言："卿平日所言，朕无不从"。③ 故万历三年(1575 年)二月张居正据本朝成法，参酌时宜，恢复了起居注，《春明梦余录》卷十三《皇史宬》谓之"盖居正当国，遂行其论也"，实为高论。至于恢复起居注的具体情况，张居正在《议处史职疏》中有详细叙说：

首先，分析恢复起居注的原因。起居注为修史之根柢，尤其要纂修《实录》，起居注更不可缺。张居正对此深有体会，如他在纂修《世宗实录》时，"凡所编辑，不过总集诸司章奏，稍加删润，檃括成编，至仗前柱下之语，章疏所不及者，即有见闻，无凭增入"，致使"两朝之大经大法，虽罔敢或遗，而二圣之嘉猷，实多所未备"。凡此，张居正认为"皆由史臣之职废而不讲之所致也"。所以，为了"章阐盛美，垂法无极"，保证纂修《实录》有据可依，张居正主张"申明史职"，恢复起居注。另外，张居正认为起居注所记内容近于原貌，真实可靠，他说："史臣祗职，以纪录起居为重。顾宫禁邃严，流传少实；堂廉远隔，听睹非真。则何以据事直书，传信垂后？看得日讲官密迩天颜，见闻真的；又每从阁臣之后，出入便殿，即有密勿谋议，非禁秘不可宣露者，阁臣皆得告语之。"④言语间，张居正对起居注甚为推许。

① 张廷玉：《明史》卷 219《张位传》，第 5777 页。
② 张居正：《张太岳集》卷 39《被言乞休疏》，第 501 页。
③ 《明神宗实录》卷 68"万历五年十月戊子"条，第 1474 页。
④ 张居正：《张太岳集》卷 39《议处史职疏》，第 491 页。

其次，议定恢复起居注的具体事宜。（1）分曹专管。建议"令日讲官日轮一员，专记注起居，兼录圣谕诏敕册文等项，及内阁题稿。其朝廷政事见于诸司章奏者，另选年深文学素优史官六员，专营编纂。事分六曹，以吏、户、礼、兵、刑、工为次，每人专管一曹"，且不许另外差遣，或随意借故告假，以妨碍公务。（2）定礼仪侍直。提出在恢复起居注后，"宜遵祖制，除升殿例用史官侍班外，凡常朝御皇极门，即轮该日记注起居并史官共四员，列于东班各科给事中之上。午朝御会极门，列于御座稍西南，专记注言动，凡郊祀、耕耤、幸学、大阅诸典礼，亦令侍班，随从纪录。至于不时宣召及大臣秘殿独对者，恐有机密，不必用史官侍班，但令入对大臣，自纪圣谕及奏对始末，封送史官诠次。其经筵、日讲，则讲官即记注起居，亦不必另用侍班。"（3）建议将万历二年（1574年）以前所缺事迹详细"追书谨录"，"拟令各官除每日照前供事外，兼将二年前起居初政，亦照月分曹，以次纂录"。还提议起居官与六部在东馆固定办事，并严格管理，要求"除典守誊录人役，随同供事外，一应闲杂等，不许擅入"。对其每月所记"草稿"，建议装为一册，"送内阁验讫，即投入小櫃，用文渊阁印封锁。岁终，开取各月草稿，收入大櫃，用印封锁如前，永不开视"，等等①，规定甚为周密。

此疏一上，神宗便下令"都依拟行"，长期废置的起居注最终得以恢复，并真正走上规范，由此直到明亡常设不废。

综上，张居正积极从事的史学实践正如其所从事的政治活动一样，在现实生活中产生了显著的社会效果。实际上，张居正的史学实践是其政治活动的重要组成部分，正是由于张居正特殊的政治身份才使其史学活动得以顺利、有效地开展下去，并取得重大突破，最终将明后期的官方史学推向正常、有序的发展轨道。

张居正的历史思想

长期以来，学界一直视张居正为杰出的政治家和改革家，并作了全面、深

---

①　俱引《张太岳集》卷39《议处史职疏》，第491—492页。

人的研究。实际上,张居正在史学方面的贡献也值得一书,他不仅参与主持了《兴都志》、《明世宗实录》、《明穆宗实录》和万历《会典》等大型修史活动,恢复、重建了长期废置的起居注制度,更具意义的是,他还立足现实,以政治家的眼光对历史和社会提出诸多颇具价值的观点和见解,这在人心浇薄,学术空疏的晚明时期显得弥足珍贵。

一、"据事直书,美恶自见"的记事风格

史家修史,贵在直书实录。直书者,即以明文严词,直斥权贵;实录者,则是叙述史实原委,不予改作。于此,自古以来,无数史家曾极力追求,唐刘知几尝撰《直书篇》大加评骘。张居正虽非史家,但他倾心历史,讲求历史书法,对直书实录甚为推重。他编纂《帝鉴图说》,广泛"考就历代之事",但对于"记载未详者,不敢采录"①。隆、万之际,张居正总裁《明世宗实录》、《明穆宗实录》,亦曾要求参与史事者据事直书,其谓:

> 今次纪录,祇以备异日之考求,俟后人之删述。所贵详核,不尚文词,宜定著体式。凡有宣谕,直书天语;圣谕诏敕等项,备录原本。若诸司奏报一应事体,除琐屑无用、文义难通者,稍加删削润色外,其余事有关系,不妨尽载原本,语涉文移,不必改易他字。至于事由颠末,日月先后,务使明白,无致混淆。其间事迹可垂劝诫者,但据事直书,美恶自见;不得别以己意,及轻信传闻,妄为褒贬。②

张居正维护直书实录的意识显而易见。他以首辅和总裁的特殊身份和显赫地位提出上述要求,意义非浅:一方面,他的身份使他的建议无形中多了几分强制色彩,因而能在更广泛的史学群体中得到承认和接受,进而形成一致的修史宗旨,付诸实践;另一方面,他以显赫的地位提出这些建议,又使得普通史官大大减少了对直书后果的顾虑,相反可以在权威的保护下最大限度地尽到"直

---

① 张居正:《张太岳集》卷38《进帝鉴图说疏》,第478页。
② 张居正:《张太岳集》卷39《议处史职疏》,第492—493页。

书据事"、"备录原本"的史家职责。所以,从某种意义上说,张氏所言,在当时既是对诸位史官的一种规范,也是一种鼓励,极大地推动了史馆修史的进展,避免了官修史书曲笔隐讳的弊端,保证了所修史书的真实、客观。就世、穆两部《实录》而言,清人徐乾学权衡明代《实录》之大概,认为"叙事精明而详略适中者,嘉靖一朝而已"①。至于褒贬任情,颠倒是非者,也多发生在太祖、英宗、孝宗、武宗和光宗等五部《实录》中,而世、穆《实录》则能持平记事,曲辞甚少。②

对于直书实录的评论,张居正还表现出一种积极、合理的批判意识。例如,史称班固撰《汉书》"受金而始书"③,是否事实,此不多叙。就张居正而言,他虽称赞《汉书》"简严明切"、"言醇而不驳",但对其有悖直笔之处,也作了具体分析和批评:

> (班)固虽直述汉事,而褒贬论赞比类引合,其意又有存于纪述之外者,叙《周勃传》而不录其汗出沾背之耻,叙董仲舒而不载其议和亲之疏,忠厚之至,为贤者讳。志郊祀则备详于淫黩之制,志礼乐则三复乎。又叙司马迁《扬雄传》不当取其自叙而曲记其世系,不知作史之与立言,传道其事不同,彼立言者称衡量不敢有言之偏,以几垂训也。④

班固有"良史"之称,却有漏载史实,"为贤者讳",曲记其事的嫌疑。据此,张居正强调作史"要在纪其实耳。虽其是非颇谬于圣人,然或出于一时愤激之言,非可为典要也"⑤。史书叙事,需以客观历史为本,尊重历史实际,惟其如此,才能反映历史的本来面目,张居正能认识到这一点,难能可贵。

二、"随时制宜,乘弊而达变"的变通观念

嘉、万之际,围绕日渐复杂、尖锐的社会矛盾,"求变"、"求通"渐成学风,

---

① 刘承幹:《明史案例》卷 2《徐健庵修史条议序》,第 222 页。
② 夏燮:《明通鉴》卷首义例,第 5—14 页。
③ 刘知幾:《史通》卷 7《曲笔》,上海古籍出版社 2008 年版,第 143 页。
④ 张居正:《张太岳集》卷 7《重刊西汉书序》,第 93 页。
⑤ 张居正:《张太岳集》卷 7《重刊西汉书序》,第 93 页。

诸多政治家、史学家、思想家立足现实,反思历史,自觉提出各种变革社会的主张。但由于所处社会领域不同,他们对"变通"的理解也不尽相同。概言之,政治家的变通观多来自现实,虽具有较强的可操作性,但又因缺乏历史的、理论的指导而难免要走弯路,甚至归于流产;而史学家、思想家的变通观则多源于历史,或仅限于对历史的评判,它虽可对社会产生潜在的重要作用,但因缺乏现实因素的支持,故多难转化成真正、直接的"变通"行为。

张居正被誉为"救时宰相"①,他不仅倡导、主持了万历新政,同时也极为重视对历史的借鉴和阐发,能够在现实与历史之间寻求、总结出"变通"的合理基点。他在《进帝鉴图说疏》中说道:"臣等考前史所载治乱兴亡之迹,如出一辙,但取古人已然之迹,而反己内观,则得失之效,昭然可睹矣。"②故此,他的历史变通思想在当时更具典型。

首先,张居正重视对历史变动过程的认识,他通过对历史现象的考察和总结,见盛观衰,认为人类历史是不断进步的,推动社会发展、决定历史面貌的,是社会发展过程中所形成的客观必然形势,他说:"天下之事,极则必变,变则反始,此造化自然之理。"③历史的变迁和王朝的更替同样遵循这一规律,他总结道:

> 尧舜以前,其变不可胜穷已。历夏商至周,而靡敝已极,天下日趋于多事,周王道之穷也。其势必变而为秦,举前代之文制,一切划除之,而独持之以法,此反始之会也。然秦不能有,而汉承之。西汉之治,简严近古,赖秦为之驱除,而贡薛韦匡之流,犹取周文之糟粕,用之于元成衰弱之时,此不达世变者也。历汉、唐至宋而文敝已甚,天下日趋于矫伪,宋颓靡之极也,其势必变而为胡元取,先生之礼制一举荡灭之,而独治之以简,此复古治之会也。然元不能久而本朝承之,国家之治简严质朴,实籍元以为之驱除。而近时迂腐之流,乃犹祖晚宋之弊习,而妄议我祖宗之所建立,不

---

① 张居正:《张太岳集》卷尾高以俭《太师张文忠公集跋》,第611页。
② 张居正:《张太岳集》卷38《进帝鉴图说疏》,第478页。
③ 张居正:《张太岳集》卷18《杂著》,第211页。

识治理者也。①

这一观点深刻阐明了历史发展演变的前提条件与必然结果之间的联系,具有重大的理论价值。认为三代而下,自秦至元,之所以改朝换代,在于"靡敝已极"、"道穷"、"天下日趋多事"、"颓靡之极",故"其势必变"。但不同的历史时期,由于蕴涵的社会内容不同,其发生变通的方式也不相同,或为"反始之会",或为"不达世变",或为"复古治之会",或为"不识治理",这又是一般规律中的特殊现象,是"必变"中的"渐变"。

同时,张居正的变通思想是有前提的,即不能变"礼"、变"道",尤其对"祖宗旧制"不仅不能改,相反应严格恪守,他说:"今国家要务,惟在遵守祖宗旧制,不必纷纷更改。"②"礼贵从先,辞尚体要","朝廷体统之当尊,国家典制之当守"③。提出这一主张,张居正有其理由:一是"近事之可征"、"家法之易守"④。他举孔子据鲁史撰《春秋》,以遵周礼云:

> (孔子)曰:"吾志在《春秋》。"其志何志也,志在从周而已。《春秋》虽载皆周官之典也,夫孔子殷人也。岂不欲行殷礼哉。周官之法,岂尽度越前代而不可易者哉? 生周之世为周之臣,不敢倍也。假令孔子生今之时,为国子司成,则必遵奉我圣祖学规以教胄,而不敢失坠,为提学宪臣则必遵奉皇上敕谕以造士,而不敢失坠。必不舍其本业而甘蹈于反古之罪,是尚谓能学孔矣乎? 仆愿今之学者,以足踏实地为功,以崇尚本质为行,以遵守成宪为准,以诚心顺上为忠。⑤

身为周臣,孔子且不敢轻易违背"周官之法",而"甘蹈于反古之罪",况于后

---

① 张居正:《张太岳集》卷18《杂著》,第211页。
② 张居正:《张太岳集》卷37《谢召见疏》,第464页。
③ 张居正:《张太岳集》卷38《明制体以重王言疏》,第480页。
④ 张居正:《张太岳集》卷44《请敷陈谟烈以裨》,第569页。
⑤ 张居正:《张太岳集》卷29《答南司成屠平石论为学》,第362页。

人？ 故此，张居正希望时人亦应"法后王"①，不可"是古非今"，流于"腐儒"②。这表现了张居正反对复古主义的历史倾向，是值得肯定的。

二是祖宗之法"合时宜，顺民情"。他说："法制无常，近民为要；古今异势，便俗未宜。法无古今，惟其时之所宜，与民之所安耳。时宜之，民安之，虽庸众之所建立不可废也。"而且祖宗之法，百姓耳濡目染，较为熟知，故"导之而易从，令之而易喻"。他推崇明太祖"随时制宜，因民立政"的做法，并称"善法后王者，莫如高皇帝矣"，理由便是明初制度，"取近代者十九，稽之往古者十一"③，以近者为多。

但遵守祖宗旧制，张居正认为主要是继承先朝善政、礼制，而非先朝的失德和废典。因为祖宗之法，虽在产生之初至精至当，但历经数世，就会纰漏纵生，近于"废弛"④。所以张居正认为善于继承祖宗之法者，首先应该适应社会发展的必然趋势，"乘弊而达变"⑤，及时改变不符合客观形势的弊政。他将此比作为人治病：

> 国势强则动罔不击，国势弱则动罔不害。譬人元气充实，年力少壮，间有疾病，旋治旋愈，汤剂鍼砭，咸得收功；元气虚弱，年力衰惫，一有病患，补东则耗西，实上则虚下，虽有扁卢，无可奈何。……是以君子为国务，强其根本，振其纲纪，厚集而拊循之，勿使有寡脱，有不虞，乘其微细，急扑灭之，虽厚费而不惜，勿使滋蔓，蔓难图矣。⑥

张居正所论，符合社会发展的辩证法则，为当时的社会发展指明了方向，也直接成为他实行改革的理论基础。万历初，他对社会各个方面的改革就实践了遵守成宪和补弊救偏相结合的变通精神。

---

① 张居正：《张太岳集》卷16《辛未会试程策》，第193页。
② 张居正：《张太岳集》卷18《杂著》载："腐儒不达时变，动称三代云云。及言革除事，以非议我祖法令者，皆宋时奸臣卖国之余习，老儒臭腐知迂谈，必不可用也。"（第212页）
③ 俱引《张太岳集》卷16《辛未会试程策》，第193页。
④ 张居正：《通鉴直解》卷6。
⑤ 张居正：《张太岳集》卷8《赠袁太守入觐奏绩序》，第101页。
⑥ 张居正：《张太岳集》卷18《杂著》，第211页。

然而,在张居正看来,任何一种变革都不是以人的意志为转移,而是自然"世变"的结果。所以补弊救偏的内容也须符合"世变"的客观要求,因时制宜,遵循社会发展的内在规律,他说:

> 夫弛张之道,岂不由世变哉!《语》云:'圣人不能违时振敝,易变与时,弛张亦各务在宜民而已。'古之敦庞简易乎,抑将变而愈甚,以至于莫知其所终乎,后之治者非随俗救弊,又将安所施乎,是皆不可知也。①

可见,变革不可走得太远,也不可走得太近,用张居正的话说,就是"法不可以轻变也,也不可以苟因也。苟因则承敝袭舛,有颓靡不振之虞,此不事事之过也;轻变则厌故喜新,有更张无序之患,此太多事之过也。二者法之所禁也。"②他总结嘉靖新政是变革太少,"苟因"太多,"当时诸臣不能佐下风,徒取仪文制度纷更一番,未以备玄结局,至经国远猷太平鸿业,固置而不讲",使改革流于空洞,"令人怏怏"③。

张居正还认为,变革亦"未可骤反"④,而应渐变,"论稽国家之旧章,审沿革之所宜求,综核之实效。法制无常,近民为要,古今异势,便俗为宜"⑤循此认识,张居正提出建文帝之所以"必亡国",就在于误用齐泰、黄子澄诸人,"蹈衰宋之陋习,日取高皇帝约束纷更之"⑥。

总之,张居正的变通思想是其联系历史和现实,在政治上作出的理论抉择,而政治实践又使其理论上的选择得以实现。对此,他回顾自己的改革成就说:"自隆庆以来,议论滋多,国是靡定,纪纲倒植,名实混淆。自仆当事,始布大公,彰大信,修明祖宗法度,开众正之路,杜群枉之门,一切以尊主庇民,振举颓靡为务,天下始有知君也。"⑦

---

① 张居正:《张太岳集》卷9《荆州府题名记》,第120页。
② 张居正:《张太岳集》卷15《辛未会试程策》,第193页。
③ 张居正:《张太岳集》卷25《与王敬所论大政》,第305页。
④ 张居正:《张太岳集》卷18《杂著》,第210页。
⑤ 张居正:《张太岳集》卷15《辛未会试程策》,第193页。
⑥ 张居正:《张太岳集》卷18《杂著》,第212页。
⑦ 张居正:《张太岳集》卷28《答奉常陆五台谕治体用刚》,第335页。

三、"身体力践,黜斥空谈"的经世意识

张居正生活在心学浸盛的明代后期,当时"缙绅儒硕相与阐心性,析仁义,此非实践之士";但张居正不拘时风,仍讲求"身体力践,不务空谈"①,表现出一种强烈的经世意识,这在当时无疑具有鲜明的现实意义。

首先,在为政方面,鉴于当时"朝廷之间议论太多,是非淆乱于唇吻,用舍决于爱憎,政多纷更,事无统纪"的局面,张居正以"崇实"为出发点,强调要讲求治国的实效,反对乱发议论,倡导"为治不在多言,顾力行何如耳",建议要省议论,求实际。当时"吏治颓靡"几成普遍现象,张居正认为解决这一问题的关键在于严肃考成,并提出以此为准来"重择守令"②,惟其如此,方可整顿吏治,扭转世风,使各级机构和官员"声必中实,事必责成"③。又针对北虏南倭,武备松弛,吏治失察,名实不符等社会问题,张居正提出振纪纲、重诏令、核名实、固邦本、饬武备等改革主张。④

张居正认为造成空疏风气的根源在于"国家造士,率以理学风示宇内"⑤,所以他建议在考科取仕方面要力行改革,提倡"国家明经取士",除四书五经、《性理大全》、《资治通鉴纲目》、《大学衍义》、《文章正宗》等,还要使课令生员,颂习讲解当代诰律典制等,以"俾其通晓古今,适于世用"⑥。

其次,在治学方面,张居正极力主张禁戒浮誇,认为只有这样才"足以造古人之微识","足以通当世之务"。他批评当时世人"不思敦本务实,以渺渺之身任天下之重,预养其所有为,而藉一枝以自显庸于世。嘻,甚矣,其陋也!"⑦又说:"今之言学者,以为夸侈而无实,夫夸侈无实,非学也。"⑧对此,张居正主张要大力革除,如隆庆六年(1573 年)十二月,针对当时奏书"过为夸

---

① 张居正:《张太岳集》卷尾高以俭《太师张文忠公集跋》,第 612 页。
② 张居正:《张太岳集》卷 8《赠袁太守入觐奏绩序》,第 101 页。
③ 张居正:《张太岳集》卷 38《清稽查章奏随事考成以修实政疏》,第 482 页。
④ 张居正:《张太岳集》卷 36《陈六事疏》,第 453—459 页。
⑤ 张居正:《张太岳集》卷 8《赠罗惟德擢守宁国叙》,第 105 页。
⑥ 张居正:《张太岳集》卷 39《请申旧章饬学政以振兴人才疏》,第 496 页。
⑦ 张居正:《张太岳集》卷 15《翰林院读书说》,第 185 页。
⑧ 张居正:《张太岳集》卷 8《贺少司少崖傅公三品奏最序》,第 106 页。

侈,多至数百千言,虚为颂美"的弊病,张居正大力予以扭转;①又对"俗尚干求,词多浮靡"的撰述风气,亦"欲为之更定"②。

最后,张居正认为皇帝作为一国之君,主宰化机,更应励精治理,亲贤讲学,躬行实践。他在主持经筵日讲时,曾编纂《帝王图鉴》、《通鉴直解》两部教材,不忘引用历代兴亡事实,借历代帝王可借鉴者教导神宗,将求实致用的精神灌于皇帝。例如他在讲守令选任时,赞誉汉宣帝"留心吏治,综核名实"③;唐太宗"慎重民牧","深察治体,用心于选贤美民"④;唐宣宗惓惓于吏治,在出猎之际,仍向百姓询问地方守令的贤否。对于此类君主重守令的事迹,张居正希望神宗能悉心学习,"能法其意,以察贤否⑤,充分体现了张居正倡导经世致用的一片苦心。

可见,现实的政治生活使张居正对社会和历史的理解较为深刻,使他的求实言论与当时的空虚之学形成鲜明对比,也使他对经世致用的认识不同于一般的古代知识分子的空洞议论。他能将理性的认识转化为实际的行动,改革社会弊端,扭转空虚学风,从而使万历初期颇显生机。但好景不长,"居正殁,一切以空言从事,以迄于亡"⑥。

四、"安民生"、"重教化"、"斥鬼神"的务实精神

嘉、万之际,社会矛盾日渐激化,社会内容趋于复杂,真切的现实问题极大地刺激了张居正,他总结历史经验,寻求救治社会危机的妥切方案,以政治家的敏感自觉对一些重大社会问题作了理性思考,并提出诸多颇具意义的进步观点。

(一)主张"核吏治,安民生"。针对当时"有司坐视民瘼,痛痒不相关"⑦的境况,张居正鉴于前史,提出"致理之道,莫急于安民生,安民之要,惟在于

① 谈迁:《国榷》卷68"隆庆六年十二月戊寅"条,第4214页。
② 张居正:《张太岳集》卷38《明制体以重王言疏》,第479页。
③ 张居正:《通鉴直解》卷22。
④ 张居正:《通鉴直解》卷14。
⑤ 张居正:《通鉴直解》卷22。
⑥ 张廷玉:《明史》卷214《赞曰》,第5671—5672页。
⑦ 张居正:《张太岳集》卷7《少师存斋徐公七十寿序》,第88页。

核吏治"①,说明民生的好坏与吏治是否得以治理整顿休戚相关。

"安民生"是"致理之道",张居正在当时特加强调,意义重大。它不仅利于稳定社会秩序,缓和阶级矛盾,而且对防止外患也极为关键。他说:"帝王之治,欲攘外者,必先安内。自古虽极治之时,不能无夷狄、盗贼之患。唯百姓安乐,家给人足,则虽有外患,而邦本深固,自可无虞。唯是百姓愁苦思乱,民不聊生,然后夷狄、盗贼乘之而起。盖安民可与行义,而危民易与为非,其势然也。"②"民本思想"起源甚古,但将其与防止外患,稳固邦本联系起来,的确是认识上的一大进步,这在倭寇猖獗的明代后期不仅颇具意义,甚至在今天也值得借鉴。

那么,如何达到"安民生"呢? 张居正的观点与传统民本思想一脉相承,即要"察其疾苦"。具体而言,就是要省民力、薄赋税、济民困,反对赋敛无度,劳役无穷。为此,针对当时政府催逼民间赋税,大兴土木等事,他屡次上疏请"安民生",其文集中所收《请停取银两疏》、《请停止内工疏》、《请蠲积逋以安民生疏》、《请停止工程疏》等就是张居正安民思想的充分体现。

为了充分实现"安民生",张居正认为关键是要整顿吏治,强调"人臣居官食禄者,皆有代君养民之责"③,但在当时,百官遇事推诿,贪图个人富贵,政府的许多政策因而流于形式,不能得到切实贯彻执行。张居正曾描述这一现象说:

> 一时郡邑长吏剥下奉上,以希声誉;奔走趋承,以求荐举;征发期会,以完簿书;苟且草率,以逭罪责。其实心爱民、视官事为家事,视百姓为子弟者,实不多见。故皇上虽有安民之心,而上泽不得下究者,职此之故也。④

所以,他建议由吏部"访核各有司官员贤否",其标准就是"以安静宜民者为

① 张居正:《张太岳集》卷38《请定面奖廉能仪注疏》,第485页。
② 张居正:《张太岳集》卷36《陈六事疏》,第457页。
③ 张居正:《张太岳集》卷45《文华殿论奏》,第572页。
④ 张居正:《张太岳集》卷40《请择有司蠲逋赋以安民生疏》,第505页。

最",对于那些不称职者,则须"汰黜之"。相反,若不严惩贪墨,制裁腐败,"正民生"就成了一句空话。所以,"欲安民,又必加意于牧民之官"。①

当然,"安民生"的责任并非只归人臣,在张居正看来,为人君者更有不可推卸的责任。所以神宗即位伊始,张居正就告诫他"一切宜与民休息"②,理由是"天之立君以为民也"③。虽然张居正承认君为天立的"君权神授",反映了其有限的一面,但能认识到"立君为民",又是值得肯定的。

总之,张居正"核吏治,安民生"的主张,虽然在中国政治思想史上并没有提供多少新鲜东西,但在吏治腐败,社会矛盾激化的晚明时期,仍不失为一种匡救时弊的良方,具有积极意义。

(二)重视教化学习,兼及以法治国。张居正认为,在国家政治中,教化政刑皆不可废,但当时要以教化为先,尤其在王朝日衰之际,更须如此。对《左传》所谓"如欲化民成俗,其必由学乎?",张居正深信不疑,并阐述道:

> 夫法令政刑,世之恃以为治者也。言道德礼义,则见以为希,阔而难用,然要其本,则礼禁未然之前,施已然之,后法之为用,易见而礼之,为教难知。故古之王者,立大学以教于国,设庠序以化于邑,皆所以整齐人道,敦礼义而风元元者也。……夫教化不行,礼义不立,至于礼乐不兴,刑罚不中,将无所措其手足。当此之时,虽严令繁刑,祇益乱耳。乌能捄斯败乎?…在以道化民,渐渍以礼。④

意谓若要统治稳定,秩序井然,莫大于先行教化。为此,张居正倡导在全国大兴学校,普及教化。

天下百姓需要教化,为政者更须重视个人修养,一个重要途径就是学习。张居正说:"盖圣人之学,内以修性,外以理人。"⑤为政者也不例外。当时有人

---

① 张居正:《张太岳集》卷40《请择有司蠲逋赋以安民生疏》,第505页。
② 张居正:《张太岳集》卷12《敕建涿州二桥碑文》,第145页。
③ 张居正:《张太岳集》卷15《人主保身以保国辛未程论》,第177页。
④ 张居正:《张太岳集》卷7《宜都县重修儒学记》,第121页。
⑤ 张居正:《张太岳集》卷7《贺云溪翁汪老先生八十寿序》,第97页。

谓:"夫守经据义,士所先也;聪明强干,吏所先也。欲为政而从事于学,泥也!"对此,张居正不以为然,他说:"舍学以从政,譬中流而去其楫蓰以济矣",认为将为政与为学割裂为二,是大错特错,"妄也"①。所以为政者"必润之以学"。但为学要讲求实际不能流于空洞,"夸侈无实,非学也"②。他称誉明初杨士奇、夏元吉等人为"社稷之臣",皆因其能将为政与为学很好地结合起来,并表现出求真务实的精神。

上升到专制帝王,张居正长期担任东宫日讲官,对帝王为学的道理有明确认识,认为"讲学勤政"是"明主致治之规"③;"视朝不如勤学,尤为实务也"④;帝王虽具"神圣治资",但要治理好天下,"尤必以务学为急"⑤。

教化学习,在张居正看来固然重要,但在当时社会背景下,要真正解决社会问题,还必须结合法治。他认为"为国之法,似理身元气"⑥,只有以"奉法之吏","修祖宗之法,综核名实,信赏必罚,嫌怨不避",才能"海宇清宴,蛮夷宾服",达到治国目的⑦。明朝至万历初年,历经二百余年,之所以"累经大故,而海内人心晏然不摇",他认为"斯用威之效也"⑧。所以张居正主张要重视法治,规范社会,整顿人心,"悬法以示民,而使之不敢犯"⑨。对于"绝灭天理,伤败彝论,仁人之所痛恶,覆载之所不容者"和那些"不孝不友之人",应"刑之而无赦","此所以立君治民之意矣"⑩。但执行法令亦须谨慎行事,不可操之过急,更不可"严刑峻法,虐使其民",他的结论是:"故情可顺而不可徇,法宜严而不可猛。"⑪这一观点至今仍有借鉴意义。

(三)对鬼神迷信、阴阳仙道,张居正根据事实,揆以情理,表示怀疑,并持

① 张居正:《张太岳集》卷7《赠毕石菴先生宰朝邑叙》,第96页。
② 俱引《张太岳集》卷8《贺少司寇少崖傅公三品奏最序》,第105页。
③ 张居正:《张太岳集》卷37《请酌定朝讲日期疏》,第469页。
④ 《明神宗实录》卷4"隆庆六年八月壬戌"条,第145页。
⑤ 张居正:《张太岳集》卷37《乞崇圣学以隆圣治疏》,第469页。
⑥ 张居正:《张太岳集》卷25《与殷石汀论治吏治》,第307页。
⑦ 张居正:《张太岳集》卷首沈鲤序,第1页。
⑧ 张居正:《张太岳集》卷18《杂著》,第212页。
⑨ 张居正:《张太岳集》卷36《陈六事疏》,第455页。
⑩ 张居正:《张太岳集》卷40《论决重囚疏》,第515页。
⑪ 张居正:《张太岳集》卷36《陈六事疏》,第455页。

以批判。他说:"臣居正素性愚昧,不信阴阳选择之说。凡有举动,只据事理之当为,时势之可为者,即为之,未尚拘泥时日,举合趋避,然亦往往误蒙天幸,动获吉利。"①当时民间在葬人时,多讲求所葬之地,相信"葬地能作人祸福,谓葬得吉,禳家必兴隆;得恶地,家必衰替,若影响桴鼓之符应者"。张居正认为这是极为荒唐的做法,他说:"夫人死则精神消散,魂气飞扬,其奄然僵卧者,体魄也。譬之人寐,则阳神出游,触感成梦,当其梦时,栩栩然不知身之在于床第也。"况且"死人无知",不可能"司人之祸福"②,所以,他以商代人"先鬼而后礼,其治天下,多言鬼神"的做法,提醒人们"唯心知其意,而毋泥其说"③,鬼神根本不存在,不可相信。

此外,对于民间盛行的神仙方术,张居正也是大加贬斥,称其为"谬悠荒唐之说"④,"其言幻幻漫漫,而莫得其纪,其效茫茫唐唐,而莫知其归也。一切谓出于老氏,不亦诬乎?"⑤亦不可信。所有这些,一定程度上反映了张居正无神论的思想倾向,明确表达了他反对荒诞迷信的朴素唯物论态度。

当然,作为当朝首辅张居正,他所发表的历史见解只是其巩固朱明王朝,维护专制统治的一部分,并无离经叛道的精神。因此,他不可能将进步的历史观点发展到一个新的高度。相反,囿于其政治偏见和王朝的统治需要,他的认识不可避免地带有历史和阶级的局限性。比如强烈的"尊王"观,他认为:"礼莫大于君臣之交,分莫严于上下之辨"⑥,并要求臣子"惟上之命而不敢有一毫拣择",要顺君、忠君。认为汉代韩延寿、盖宽等人之死,并非汉宣帝"寡恩",而是因为他们"行能可为绝异,而皆刚傲无礼,好气凌上,使人主积不能堪,杀身之祸,实自取"⑦。他甚至将是否"尊王"看作选拔人才最基本、最重要的条件,"有礼于君者,即举而录之"⑧;又提出了"人主保身以保民"的观点,这实

---

①　张居正:《张太岳集》卷40《奏请圣母裁定大婚吉期疏》,第513页。

②　张居正:《张太岳集》卷15《葬地论》,第179—180页。

③　张居正:《张太岳集》卷18《杂著》,第209页。

④　张居正:《张太岳集》卷15《葬地论》,第181页。

⑤　张居正:《张太岳集》卷7《贺云溪翁汪老先生八十寿序》,第97页。

⑥　张居正:《张太岳集》卷46《奉谕整肃朝仪疏》,第577页。

⑦　张居正:《张太岳集》卷18《杂著》,第211页。

⑧　张居正:《张太岳集》卷25《答同乡李渐菴论用人才》,第303页。

质上也是为封建帝王所做的辩护,没有多少积极意义。他虽然指出帝王是"以其身为天下",但又言"彼其身之不保,而又何以保民"①?先保自身,再保百姓的倾向昭然可见。

另外,张居正虽然反对鬼神迷信,但他的思想并未完全跳出传统"天命论"的圈子,认为"富贵惜福天佑"②,"上天之意不可违"③,承认君王是受命于天,故能"握符应运,致世升平"④。在民族关系方面,亦表现出一种以强凌弱的强权意识,提倡对付夷狄,"惟论顺逆,不论强弱。若其顺也,彼势虽弱,亦必抚之以恩;若其逆也,彼势虽强,亦必震之以武"⑤。这一认识属封建正统思想的一部分,应予以批判。另如张居正对神仙方术的批判,也显得有些盲目,他尚无法科学解释这些荒诞现象,因而他的无神论思想也不彻底。例如对当时流行的佛禅,他不但难以认识到其虚无之处,反而表现出一定的热衷倾向。他曾主动向友人借阅《华严经》,并认为其"广大含摄,解脱无碍……今得闻无量,甚深妙义,欢喜无量"。后来,他听说友人要刊刻佛经,竟慷慨解囊,予以资助⑥。所有这些皆为时代使然,今人似乎不必对古人苛求太甚。

总之,对于张居正历史观点中的消极面,我们只有从当时极其复杂的社会现实和历史传统中去寻找合理的答案,并予以充分理解。而绝不能因此就轻易否定他在史学领域的建树,必须对他进行历史的、全面的、具体的分析,充分肯定其在明代史学史上的贡献,尤其是他的部分历史认识,作为优秀传统文化的一部分,更值得汲取和借鉴。

---

① 张居正:《张太岳集》卷15《人主保身以保民辛未程论》,第177页。
② 张居正:《张太岳集》卷12《明德崇俭》,第175页。
③ 张居正:《张太岳集》卷40《论决重囚疏》,第515页。
④ 张居正:《张太岳集》卷14《轩皇问道治长生颂》,第168页。
⑤ 张居正:《张太岳集》卷42《谢召见疏》,第543页。
⑥ 张居正:《张太岳集》卷24《答奉常陆五台论禅》,第283页。

张居正改革时期水利事业的管理与运营①

终明一代,灾害频繁,水患泛滥。② 至隆庆时,黄河屡次决口,横溢四处,以致百姓流离,漕运淤塞,交通阻塞。如隆庆三年(1569年)七月,河决沛县,自考城至徐州俱受其害;③四年(1570年)九月,河决邳州,自睢宁至宿迁"淤百八十里,粮艘阻不进"④;五年(1571年)四月,河决灵璧双沟以下,"支流散溢"⑤。连年水患,导致水利大坏,明初以来兴修的圩岸陂塘"尽皆荒圮"。⑥鉴于此,张居正改革时期(1572—1582年),秉承"国赋所出,全资水利"之宗旨,大力发展水利事业。⑦ 一如首辅张居正所言"今方内乂安,所可虑者,河漕为最"⑧;"河漕一事,时时往来于怀"⑨。以往,对于张居正改革时期水利事业的研究,主要集中在潘季驯治理两河,且仅限于其水利思想及治水措施,而很少涉及张居正改革时期水利事业的管理与运营这一重要问题。出乎此,以下拟以黄、淮、运及三吴水利为中心,着重从人事政策的调整、水利资金的筹措、河工夫役的派发等方面,对张居正改革时期水利事业的管理与运营予以初步探讨。

一、张居正改革时期的水利人事政策

张居正改革初期,水利官员因职责不明,互相推诿、互相掣肘之事常见,以

---

① 本文系与耿勇先生合著。

② 仅以黄河水患为例,据黄河水利委员会所编《黄河水利史述要》统计,明代276年的历史中,共发生河患112次,平均每2.4年1次。参见《黄河水利史述要》编写组《黄河水利史述要》,黄河水利出版社2003年版,第255—286页。

③ 张廷玉:《明史》卷83《河渠一》,第2039—2040页。

④ 张廷玉:《明史》卷83《河渠一》,第2040页。

⑤ 张廷玉:《明史》卷83《河渠一》,第2041页。

⑥ 《明神宗实录》卷77"万历六年七月丁卯"条,第1659页。

⑦ 据《明神宗实录》卷3"隆庆六年七月辛亥"条载,隆庆六年(1572年)七月,在确定改革的诏书中,即将发展水利立为改革之要务,要求各级官员兴修水利,讲求实效。参见第124—125页。

⑧ 张居正:《张居正集》卷17《答河漕总督王敬所》,第332页。

⑨ 张居正:《张居正集》卷22《答河道吴自湖》,第674页。

至影响到水利事业。为此,明廷开始调整水利人事政策,采取了统一水官事权、延长水官任期和严格水官责成等一系列重要措施。

(一)调整水利职官,统一治水事权

明朝水利官员最为重要者为总督漕运都御史及总督河道都御史,"以理漕属之漕司,以治河属之河道",对于俱属二者所管之运道部分则划地分工,"漕司而责之天妃闸以南,河道而责之天妃闸以北"①。但在实际运作中,二者遇事互相推诿的情况时有发生,"漕艘迟缓不曰漕艘,而曰河道阻梗;河道阻梗不曰河道,而曰漕艘迟缓。彼此相推,而卒莫有引咎自反者"②。如万历元年(1573年),总督河道都御史万恭与总督漕运右副都御史王宗沐因漕运事宜互相掣肘,张居正出面调停,双方矛盾方告平息。③ 之后,黄河水患四处冲决,河道艰阻,严重影响到河南、山东、南直隶地区的农业生产和财赋征运,总河都御史傅希挚"力言草湾不可开,崔镇之当塞,高堰之当筑",但漕抚衙门却"拒之甚力"④,后草湾再次淤塞,水患依然如故。

为了提高水利官员的工作效率,使得水利修举收到实效,张居正改革时期对水利职官做了一些调整。万历三年(1575年)八月,工科都给事中侯于赵以"高宝湖堤大坏,苏松水利久湮",奏请"专委任督理,以裨国计,巡盐、巡抚俱难兼管,宜于南京巡江、巡仓、屯田三差归并一员专管"⑤。四年(1576年)十一月,巡按直隶监察御史林应训巡视下江水利,专理苏、松、常、镇四府水利。⑥五年(1577年)十二月,黄淮水患泛滥,加之总漕、总河大臣"意见不同,动多掣肘"⑦,水患长期得不到缓解。明廷采纳吏部建议,以总督漕运兵部左侍郎吴桂芳为工部尚书兼都察院右副都御史,总理河漕兼提督军务,"河道都御史暂行裁革,李世达改推别用",河道、漕运事务专属吴桂芳经理⑧;吴桂芳死后,六

---

① 潘季驯:《河防一览》卷13《请遣大臣治河疏》,《文渊阁四库全书》本第576册,第430页。

② 潘季驯:《河防一览》卷13《请遣大臣治河疏》,第430页。

③ 张居正:《张居正集》卷18《与河漕万两溪论协和克让》,第412页。

④ 潘季驯:《河防一览》卷13《条陈治安疏》,《影印文渊阁四库全书》第576册,第462页。

⑤ 《明神宗实录》卷41"万历三年八月甲戌"条,第932页。

⑥ 《明神宗实录》卷56"万历四年十一月辛巳"条,第1284页。

⑦ 《明神宗实录》卷70"万历五年十二月戊子"条,第1508页。

⑧ 《明神宗实录》卷70"万历五年十二月戊子"条,第1508页。

年(1578年)四月,刑部右侍郎潘季驯接替吴氏,兼管河道、漕运事务。河道与漕运合二为一,事权得到统一,为此后黄、淮、运的有效治理奠定了基础。

(二)提升水官权力,惩罚治水无功

隆庆及万历初年,地方有司往往不重视水利,"视之蔑如","虽经屡次申饬而故态自若,即有案牍之行,辄置之阁束",甚至有"部臣稍欲尽职,则有司群然詈之为生事,百尔阻顽"的乱象发生。①

为确保水利政令的贯彻落实,张居正改革时期加大了主管水利官员的权力。万历四年(1576年),因三吴水利年久失修,水患严重,遂命御史林应训巡视三吴水利,并敕之云:"各该司道及府州县掌印官敢有违顽误事,及水利官营求别差,隳废职业,或需索常例,利己病民,应拿应参,并听举行如例。如势豪之家侵塞水利,姑令首征免罪,敢有违拒阻挠者,即行拿问,干碍职官,指明参奏。"②六年(1578年),又以黄河水患久治无效,命潘季驯为右都御史兼工部左侍郎,治理黄、淮、运三河,并扩大其职权:一是南、北直隶、山东、河南地方有与河道相干者,"就令各该巡抚官照地分管,俱听尔提督";二是钱粮及选任司道等官,"俱许以便宜奏请,给发委用";三是有抗违不服及推诿误事者,文官五品以下,武官四品以下,"径自提问"。③

对于部分治水官员,潘季驯可奏请朝廷定夺,并给予惩处。如六年(1578年)八月,淮安水利道河南佥事杨化、淮安府通判王弘化治河无状,被潘季驯参劾,锦衣卫逮系北京,刑部"拟各照运炭赎罪例,完日复职",但神宗认为处罚太轻,遂将杨、王革职为民。④ 同年十月,总河都御史潘季驯、漕运侍郎江一麟交章论徐州道副使林绍治水无功,林绍虽有抗辩,但"仍着其冠带闲住"。⑤

(三)总止众言浮议,以免干涉水官

"治河固难,知河不易",水利事务具有极高的专业性,需要一定的治水经验,"虽身历其地,犹苦于措注之乖舛",若未亲赴其地且躬行水利事务,便很

① 潘季驯:《河防一览》卷9《工部覆前疏》,第261页。
② 张国维:《吴中水利全书》卷13《万历四年敕巡按直隶巡视下江监察御史林应训》,《文渊阁四库全书》本,第578册,第365—366页。
③ 潘季驯:《河防一览》卷1《皇帝敕谕都察院右都御史兼工部左侍郎》,第140页。
④ 《明神宗实录》卷78"万历六年八月癸卯"条,第1685页。
⑤ 《明神宗实录》卷80"万历六年十月丁酉"条,第1716页。

难明白其中道理,遑论提出有效的治理措施;加之"劳民动众之事,怨咨易兴,而往来络绎之途,议论亦起"。① 在兴修水利期间,时有官员只凭传闻而轻言停修水利,以至"往年治河迄无成功"。②

为了息止浮议,统一水利官员事权,使"治河之臣无临事掣肘之虞"③,专一于水利事务,六年(1578年)规定:"今后除治河诸臣倘有欺隐大弊及推诿不肯尽心、苟完目前、遗患于后者,许言官访实照常参劾外,其余但有条陈治河之疏,虽各效其一得之忠,而众言淆乱,要必析以真实之见,悉行河漕二臣勘酌可否,明白具奏。或有窒碍难行,听行寝格。"④八年(1580年),高家堰石工将兴,泗州乡官原任湖广参议常三省与原任江西道副使李纪、剑州知州韩应聘、潍县知县高尚志联名投揭抚按衙门,以高家堰石堤修筑,使"祖陵松柏淹枯,护沙洗荡"为由,要求毁弃高家堰工程,并且赴南京鼓吹此说,寻求支持。⑤ 潘季驯奏辩,神宗认为"高家堰筑后,河道安流,绩效已著,岂可因一二无稽之言又行勘议",命令高家堰工程照原议修筑,同时革去常三省原职为民,"余且不查究",并警告"以后再有这等的,拿来重处"⑥。

(四)限制水官迁转,以求久任责成

兴修水利,"全在得人"⑦,工程浩大,动经岁月,非"穿凿于聪明,勾干于仓促"者所能胜任⑧。因此主管水利的官员"防守修筑必经岁月"⑨,才可收到实效,即所谓"久其任则河务愈精,久其官则河臣愈劝"⑩。若河工"方在开浚,忽令迁转",不仅"本处工程不完","上下承接均有不便"⑪,而且"勤惰无稽,苟且塞责,因肆侵渔"⑫。

---

① 潘季驯:《河防一览》卷7《河工事宜疏》,《影印文渊阁四库全书》第576册,第260页。
② 潘季驯:《河防一览》卷7《工部覆前疏》,《影印文渊阁四库全书》第576册,第263页。
③ 潘季驯:《河防一览》卷7《工部覆前疏》,《影印文渊阁四库全书》第576册,第261页。
④ 潘季驯:《河防一览》卷7《工部覆前疏》,《影印文渊阁四库全书》第576册,第263页。
⑤ 潘季驯:《河防一览》卷9《高堰请勘疏》,第307页。
⑥ 周永春:《丝纶录》卷6"万历八年十一月二十日"条,北京出版社1997年版,第720页。
⑦ 潘季驯:《河防一览》卷9《覆议善后疏》,第295页。
⑧ 潘季驯:《河防一览》卷9《覆议善后疏》,第295页。
⑨ 《明神宗实录》卷3"隆庆六年七月戊子"条,第75页。
⑩ 《明神宗实录》卷3"隆庆六年七月戊子"条,第75—76页。
⑪ 《明神宗实录》卷16"万历元年八月甲寅"条,第474页。
⑫ 潘季驯:《河防一览》卷7《工部覆前疏》,第261页。

张居正改革之前,"官不久任,事不责成,更调太繁,迁转太速"①蔚为风气。较之其他职位,水利官员工作甚为艰苦,"出入泥淖,沐栉风雨,劳苦万状",时人已有"管河为最苦之官,而治河为最难之事"②之说,因此一些官员"一闻行取之报,恨不能即日释去重负"③。万历元年(1573年),规定:主管官员需"预定河身凡干系开河兵备、州县正官及委承官员,俟工有次第,方得循资迁转"④。三年(1575年)六月,规定"管河司道官都着久任,不许升迁"⑤。四年(1576年),又规定:地方水利官员如若"营求别差,隳废职业",则"应拿应参,并听举行"。⑥六年(1578年)七月,重申"河工事重,必须委任责成,以后管河官暂停升调,俟河工完日,分别赏罚。"⑦同时,因水利工程分工之后,"钱粮出入、工程次第皆有首尾,遇有升调等项,若听其离任,则本官所分之公又须另委补替,文移往来便至逾月,及到工所,茫然无措,何以望其竣事"⑧。因此,水利官员虽遇升调,也不许擅自离职,"候工完之日将经手钱粮稽考明白,分别勤惰,奏请处分,方许离任"⑨。八年(1580年),进一步规定:"凡管河诸臣遇三六年考满者,宜加衔管事,俟资俸最久,绩效最著,破格超擢。"⑩如五年(1577年),浙江海盐修塘工竣,叙录效劳各官,巡抚徐栻、巡道张子仁、水利道陈诏、同知黄清、知县饶廷锡虽升赏有差,但仍命其"照旧管事"⑪。八年,黄河河工完成,升水利道副使张纯为山东按察使,整饬徐州兵备,但"其原管水利事务并归徐州道",如此张纯虽升调他职,但将其原管事务并于新职,于水利事业未有妨碍。同时,对于规避久任的水利官员,则给予相应惩处。如五

①　张居正:《张居正集》卷1《陈六事疏》,第6页。
②　潘季驯:《河防一览》卷13《条陈治安疏》,第463页。
③　张居正:《张居正集》卷22《答河道吴自湖》,第675页。
④　《明神宗实录》卷16"万历元年八月甲寅"条,第475页。
⑤　《明神宗实录》卷39"万历三年六月辛卯"条,第914页。
⑥　张国维:《吴中水利全书》卷12《万历四年敕巡按直隶巡视下江监察御史林应训》,第365页。
⑦　《明神宗实录》卷77"万历六年七月壬子"条,第1651页。
⑧　潘季驯:《河防一览》卷7《河工事宜疏》,第258页。
⑨　潘季驯:《河防一览》卷7《工部覆前疏》,第261页。
⑩　《明神宗实录》卷97"万历八年三月乙巳"条,第1945页。
⑪　《明神宗实录》卷70"万历五年十二月己亥"条,第1512页。

年,淮安水利佥事黄猷吉以病乞休,神宗认为其"管河甫欠一年,功绩未著,称病乞休,似有诈托",命令巡按御史查核上报。①

张居正改革时期,对于水利官员的离任交接,视其所管地方之难易与职掌之缓急,作了严格规定。如中河郎中、南河郎中、北河郎中及夏镇、南旺主事等专职水官,"俱应交代,无容别议";而颍州兵备道、临清兵备道、天津兵备道、霸州兵备道、大名兵备道等官,虽有"监管河道之责",但"或距河稍远,或闸渠安然,虽兼河道,干系颇轻",在官员离任时,不用交代。② 徐州海防二道为"河湖喫紧之区",山东、河南二道为"黄河要害之地",因此四道宪职及所辖府、州、县管河官,如遇升调去任,"俱比照巡抚衙门事例,守候交代,仍须各行吏部知会"③;对于紧要之职,则要求相关官员"新者未至,旧者不行"④。如若水利官员"不候代辄先离任者,总理河漕衙门查照工部题准事例,指名参奏"⑤。四年(1576 年),林应训督修三吴水利,亦规定:各府治农水利官员,凡遇到考满行取、升调、丁忧事宜,皆要先期申请,查无违疑,方可批准离任,"若有粘带不了事件,未经批允,擅自离任者,除本官另行参究外,起送官吏定行查治"⑥。对于前来接任的新任水利官员,一方面在选任接替官员时,要兼顾备选官员的技术特长和赴任所需时间,要求"有迁转离任者,则必就近遴补",以免"交承速而职事无旷";⑦另一方面,对于前来接替的官员,则令其限期赴任,"使旧者得免久候之苦"⑧。张居正改革时期严格水官的离任交接,一定程度上起到了"旧政告新,传授有法"⑨的效果。

(五)优奖任事水官,激发治水热情

张居正改革时期,建立了较为完备的水利奖励机制。早在隆庆六年(1572 年)七月,就规定对于治水有功的官员予以晋职:管河主簿升管河县丞,

---

① 《明神宗实录》卷63"万历五年六月戊寅"条,第 1411 页。
② 潘季驯:《河防一览》卷9《覆议善后疏》,第 295 页。
③ 潘季驯:《河防一览》卷9《覆议善后疏》,第 296 页。
④ 潘季驯:《河防一览》卷9《条陈善后事宜疏》,第 446 页。
⑤ 潘季驯:《河防一览》卷9《覆议善后疏》,第 296 页。
⑥ 张内蕴、周大韶:《三吴水考》卷13《巡按直隶监察御史林条约》,第 491 页。
⑦ 潘季驯:《河防一览》卷13《条陈善后事宜疏》,第 446 页。
⑧ 潘季驯:《河防一览》卷9《覆议善后疏》,第 296 页。
⑨ 潘季驯:《河防一览》卷13《条陈善后事宜疏》,第 446 页。

县丞升州判,州判升州同,州同升通判;管河通判升管河同知,同知升金事,递升参议、副使、参政、按察使、布政使。① 万历时又规定:凡管河部属司道等官,若谙熟机宜,绩效懋著,"考满即与升级,照旧管事,资深即与超迁,用劝异劳";具体奖励升迁一如边臣,"由道而抚,由抚而督,由督而本兵不惜矣"。② 具体如:万历五年(1577年),浙江海盐海塘竣工,朝廷叙录效劳各官,浙江巡抚徐栻、巡道张子任、水道陈诏、同知黄清、知县饶廷锡各升赏有差,照旧管事;原任巡抚谢鹏举、守道朱炳如、舒应龙、知县黄希宪等各赏银有差。③ 又如两河河工竣工后,总理河漕潘季驯所题请讲叙的五位州同知,皆"加级升补,一切从优"。④ 张居正改革时期从优讲叙水利官员的政策,保证了水利事业的顺利进行,也激发了一些水利官员的责任心与进取心。如五年,一位李姓水利官员按理当升,但其"自愿留任,以就湖工"。他因此受到了张居正的褒扬,"志量忠虑,不啻加人一等矣",不仅同意他暂留在任,且表示"此子果著有成绩,当破格处之,以酬其劳"。⑤

(六)分置水利官员,以便专任责成

正德年间,明廷设总河都御史一职专管水利,驻扎济宁,南、北直隶、河南、山东皆为其统辖之地,但因区域广袤,"足不及徧,目不及睹"⑥,水患发生,时不待人,加之受交通、讯息条件的限制,"若非多官分理,不免顾此失彼"⑦,"至于伏秋瀑涨之时,呼吸变态,猝遇冲击,视若燃眉"⑧。水利官员所管区域不清,难以责成其防患于未然。出乎此,张居正改革时期明确划分水利官员所管区域,以便责成。

万历五年(1577年)二月,林应训督理三吴水利,即规定各官主管区域及水利事务,"地有段分,而事有专责"⑨;水利事务隶浙江者由浙江金事负责,隶

① 《明神宗实录》卷3"隆庆六年七月戊子"条,第75页。
② 潘季驯:《河防一览》卷13《条陈善后事宜疏》,第452页。
③ 《明神宗实录》卷70"万历五年十二月己亥"条,第1512页。
④ 张居正:《张居正集》卷25《答河道潘印川》,第910页。
⑤ 张居正:《张居正集》卷22《答河道吴自湖》,第675页。
⑥ 潘季驯:《河防一览》卷13《条陈治安疏》,第461—462页。
⑦ 潘季驯:《河防一览》卷7《河工事宜疏》,第258页。
⑧ 潘季驯:《河防一览》卷13《条陈治安疏》,第461—462页。
⑨ 张内蕴、周大韶:《三吴水考》卷13《开浚吴淞江呈文》,第497页。

直隶者由苏松兵备负责。① 在疏浚白茆塘工程时,林应训将自归庄至横塘口的河道分为四段,每段长十一里许,分委常熟县县丞王俨、常熟县主簿秦汤相、吴江县主簿李三省、吴县主簿任可贤四员,每官分管一段。② 六年(1578 年),河工大兴,总理河漕都御史潘季驯在每段河工设置司道官员主管水利事务,并且"每司道一员分督府佐二员,每府佐一员分督州县佐贰、首领、阴医、省祭官十员"③。此《河防一览·勘估工程疏》有载,如表所示:

表 1.河工各段司道官员

河工分段	司道官员
徐州北岸自昌梁洪至邳州直河一带遥堤七十里。	海防道参政龚大器
自桃源县古城以下遥堤六十里,并塞界内缺口及建陵城滚水坝一座。	淮北分司郎中佘毅中
自桃源界至清河獾墩止遥堤六十里,并塞界内决口及建安娘城滚水坝一座。	添注管河道副使张纯
修复淮安板闸至新庄闸共四闸,修筑里河两堤并新城北一带帮筑新旧堤及塞黄埔口。	水利道金事杨化
筑高家堰中段、塞天妃闸朱家口、开复通济闸、修筑赵家口迤西堤岸,修复仁义等五坝。	添注管河郎中张誉
修筑宝应一带土石堤,并建减水闸及挑浚扬州至仪真一带河道。	南河分司郎中施天麟

此后,杨化以"治河无状"被革职④,施天麟以"耽误河工"被调外任⑤,并对其所管事务进行了调整,其中营田道金事史邦直、扬州知府虞德煜接替施天麟,主事陈瑛、淮安府知府宋伯华、水利道副使张纯、南河郎中张誉接替杨化。⑥ 应该说,各级官员层层分督,有利于分委责成,避免责任不清、遇事推诿的弊端,且方便工程竣工之后的稽查,保证了工程的进度与质量。

---

① 《明神宗实录》卷 59"万历五年二月癸未"条,第 1363 页。
② 张内蕴、周大韶:《三吴水考》卷 13《开白茆港文移》,《文渊阁四库全书》本,第 577 册,第506—507 页。
③ 潘季驯:《河防一览》卷 7《勘估工程疏》,第 267 页。
④ 《明神宗实录》卷 78"万历六年八月癸卯"条,第 1685 页。
⑤ 《明神宗实录》卷 76"万历六年七月乙卯"条,第 1652 页。
⑥ 潘季驯:《两河经略》卷 2《恭报河工大举日期疏》,第 214 页。

（七）严管掌印之官，强化治水功能

明代水利事务虽然由总理河漕都御史以及司道官员总其大端，但工程的实施及日常维护则仰赖州县佐贰官，但明代佐贰官地位不高，常常受到州县掌印官的压制，难于行事，加之官场风气颓废，造成州县掌印官不以水利事务为意，"府有管河道同知或通判矣，则郡守若罔闻矣，州县有管河判官或主簿矣，则州县若罔闻矣。甚至有抵牾其事，变乱其是非，颠倒其贤否者"①。出乎此，张居正改革时期加大对地方掌印官的责成力度，明确其水利职责。

万历四年（1577 年），林应训督理三吴水利，要求各府、州、县掌印官务必加意民情，凡境内水道，须躬亲相度，考究源委，逐一查清其兴革建置之由，湮没颓废之故及修浚增筑之方，工费筹措之法。② 同时，制定严格的标准以便对府、州、县官进行考成，在治理沟洫、圩岸时，"一圩不完，责在圩甲；一区不完，则在塘长；一州县有十处不完，责在州县官；一府有二十处不完，则府官不得不任其咎。"③同样，潘季驯在总理河漕期间，也规定："掌印官督同管河官管理各照该地方堤岸，冬春踏勘，随地修补，伏秋水涨，督率防护。如有疏虞，掌印官与管河官一体参治"④；如遇水患紧急，对于没有司道官员驻扎之处，则责成州县掌印官"径自派募人夫，动支物料，多方防守。如水势异常，夫料不足，听其借支贮库别项银两，一面通详司道，一面便宜筑塞"⑤。如在工程兴修期间，"料理物料责之各州县掌印官，管押夫役委之贤能佐贰"；若州县掌印官照旧玩愒，耽误工程，则上呈工部及督抚衙门，"以听参奏处置，绝不姑息"。⑥ 张居正改革时期，通过明确规定掌印官的水利职责，一定程度达到了"责任有归而事功易就"⑦的效果。

（八）迁移水利衙署，以便就近治水

为了便于水利官员管理水利事务，张居正改革时期，对一些水利衙署的驻

---

① 潘季驯：《河防一览》卷 13《条陈治安疏》，第 463 页。
② 张内蕴、周大韶：《三吴水考》卷 13《巡按直隶监察御史林条约》，第 488 页。
③ 张国维：《吴中水利全书》卷 16《林应训颁行治田六事》，第 564 页。
④ 潘季驯：《河防一览》卷 13《条陈治安疏》，第 463 页。
⑤ 《明神宗实录》卷 97"万历八年三月乙巳"条，第 1946 页。
⑥ 潘季驯：《河防一览》卷 7《工部覆前疏》，第 261 页。
⑦ 潘季驯：《河防一览》卷 13《条陈治安疏》，第 463 页。

址作了相应调整。万历初,万恭在总理河务时曾令水利官员专驻地方,但"建成衙署止有一二,亦非要害之区"①。至六年(1578年)潘季驯总理河漕,巡漕监察御史陈世宝提出:虽府有管河同知二员,州有管河判官,县有管河主簿各一员,"然其郡邑之去河远近不一,皆不与要害而相值"。所以他奏请在淮南、淮北各管河地方要害之处建立衙署。②据此,工部按照河官现驻衙署与所管水域的远近,对衙署驻址进行了迁移。淮北地区,将淮安府水利同知衙署由淮安移驻徐州,睢宁县管河主簿移驻新安镇,灵璧县管河主簿移驻双沟镇,沛县管河主簿移驻夏镇,滕县管河主簿移驻戚城,徐州管河判官二员分驻茶城、房村,宿迁县管河主簿因新兼归仁新堤防护职责,故在新堤适中处建立衙舍一所,"每岁自三月初一日起,至九月半止,专驻本堤,督率新设堤夫,并衷拨洪夫,昼夜修守,多方防护,其余月份仍驻该县"。淮南地区,管理通济闸至黄埔一带河堤及高家堰、柳浦湾二堤事务的淮安府清军同知移驻新庄镇,山阳县管河主簿移驻黄埔镇,扬州府管河通判移驻邵伯镇,宝应县管河主簿移驻瓦店,高邮州管河州官移驻界首,江都县管河主簿移驻移驻药铺,仪真县管河主簿移驻响水闸。凡此,迁移水利衙署不仅便于"监率官夫,修守堤堰",且便于"约束军民,催护粮船"。③

张居正改革时期所采取的上述水利人事政策,深中官场时弊,通过统一水官员事权、延长水官员任期及严格水官责成,一定程度上解决了水利官员迁转太速、事无责成,且遇事掣肘、互相推诿的弊端,使得水利官员专注于水利事务,为水利事业的顺利进展提供了人事保障。

二、张居正改革时期水利资金的筹措与管理

明代水患严重,水利资金的筹措及管理成为水利事务中的一项重要内容。张居正改革时期,对于水利资金的筹措较为积极,尤其是在改革取得一定成效之后,国家财政状况逐渐改善,大规模水利工程得以兴举建设。

(一)水利资金的筹措

① 潘季驯:《河防一览》卷13《条陈河工补益疏》,第454页。
② 潘季驯:《河防一览》卷13《条陈河工补益疏》,第454页。
③ 潘季驯:《河防一览》卷9《覆议河工补益疏》,第302—304页。

244

"漕粮朝廷之命脉,漕河朝廷之咽喉"①。黄、淮、运三河在徐州至淮安段交汇,关涉到漕运的通畅与否;苏、松、常三吴地区为明代财赋主要来源地,关系到漕粮的顺利完纳与否。因此,张居正改革时期,大规模的水利建设主要集中于三河和三吴地区。但由于各级政府财政情况及重视程度的不同,二者在水利资金的筹措方面又有些许差异。

1.三河水利资金的筹措

张居正改革时期,重视三河水利资金的筹措与管理。其中,运河银两分属通惠河郎中、北河郎中、南河郎中、管泉主事,包括椿草银、椿草籴麻银、折征捞浅夫银、折征浅铺夫银、副砖银、折征坝夫银等项。以万历十年(1582 年)所定运河钱粮为例,通惠河郎中共征银一千一百一十九两六钱五分,北河郎中征银二万二千八百一十两六钱四分四厘八毫,南河郎中征银约有二万五千余两,管泉主事征银金一万一千五百二十两三钱二分,总计运河银约有六万一千余两。② 黄河银两分属山东管河道副使、河南管河道副使,包括堤铺夫银、河堡夫银两项,其中山东管河道副使征银九千八百六十两,河南管河道副使征银三万二千八百五十三两,总计银四万二千七百一十三两。③

虽然每年黄、运钱粮总数约有十万两之多,但由于黄、运流域广大,水患不断,所需资金缺口仍然较大,难于应付频繁的水患及浩大的工程。如南直隶河道"起丰、沛,至淮、扬,延袤千有余里,淮以北则黄河汹涌,淮以南则湖水弥漫,葺修防守费用浩繁"④,水利工程浩繁,但"岁额桩草银两仅二千有奇,加以连年灾沴,每岁征收不满数百"⑤,水利资金严重不足,导致"每遇年例修筑,东挪西补,其至缩手待弊,以至因循误事"⑥。为了解决水利资金的短缺,张居正改革时期主要采取了四个方面的措施:

一是将一些杂项税收拨付河道。如隆庆六年(1572 年)十一月,万恭治理

---

① 《明神宗实录》卷 7"隆庆六年十一月丙申"条,第 258 页。
② 申时行,等:《(万历)大明会典》卷 198《河渠三·运河钱粮》,第 997 页。
③ 申时行,等:《(万历)大明会典》卷 198《河渠三·黄河钱粮》,第 998 页。
④ 《明神宗实录》卷 97"万历八年三月乙巳"条,第 1947 页。
⑤ 《明神宗实录》卷 97"万历八年三月乙巳"条,第 1947 页。
⑥ 潘季驯:《河防一览》卷 7《勘估工程疏》,《影印文渊阁四库全书》第 576 册,第 266 页。

黄淮水患,以为"运道工役十倍于前,民力凋敝十倍于旧",若"竭疲民以事弊河","以濒河之民力治漕",实际难于收到治河的实效,遂奏请将每年所征兑粮折耗银、脚价银、过坝米工十万余两拨给河道,工部权衡各方用度,批准将过坝米拨付河道。①

二是加派或重新征收一些税项。如万历元年(1573年)十一月,江南运河浅滞,挑浚工费所需数万,导河银两难以应对,朝廷从万恭之请,重新征收漕粮雇船脚米,"每石征一升,岁折银一万两",视各府河务轻重,分发收贮,名曰运河银,"凡运漕渠挑浅、筑堤、修闸、建坝、雇募夫役、买办什物一应工费,悉此项内动支应用"。② 四年(1576年),又将漕粮脚米"蠲免七升内量复一升,每岁计银一万两"为宝应堤工费用的一部分。③ 八年(1780年),令两淮盐运司自万历九年(1581年)始,"每引带盐四斤,每斤征银五厘,每岁待征银一万八千两,解淮安贮库,听两河岁修之用"④。

三是借支其他部门的资金。如万历四年(1576年),督漕侍郎张翀修筑宝应堤工,借支"工本盐银、山东、河南香钱例银及德州仓银"作为水利资金。⑤ 同年,借支"庐、凤等府应解马价银二万二千两"用作高邮湖筑堤工费。⑥ 六年(1578年),将"南京户、兵二部贮粮剩马价银各支一万两(应为二十万两)"用作筑堤费用。⑦

四是截留或改折漕粮用作水利费用。前三项筹措水利资金的措施虽然名目众多,但数额相对较少,对于大规模的水利工程而言,其所需资金主要依靠截留或改折漕粮。如万历六年(1578年),应吴桂芳奏请,朝廷"截留本年漕粮八万石,分贮河漕衙门支用"⑧。随后,潘季驯总理河漕,在张居正的支持下,改折江南漕粮二百万石为河工资金,"其折色银两以一万两解部,以五十九万

① 《明神宗实录》卷7"隆庆六年十一月丙申"条,第259页。
② 《明神宗实录》卷19"万历元年十一月壬午"条,第533页。
③ 《明神宗实录》卷46"万历四年正月己酉"条,第1037页。
④ 潘季驯:《河防一览》卷9《覆议善后疏》,第300页。
⑤ 《明神宗实录》卷46"万历四年正月己酉"条,第1037页。
⑥ 《明神宗实录》卷49"万历四年四月戊辰"条,第1121页。
⑦ 《明神宗实录》卷72"万历六年二月乙巳"条,第1559—1560页。
⑧ 《明神宗实录》卷73"万历六年三月壬子"条,第1567页。

五千余两协济河工"①。史载：万历六年（1578 年）、七年（1579 年）的两河河
工资金，共筹措九十万七千七十九两三钱二分八厘二毫三丝②，其中包括南京
户兵二部粮剩马价银二十万两、南京事例银三万五千五百六十两、巡盐衙门议
开支河银一万两、淮安府积出法马羡余银二千三百一十三两四分五厘、截留漕
米八万石、加耗米二万四千七百四十九石一斗七升三合二勺，每石折银五钱，
共折银五万二千三百七十四两五钱八分六厘六毫，改折江南漕粮银五十八万
二百九十四两三钱九分六厘六毫三丝、截留漕米五万五千石、加耗米一万八千
七十四石，每石折银五钱，共折银三万六千五百三十七两三钱。③　其中，截留
漕米、加耗米及改折漕粮钱粮共有六十六万九千二百余两，占治河资金的
73%，其他各项仅占河工费用总数的 27%。可见，截留漕粮及改折漕粮是治
河，尤其是大规模水利工程的主要资金来源。

　　2.三吴地区水利资金的筹措

　　江南三吴地区为明代财赋重地，若"水利不修，蓄泄无备"，则"一遇旱涝，
便成荒歉，赋税固无所出"④。明朝曾数次整治江南水利，但至隆万之际，三吴
水利毁废已甚，"无论小港支流率多淤浅，即长江巨浸亦皆滩涨"⑤，严重威胁
着政府赋税的征收。万历四年（1576 年）底，任南京广东道御史林应训为巡按
直隶监察御史，巡视下江水利⑥，至此三吴水利复兴。

　　三吴水利，"不难于议工，难于议费"⑦，水利资金严重不足。当时，各县专
修河道水利的导河夫银多者不过三百两，少者仅二百两，这些资金"施之平时
尚不足以应一枝河之役"⑧，况且导河夫银名存实亡，"视为不急之务，其已征
在官者为有司别项应急支销"⑨；加之"各府供输已重，财力已困，即使正额尚

　　①　《明神宗实录》卷 78"万历六年八月壬午"条，第 1675 页。
　　②　根据同疏所列治河资金所包括的七项内容统计，实有九十一万七千七十三两，与前列河
工费用九十万七千七十九两相差约为一万两，待考。
　　③　潘季驯：《河防一览》卷 13《科道会勘河工疏》，第 440—441 页。
　　④　张国维：《吴中水利全书》卷 14《林应训款陈开浚吴淞江工费疏》，第 462 页。
　　⑤　张国维：《吴中水利全书》卷 14《林应训款陈开浚吴淞江工费疏》，第 459 页。
　　⑥　《明神宗实录》卷 56"万历四年十一月辛巳"条，第 1284 页。
　　⑦　张国维：《吴中水利全书》卷 14《林应训款陈开浚吴淞江工费疏》，第 462 页。
　　⑧　张国维：《吴中水利全书》卷 14《林应训款陈开浚吴淞江工费疏》，第 462 页。
　　⑨　张内蕴、周大韶：《三吴水考》卷 9《编修王同祖工计议》，第 317 页。

多逋负,每一追并,愁叹盈途",通过加派来筹措水利资金极为困难。至于库藏,则"连年织造,搜括无遗",可以动支的钱粮亦属有限。① 基于此,林应训在筹措三吴水利资金方面主要采取四种措施:

一是完善淘河夫银的征收。各州县淘河夫银专听河工应用,针对此项水利资金多被挪移别用,"未完者率系揽解侵欺"②的弊端,林应训规定各府州县官逐一清查淘河夫银,自隆庆元年(1567年)至万历四年(1576年)十二月,以前作为旧管,以后作为新收,挨年顺月,"每年开除过若干目,今见贮库若干备总撒数目,其余未完项下仍要备开某人拖欠、某人侵欺及承行吏胥姓名"③,清查和追征拖欠及别侵欺的淘河夫银,以保障治河资金的足额征收。

二是借支其他部门的资金,以补河工资金缺口。如万历五年(1577年),开浚孟渎河缺银四千八百一十七两,即"于本府(常州府)库贮兵饷银内权借支给",所借支兵饷银两后于杭、嘉、湖三府欠解银及备用银内补还。④ 六年(1578年),开浚白茆塘,钱粮缺少,朝廷批准借支"宗人府派剩银八千两"。⑤

三是清查滩占田荡。三吴地区河湖众多,因河湖的自然淤塞及豪绅的圈占,一些河湖水道变为河滩土地,这些土地理应"尽数追夺入官",恢复河湖故道,但因"势以渐成,业非故主",难于尽行改正,林应训因而奏请将滩占土地分别高下,"量追价值,以资河工,仍给帖存照,履亩起科,以充导河港之费"⑥。以吴江县为例,至万历六年(1578年),共清查出滩占田荡十一万三千六百一十八亩四分七厘七毫,将其分为上、中、下三等,按等追价,上等每亩征银一两,中等每亩征银七钱,下等每亩征银三钱五分,共征银三万九千八十七两四钱九分七厘。⑦

四是责成得利之家兴修小型水利工程。江南地区急需兴修的水利不仅有干流、湖泊,而且有难以数计的支流、圩塘。由于资金所限,小型的水利工程只

---

① 张国维:《吴中水利全书》卷14《林应训款陈开浚吴淞江工费疏》,第462页。
② 张内蕴、周大韶:《三吴水考》卷13《巡按直隶监察御史林条约》,第490页。
③ 张内蕴、周大韶:《三吴水考》卷13《巡按直隶监察御史林条约》,第490—491页。
④ 张国维:《吴中水利全书》卷14《林应训开浚孟渎河工疏》,第464页。
⑤ 《明神宗实录》卷81"万历六年十一月己巳"条,第1730页。
⑥ 张国维:《吴中水利全书》卷14《林应训款陈开浚吴淞江工费疏》,第462—463页。
⑦ 张内蕴、周大韶:《三吴水考》卷13《吴江县为清查水利事》,第514页。

能责成"得业之家","量田多寡,出力修浚"。① 林应训上任时,州县民众"多偷安于近利,而怠惰于隐忧",殷富之家则将土地佃与农民耕种,岁收地租,而"本田之圩岸、沟池任其颓废湮塞……坐视而不顾"②。鉴于此,林应训严令水利官员亲自勘估修浚工费,"贫者以力赴工,富者以赀给食,量其田之多寡而定其则,酌其地之远近而估其值"。③

三吴地区水利事务繁重,需要多方筹措资金,其中既有导河夫银、修河米银等专项水利资金,也有自府、州、县的其他资金。如五年(1577 年),疏浚吴淞江中段工程所筹资金,如下表所示:

表 2.万历五年疏浚吴淞江资金来源统计表④

资金名称	数额	府州县
导河夫银	七千六百六十四两七钱一厘二毫三丝	苏州府并所属各州县
滩地价银	二千九百九两三钱四分九厘九毫	长洲县
滩地价银	六千六百四十三两三分二厘六毫	吴县
滩地价银	三千五百三十二两三钱三厘二毫	昆山县
借支征完各州县各年修河米银	二千四百五十一两六钱七厘二毫二丝二忽	苏州府
修河米银	五千三百五十七两二钱一分六厘八丝五忽四微	常州府
修河米银	五十八两八钱五分七厘五毫九丝七忽九微四纤一沙一尘一埃	镇江府
社仓米谷易银	四百七两二分二厘	苏州府并长洲县、吴县
河工银	六十三两一钱八分三厘三毫	吴江县
扣省厂夫银	七百二十两	吴江县
扣省厂夫银	五百五十一两二钱	嘉定县
水夫银	九十六两	吴江县
兵备道项下赃赎助工河工银	银共五千九百二两五钱一分六厘七毫四丝、万历钱十万文	苏州、常州等府州县

---

① 张国维:《吴中水利全书》卷 12《万历四年皇帝敕谕监察御史林应训》,第 365 页。
② 张内蕴、周大韶:《三吴水考》卷 13《巡按直隶监察御史林条约》,第 490 页。
③ 张内蕴、周大韶:《三吴水考》卷 13《巡按直隶监察御史林条约》,第 490 页。
④ 详见张国维:《吴中水利全书》卷 14《林应训开浚吴淞江工完疏》,第 472—473 页。

续表

资金名称	数额	府州县
按院赃罚助河工银	一百九十三两二钱二分七厘	苏州府并所属各县
罚犯河工银	三百五十八两三钱	苏州府
罚犯河工银	二百两	常州府
辩复吏河工银	四十两	苏州府
辩复承差河工银	五十两	镇江府
超参辩复吏农河工银	一百五十两	常州府
加纳阴阳官河工银	三十两	太仓州
嘉靖四十四年分存剩练兵银	四千八百八十八两七分七厘八丝二忽九微五沙八尘	镇江府
军犯长解银	二十两	江阴县

由表统计可知,此项工程共筹得银四万二千二百七十七两二钱三厘九毫四丝七忽二微四纤六沙九尘一埃,万历钱十万文,分别来自从苏州、常州、镇江及所属各县征收的导河夫银、滩地价银、修河米银、社仓米谷易银等16项资金。其中,滩地价银数额最大,共一万三千八十四两六钱八分五厘七毫,约占工程资金总数的31%;其次为修河米银,共七千八百六十七两六钱八分九毫四忽三微四纤一沙一尘一埃,约占18.6%;再次为导河夫银,共七千六百六十四两七钱一厘二毫三丝,约占18.1%;其余13项约占22.3%。

通过上述途径,张居正改革时期的水利资金相对充裕,部分工程资金还有剩余。如五年(1577年),林应训开浚吴淞江中段,共征集水利资金银四万二千二百七十余两、万历钱十万文,除去工费花费,尚剩银一万七千二百九十余两、万历钱一万六千九百九十文。潘季驯六年(1578年)总理河漕,共筹得水利资金九十万七千七十余两,除工程开支外,剩余银二十四万二千二百余两。①

(二)水利资金的管理

河工钱粮为数巨大,工程兴修期间,"鸠工聚财,出纳甚琐,收掌销算,头

---

① 潘季驯:《河防一览》卷13《科道会勘河工疏》,第441页。

绪颇多",如果管理不善,则"必滋冒破"。① 所以张居正改革时期,注重强化水利资金的管理制度。万历四年(1576 年),规定由工部监督河道银两的使用情况,河南、山东各布政司并南直隶各府州尽数查出河道银两,"置循环二薄,明开旧管、新收,开除实在,每半年赴部遞换"。② 在兴修水利期间,所用河工银两统一管理,"银两俱解淮安府贮库,各工应给工食,应买物料,府佐等官开数赴各该司道官覆实给票,赴两淮巡盐衙门覆考挂号,方许开支,每季终将票类送巡盐衙门比对号印数目相同发回附卷,通候工完,类考造册奏缴,如有奸弊,按法追究"。③ 七年(1577 年),两河河工完竣后,遣给事中尹瑾及庐州府同知孙化龙、淮安府推官王国祚查勘完工工程,并"对卷稽查"河工银两。④ 对于夫役工费的发放,林应训在三吴期间,为了防止"工食之给不清",吏胥贪冒河工钱粮,规定:夫役银两发放时,"各县掌印官亲行印封,散毕随掣秤以示众"。⑤

总之,张居正改革时期,出于治理水患、疏通运道及确保财赋的考量,积极筹措水利资金,不仅有数额相对较少的改拨、借支它项税收资金,而且有数额巨大的漕粮改折银两,大体上保证了此时期水利资金的充裕,使得大规模的水利工程建设得以按计划顺利进行。

三、张居正改革时期河工夫役的派发与管理

(一)河工夫役的雇募与派发

张居正改革时期,治理黄、淮、运所需河工夫役主要来自徭夫、募夫,"差役编设曰徭夫,库银招募曰募夫"⑥。徭夫主要用于河道的日常维修与防护,大规模的水利工程虽然亦征集徭夫,但因工程浩大,河工夫役主要来自官府雇募为主。

---

① 潘季驯:《河防一览》卷 7《河工事宜疏》,第 257 页。
② 《明神宗实录》卷 50"万历四年五月乙未"条,第 1144 页。
③ 潘季驯:《河防一览》卷 7《河工事宜疏》,第 257—258 页。
④ 潘季驯:《河防一览》卷 13《科道会勘河工疏》,第 576 册,第 440 页。
⑤ 张国维:《吴中水利全书》卷 14《林应训开浚吴淞江工完疏》,第 476 页。
⑥ 万恭、朱更翎:《治水筌蹄》,水利电力出版社 1985 年版,第 58 页。

为保障运河河道通畅,张居正改革时期在运河所经州县、卫所,视水利事务繁简,按照浅铺夫、洪夫、堤夫、捞浅夫、闸夫、坝夫、泉夫、溜夫、挑港夫等编派徭役,用于维护闸、坝、泉等水利设施及修筑堤岸、疏浚河道。万历《明会典》保存了万历十年(1582年)所定运河夫役,如下表所示:

表 3.万历十年(1582 年)运河夫役统计表①

州县、卫所	浅铺夫	洪夫	堤夫	捞浅夫	闸夫	坝夫	泉夫	溜夫	挑港夫
宛平县					75 名				
大兴县					47 名				
通州	100 名		75 名		93 名				
通州左卫	20 名		26 名						
通州右卫	40 名		36 名						
定边卫	20 名		45 名						
神武中卫	30 名		45 名						
宝坻县			46 名						
东安县			70 名						
漷县	40 名		90 名						
香河县	60 名		40 名						
营州前屯卫	40 名		24 名						
武清县	110 名		142 名						
武清卫	40 名		99 名						
天津卫	84 名,内军夫 60 名		45 名						
天津左卫	228 名,内军夫 180 名		45 名						
天津右卫	70 名,内军夫 50 名		45 名						
霸州	110 名		260 名						
静海县	90 名		600 名						
青县	60 名		616 名						

---

① 详见《(万历)明会典》卷 198《河渠三·夫役》,第 995—997 页。

州县、卫所	浅铺夫	洪夫	堤夫	捞浅夫	闸夫	坝夫	泉夫	溜夫	挑港夫
兴济县	70 名，内军夫 50 名								
沧州	70 名								
交河县	50 名		300 名						
南皮县	50 名		350 名						
景州	40 名		200 名						
吴桥县	100 名		450 名						
故城县	30 名		80 名						
东光县	70 名								
德州	70 名								
德州卫	军夫 100 名								
德州左卫	军夫 60 名								
恩县	35 名		75 名	14 名					
武城县	174 名		25 名						
夏津县	40 名		6 名	10 名					
清河县	48 名								
临清州	95 名			39 名	84 名			40 名	
清平县	45 名			66 名	30 名				
堂邑县	35 名			66 名	30 名				
博平县	30 名			66 名	90 名				
聊城县	115 名			85 名					
阳谷县	60 名			244 名	150 名	100 名			
东阿县	45 名			79 名					
寿张县	25 名			46 名					
东平州	75 名			91 名	60 名	24 名	39 名		
平山卫	军夫 50 名								
汶上县	70 名			226 名	160 名	24 名	52 名	45 名	
嘉祥县	20 名			69 名					
巨野县	25 名			123 名		30 名			
济宁卫	军夫 50 名			91 名	2 名				

州县、卫所	浅铺夫	洪夫	堤夫	捞浅夫	闸夫	坝夫	泉夫	溜夫	挑港夫
济宁州	60名			218名	252名		9名	1176名	
滋阳县	25名		15名			10名	13名		
平阴县							10名		
宁阳县						1名	100名		
鱼台县	105名		76名	110名	60名		17名	7名	
邹县				10名			31名		
曲阜县							34名		
泗水县							79名		
滕县						110名	31名		
峄县							5名		
泰安州							193名		
新泰县							99名		
肥城县							47名		
莱芜县							120名		
沛县	133名		36名		220名			715名	
丰县			168名						
徐州	301名	2051名		120名				98名	
睢宁县			949名						
邳州			671名						
邳州卫	18名								
宿迁县			573名						
桃源县	166名		331名						
清河县	53名		65名		30名				
山阳县	100名		808名		55名				
宝应县	288名								
高邮州	146名					7名			
江都县	254名				120名				2492名
仪真县	27名				222名				9220名

由表可知,北直隶、山东、南直隶三地共编派运河夫役32198名,其中挑港夫11712名、堤夫7527名、浅铺夫4527名、溜夫2081名、洪夫2051名、捞浅

夫1773名、闸夫1353名、泉夫879名、坝夫879名。在水患严重的黄淮下游地区,自沛县至仪真县,明廷所编派的夫役最为集中,各类夫役总数达20473名之多,占整个运河所编派夫役总数的63.4%。

黄、淮、运河务繁重,尤其是徐州至淮安三河交织之处,河道决口不断,河身淤塞不畅,各处夫役勉强能对河道及水利设施进行维护,至于大型工程所需工役则主要依靠雇募。如万历六年(1578年),潘季驯总理河漕,加筑堤岸,堵塞决口,修复闸坝,恢复河道,共动用工役8万名,所调发各处徭夫仅为7500名,其余72500名则令各府、州、县掌印官"按籍派募",其中淮安府募夫27500名,扬州、庐州、凤阳三府各募夫1万名,滁州、和州共募夫5000名。①

总体上,张居正改革时期,三吴水利除沟洫、圩岸责成"食利人户修浚"②外,其余水利工程所需夫役均由官方出资雇募,官府"计方给散"③,如挑浚河道,一般是每方深广一丈,给工价银四钱。④ 如:林应训督修三吴水利期间,采取先佥派耆民,责成耆民"分段募夫"⑤的办法征募工役。六年(1578年)常熟县疏浚白茆塘,先行佥派耆民500名,并按照其家产多寡,分为上户、中户、下户三等,上户100名,每名开27丈;中户200名,每名开18丈;下户200名,每名开9丈。⑥ 任务分派之后,按照规定开浚的丈尺数以及每方二钱八分的价格,耆民先领工价银总数的一半,工程进行到一半时,官府发给剩余一半工价银。完工之后,官府派员查验工程,如发现"验有不如式者",则要加倍追赔工价银。至于挑浚河道所需水车,由塘长督同图长出办,车夫每日每人给米二升。⑦

（二）河工夫役的管理

张居正改革时期,为了有效监管河工夫役,保证工程按时竣工,进一步完善了河工夫役的管理制度。万历五年(1577年)常熟县疏浚白茆港工程中,鉴

---

① 潘季驯:《河防一览》卷7《勘估工程疏》,第267页。
② 张内蕴、周大韶:《三吴水考》卷13《水利御史林应训开吴淞江晓谕》,第492页。
③ 张内蕴、周大韶:《三吴水考》卷13《水利御史林应训开吴淞江晓谕》,第493页。
④ 张国维:《吴中水利全书》卷14《林应训开浚孟渎河工疏》,第463页。
⑤ 张国维:《吴中水利全书》卷14《林应训开浚白茆塘工完疏》,第477页。
⑥ 张内蕴、周大韶:《三吴水考》卷13《开白茆港文移》,第507页。
⑦ 张内蕴、周大韶:《三吴水考》卷13《开白茆港文移》,第508页。

于"委官止于总督,耆民止于募夫"的情况,建立总耆制度,"每二百丈立一耆民为分管,每千丈立一阴医省祭等官为总管",选任"有心计、有调度"者为之,主要负责来往巡视,催偿工程。① 潘季驯总理河漕期间,针对河工"地理遥远,夫役星散,若不严加点阅,虚实无从稽考"的隐忧,规定:府、州、县各掌印官选拔廉能官员押送夫役,某官一员押夫若干,或 30 名,或 20 名,编为 1 队;并要求:队内夫役之间互相监督,互相觉察,并实行连坐制度,鼓励检举、揭发逃避夫役及惰工现象,"如有本队互相容隐不举者,查出并治,并不准工"。②

张居正改革时期,募夫的工资分为两种:按土方计算者,"方广一丈、厚一尺为四工",每工给银四分;按日计算者,每日给银三分;对于编派的徭夫,亦相应给予补助,按日计算,每日给银一分。③ 除不时堵塞决口外,水利工程多在秋后至初春时动工,此时气候条件寒冷,河工夫役冲寒冒署,暴风露日,艰苦万状④,为使夫役安心河工,明廷时常从厚优恤河工夫役,除每方给银四分或每日给银三分之外,"每夫一名,于工食之外,再行量免丁米一年",并"出给印信票贴,审编之时,许令执票赴官告免,州县官抗违,许其告治"。⑤ 同时,为了防止河工夫役"人心不齐,玩愒日月",耽误工程进展,水利官员通过严格工程期限,责限完工。如白茆塘疏浚工程,主管该项工程的兵备按察使冯叔吉规定水车夫必须在六日之内完工,如果超出六日之外,则"罚令塘图自庀不复给米"。⑥

在明代,老人、耆民、塘长、圩甲等不仅在工程动工之初有募集夫役之责,而且在工程兴修期间,亦须亲赴工地,参与工程修建,有些小规模的田间水利工程更是责其总管,责任重大。张居正改革时期,在兴修水利工程中,主管水利官员均重视发挥耆民、老人、塘长、圩甲在水利事务中的作用。如潘季驯治理两河期间,老人、义民不仅"每名日给口食粮四分"⑦,而且在完工之后,对于

---

① 张内蕴、周大韶:《三吴水考》卷 13《开白茆港文移》,第 508 页。
② 潘季驯:《河防一览》卷 7《工部覆前疏》,第 269 页。
③ 潘季驯:《河防一览》卷 7《勘估工程疏》,第 264 页。
④ 潘季驯:《河防一览》卷 7《工部覆前疏》,第 262 页。
⑤ 潘季驯:《河防一览》卷 7《河工事宜疏》,第 259 页。
⑥ 张内蕴、周大韶:《三吴水考》卷 13《开白茆港文移》,第 508 页。
⑦ 潘季驯:《河防一览》卷 7《勘估工程疏》,第 266 页。

实心任事、劳苦备常者,给予"冠带容身"和"免其本等差徭"①的奖励,以激劝老人、义民。两河河工竣工后,张奎、胡巡、杨去甚、陈潜、回守节、田辂等义民被题准奖赏。② 三吴水利兴修期间,主管林应训等亦重视奖励耆民、塘长、圩甲等任事人员。如在疏浚白茆港工程中,每名耆民给花红一分,以示激劝;若勤敏有效,则颁给冠带、牌匾。③ 在由塘长、圩甲督修的水利工程中,则按等级制定赏格,规定:"修浚如法,完报独先"者为一等,圩长赏"银花二枝,重六钱,仍给匾以旌之";"完报稍后,而修浚如法"为二等,圩长赏"银花一枝,重三钱",若其所承担工程浩大,只要工程修浚符合规定,虽"完报稍后",仍按照一等赏赐。同时,塘长有能"督率如期,而各圩俱完",则"赏银花二枝,亦给匾以旌之";若塘长所督各圩未全部完工,则"量行给赏"。④

　　综上,张居正改革时期所推行的水利管理与运营政策,不惟保障了三河治理、三吴水利等重大工程的顺利开展,更是张居正改革中不可或缺的重要组成部分。一方面,调整水利人事政策是改革时期整顿吏治措施在水利领域的体现,统一水官事权、延长水官任期等举措,均体现了张居正"省议论"、"核名实"、久任责成的改革宗旨;积极筹措水利资金及雇募、编派河工夫役等举措,也是实现张居正改革所追求"富国"目标的重要途径。另一方面,张居正改革的不断推进与国家经济状况的改善,成为水利事业得以顺利开展的重要基础。万历二年(1574 年),"今计太仓之粟,一千三百余万石,可支五六年"⑤,国家仓储较之以前大为充裕,这为三河、三吴水利的兴举提供了物质条件。总之,张居正改革时期水利事业的管理与运营措施,充分体现了张居正改革集团积极应对社会危机,痛革时弊,重视水利及农业发展的改革思想,不仅缓解了泛滥的水患,保障了运道的畅通,保证了此时期社会经济的恢复发展,而且为其他各项改革举措提供了前提,奠定了基础,促进了改革向更深层次的推进。

---

① 潘季驯:《河防一览》卷 7《河工事宜疏》,第 258 页。
② 潘季驯:《河防一览》卷 13《科道会勘河工疏》,第 443 页。
③ 张内蕴、周大韶:《三吴水考》卷 13《开白茆港文移》,第 509 页。
④ 张国维:《吴中水利全书》卷 16《林应训颁行治田六事》,第 565 页。
⑤ 张居正:《张居正集》卷 19《答河漕王敬所》,第 457 页。

主要参考文献

《明实录》,台北:中研院史语究所影印,1962 年

张廷玉:《明史》,北京:中华书局,1974 年

张居正:《张太岳集》,上海:上海古籍出版社影印本,1984 年

张居正:《张居正集》,武汉:湖北人民出版社,1994 年

张居正:《通鉴直解》,上海:上海古籍出版社,1998 年

高拱:《高文襄公集》,《续修四库全书》本集部第 108 册

谈迁:《国榷》,北京:中华书局,1958 年

陈子龙:《明经世文编》,北京:中华书局影印本,1987 年

《万历起居注》,北京:北京大学出版社影印,1988 年

申时行:(万历)《明会典》,北京:中华书局影印本,1988 年

王圻:《续文献通考》,北京:现代出版社,1991 年

谷应泰:《明史纪事本末》,北京:中华书局,1977 年

何乔远:《名山藏》,扬州:江苏广陵古籍刻印社,1993 年

《皇明诏令》,《续修四库全书》本第 457 册

《万历邸抄》,台北:台湾学生出版社,1968 年

吴亮:《万历疏钞》,《续修四库全书》本史部第 468—469 册

夏燮:《明通鉴》,上海:上海古籍出版社影印,1990 年

《李朝实录抄》,《明代满蒙史料》第五、六册,台北:文海出版社,1975 年

焦竑:《献征录》,上海:上海书店,1987 年

茅瑞徵:《东夷考略》,《玄览堂丛书》本第 94 册

严从简：《殊域周咨录》，北京：中华书局，2000 年

马晋允：《皇明通纪辑要》，活字本

刘若愚：《酌中志》，北京：北京古籍出版社，1994 年

申忠一：《建州纪程图记》，李仁荣影印图卷本

徐祯卿：《翦胜野闻》，《丛书集成初编》本

王士琦：《三云筹俎考》，内蒙古：内蒙古大学出版社，2000 年

方孔炤：《全边略记》，《续修四库全书》本第 738 册

高拱：《挞虏纪事》，长沙：商务印书馆，1938 年

戚继光：《练兵杂记》，上海：上海古籍出版社，1987 年

戚继光：《练兵实纪》，北京：中华书局，2001 年

戚祚国：《戚少保年谱耆编》，《续修四库全书》本第 553 册

马文升：《抚安东夷记》，《续修四库全书》本第 433 册

许论：《九边图论》，明天启元年（1621 年）茗上闵氏刻本

王在晋：《三朝辽事实录》，《续修四库全书》本第 437 册

管葛山人（彭孙贻）：《山中闻见录》，《清人关前史料选辑》（第 3 辑），北京：中国人民
大学出版社，1991 年

程开祐：《筹辽硕画》，《丛书集成续编》本第 242 册

冯瑗：万历《开原图说》，《玄览堂丛书》（初辑），台北："国立中央"图书馆，1981 年

杨宾：《柳边纪略》，《续修四库全书》本第 731 册

魏焕：《北虏世代》，《北京图书馆珍本丛刊》本史部第 8 册

天都山臣：《女直考》，四库全书禁毁丛刊第 36 册

瞿九思：《万历武功录》，《续修四库全书》本第 436 册

李化龙：《抚辽疏稿》，《四库全书禁毁丛刊》本第 69 册

诸葛元声：《隆万两朝平攘录》，明万历三十四年（1660 年）商濬刻本

茅瑞徵：《万历三大征考》，《四库全书禁毁丛刊》第 70 册

张学颜：《万历会计录》，《北京图书馆珍本丛刊》本第 53 册

郭应聘：《西南纪事》，《四库全书存目丛书》本第 49 册

张萱：《西园闻见录》，上海：上海古籍出版社，1996 年

《燕山君日记》，北京：北京图书馆出版社，2008 年

顾祖禹：《读史方舆纪要》，北京：中华书局，2005 年

孙承泽：《春明梦余录》，北京：北京古籍出版社，1992 年

《满洲实录》,北京:中华书局,1986 年

《满文老档》,北京:中华书局,1990 年

刘承幹:《明史案例》,北京:书目文献出版社,1996 年

赵翼:《廿二史札记》,北京:中华书局,1984 年

赵尔巽、柯劭忞:《清史稿》,北京:中华书局,1976 年

《清太祖实录》,北京:中华书局影印本,1986 年

永瑢,等:《四库全书总目》,北京:中华书局,1965 年

顾允成:《小辨斋偶存》,《文渊阁四库全书》本

顾炎武:《天下郡国利病书》,《四库全书存目丛书》本史部第 171—172 册

杨继盛:《杨忠愍公全集》,民国七年(1918 年)刻本

潘季驯:《河防一览》,《文渊阁四库全书》本第 576 册

张国维:《吴中水利全书》,《文渊阁四库全书》本第 578 册

张内蕴、周大韶:《三吴水考》,《文渊阁四库全书》本第 577 册

万恭等:《治水筌蹄》,北京:水利电力出版社,1985 年

周永春:《丝纶录》,《四库禁毁书丛刊》本史部第 74 册

沈德符:《万历野获编》,北京:中华书局,1959 年

王鏊:《震泽长语》,《文渊阁四库全书》本第 867 册

储大文:《存研楼文集》,上海:上海古籍出版社,1986 年

《土官底簿》,《文渊阁四库全书》本第 599 册

阿桂,等:《皇清开国方略》,《文渊阁四库全书》本第 347 册

魏源:《圣武记》,北京:中华书局,1984 年

魏源:《皇朝经世文编》,长沙:岳麓书社,2004 年

和珅,等:《大清一统志》,《文渊阁四库全书》本第 474—483 册

张晋生,等:雍正《四川通志》,《文渊阁四库全书》本第 559—561 册

鄂尔泰,等:乾隆《贵州通志》,《文渊阁四库全书》本第 571—572 册

金鉷,等:乾隆《广西通志》,《文渊阁四库全书》本第 565—568 册

郝玉麟,等:雍正《广东通志》,《文渊阁四库全书》本第 562—564 册

谢启昆:(嘉庆)《广西通志》,《续修四库全书》本史部第 676 册

鄂尔泰,等:(乾隆)《云南通志》,《文渊阁四库全书》本第 569 册

刘文征:(天启)《滇志》,《续修四库全书》本史部第 681 册

毛奇龄:《蛮司合志》,《续修四库全书》本第 735 册

李辅:《全辽志》,沈阳:辽沈书社,1985 年

毕恭:嘉靖《辽东志》,《续修四库全书》本第 646 册

金毓黻:《奉天通志》,沈阳:辽海出版社,2003 年

《开原县志》,《中国方志丛书》本

沈节甫:《纪录汇编》,上海:商务印书馆,1938 年

董其昌:《神庙留中奏疏汇要》,《续修四库全书》本第 471 册

潘喆,等:《清入关前史料选辑》,北京:中国人民大学出版社,1984 年

《明代档案总汇》,桂林:广西师范大学出版社,2001 年

辽宁档案馆,等:《明代辽东档案》,沈阳:辽沈书社,1985 年

汪森:《粤西文载》,《文渊阁四库全书》本第 1165—1167 册

汪森:《粤西丛载》,《文渊阁四库全书》本第 1167 册

《清朝钦定八旗满洲氏族通谱》,《文渊阁四库全书》本第 455 册

孟森:《明清史论著集刊》,北京:中华书局,2006 年

陈翊林:《张居正评传》,北京:中华书局,1934 年

朱东润:《张居正大传》,上海:开明书店,1945 年

《马克思恩格斯全集》,北京:人民出版社,1958 年

唐新:《张江陵新传》,台北:中华书局,1968 年

郑天挺:《探微集》,北京:中华书局,1980 年

周远廉:《清朝开国史》,沈阳:辽宁人民出版社,1981 年

广东少数民族研究所:《广东少数民族》,广州:广东人民出版社,1982 年

杨暘,等:《明代奴儿干都司及其卫所研究》,郑州:中州书画出版社,1982 年

傅朗云、杨暘:《东北民族史略》,长春:吉林人民出版社,1983 年

甘肃省民族研究会:《中国民族关系史论文选集》,兰州:甘肃民族出版社,1983 年

翁独健:《中国民族关系史》,北京:中国社会科学出版社,1984 年

翁独健:《中国民族关系史纲要》,北京:中国社会科学出版社,2001 年

和田清:《明代蒙古史论集》,北京:商务印书馆,1984 年

张博泉:《东北地方史稿》,长春:吉林大学出版社,1985 年

李建才:《明代东北》,沈阳:辽宁人民出版社,1986 年

李澍田:《海西女真史料》,长春:吉林文史出版社,1986 年

董万仑:《东北民族史纲》,哈尔滨:黑龙江人民出版社,1986 年

中央民族学院民族研究论丛编委会:《民族史论文选 1951—1983》,北京:中央民族大

学出版社,1986 年

马大正:《中国边疆经略史》,郑州:中州古籍出版社,2000 年

马大正:《中国东北边疆研究》,北京:中国社会科学出版社,2003 年

《中国北方民族关系史》编写组:《中国北方民族关系史》,北京:中国社会科学出版社,1987 年

陈国强,等:《百越民族史》,北京:中国社会科学出版社,1988 年

侯绍庄,等:《贵州古代民族关系史》,贵阳:贵州民族出版社,1991 年

孙文良:《满族崛起与明清灭亡》,沈阳:辽宁大学出版社,1992 年

张海瀛:《张居正改革与山西万历清丈研究》,太原:山西人民出版社,1993 年

王钟翰:《中国民族史》,北京:中国社会科学出版社,1994 年

魏斐德:《洪业:清朝开国史》,南京:江苏人民出版社,1995 年

南炳文:《明清史蠡测》,天津:天津教育出版社,1996 年

南炳文、汤纲:《明史》,上海:上海人民出版社,2003 年

达力扎布:《明代漠南蒙古历史研究》,呼和浩特:内蒙古文化出版社,1997 年

葛剑雄:《中国移民史》,福州:福建人民出版社,1997 年

赫治清:《中国军事制度史》,郑州:大象出版社,1997 年

蒋秀松:《东北民族史研究》(三),郑州:中州古籍出版社,1997 年

宋书华:《中国民族学理论探索与实践》,北京:中央民族大学,1999 年

费孝通:《中华民族多元一体格局》,北京:中央民族学院出版社,1999 年

韦庆远:《张居正和明代中后期政局》,广州:广东高等教育出版社,1999 年

栾凡:《一种文化边缘地带的特有经济类型剖析:明代女真族的多元经济研究》,长春:东北师范大学出版社,1999 年

宋蜀华:《中国民族概论》,北京:中央民族大学出版社,2000 年

尹伟先:《明代藏族史研究》,北京:民族出版社,2000 年

田澍:《嘉靖革新研究》,北京:中国社会科学出版社,2002 年

张显清、林金树:《明代政治史》,桂林:广西师范大学出版社,2003 年

张显清:《明代后期社会转型研究》,北京:中国社会科学出版社,2008 年

樊树志:《晚明史》,上海:复旦大学出版社,2003 年

万明:《晚明社会变迁问题与研究》,北京:商务印书馆,2005 年

刘祥学:《明朝民族政策演变史》,北京:民族出版社,2006 年

杨绍猷、莫俊卿:《明代民族史》,成都:四川民族出版社,2006 年

段红云:《明代云南民族发展论纲》,北京:人民出版社,2011 年

孙诚、张德玉:《建州女真暨董鄂部研究》,北京:中国文史出版社,2006 年

崔明德,等:《中国民族思想的学科建设与创新》,济南:齐鲁书社,2007 年

滕绍箴:《明代建州女真人》,《中央民族学院学报》1979 年第 1—2 期

杨余练:《明代后期的辽东马市与女真族的兴起》,《民族研究》1980 年第 5 期

周远廉、谢肇华:《明代女真与汉族的关系——明代辽东档案研究之四》,《中央民族学院学报》1981 年第 2 期

张国光:《促进汉蒙民族团结的政治家张居正》,《湖北大学学报》1985 年第 1 期

任冠文:《俺答、张居正与蒙汉关系》,《晋阳学刊》1993 年第 6 期

颜广文:《明代广东地区民族政策的演变与瑶区社会经济的发展》,《华南师范大学学报》1996 年第 5 期

其其格:《张居正与"俺答封贡"》,《内蒙古师范大学学报》1996 年第 2 期

张海瀛:《明代山西的民佃屯田》,《中国社会经济史》2002 年第 1 期

奇文瑛:《论明朝内迁女真安置政策——以安乐、自在州为例》,《中央民族大学学报》2002 年第 2 期

刘祥学:《从明中后期的民族政策看葡萄牙殖民者窃占澳门得逞的原因》,《中国边疆史地研究》2000 年第 2 期